DE CERO A SIETE CIFRAS

SIN EDUCACIÓN NI CONEXIONES

SEIS HÁBITOS CLAVE PARA ALCANZAR LA LIBERTAD FINANCIERA

CANDY VALENTINO

TALLER DEL ÉXITO

Dedicado a todos los perros rescatados de todas partes,
especialmente al mío.
Tu amor incondicional siempre me ha hecho
sentir como la persona más rica del mundo.

Contenido

INTRODUCCIÓN

¿Alguna vez ha comprado un libro sobre dinero, finanzas personales o riqueza y se ha dado cuenta de que sólo contiene discursos motivadores, pero nada de consejos reales? Una página tras otra está llena del mismo eslogan genérico de «crea que ganará dinero… ¡y lo logrará!». Y lo repiten una y otra vez.

¿Llega al 70% del libro pensando «seguro se pondrá mejor eventualmente» sin que de verdad mejore? Para el final del libro (si es que lo termina), se dará cuenta de que no encontró ni el consejo práctico más pequeño sobre cómo ganar más dinero, cómo quedarse con más del que se gana o cómo volverse libre financieramente.

Si ese es su caso, lo entiendo.

Lo de «piense en riqueza y hágase rico» sirve hasta cierto punto. También hay que adoptar lo de *«ponga manos a la obra* y hágase rico» para amasar riqueza de verdad y ser libre financieramente.

No puede sentarse en su sofá y pensar «tendré libertad financiera, ¡seré rico!» y no *hacer* nada real al respecto.

No necesita otro libro lleno de una cantidad de argumentos trillados y repetitivos para convencerlo de que tiene que crear su riqueza… Eso es algo que usted ya quiere. Lo que necesita saber es *cómo* llegar allí.

De cero a siete cifras sin educación ni conexiones le enseña justo eso: los hábitos que cualquier persona puede desarrollar y usar para crear una riqueza real y duradera.

Hay docenas de libros muy buenos que le darán motivación, inspiración y ánimo. Y eso está perfecto si quiere que le den un empujón y lo motiven sin mencionar los pasos reales para hacerse rico y construir su libertad financiera. *De cero a siete cifras sin educación ni conexiones* es un mapa para el camino, un libro con pasos claros que lo harán salirse para siempre de esa rueda de hámster que sólo lo impulsa a «trabajar para pagar las facturas».

Sus pensamientos y creencias sobre el dinero *hacen* parte de construir la riqueza, pero no son lo *único* que influye. Las galletas de chispas de chocolate necesitan chispas de chocolate, pero eso no es lo único que necesitan. Son sencillamente una parte de la receta, así que usted aún necesitará otros ingredientes cruciales.

¿Quién soy yo para poder ayudarlo a construir sus hábitos de riqueza?

Hay un montón de libros escritos por autores con doctorados, maestrías y todos los demás títulos del universo... Yo no tengo ninguno de esos. No he estudiado un tema específico durante los últimos 10 años. Yo *los he vivido* (durante toda mi vida) y los he estado aplicando a todo lo que hago por más de 25 años.

Tenía 19 años cuando empecé con mi primer negocio, pero mi experiencia de vida hasta ese punto se reducía a haber crecido en una pequeña casa rodante blanca con mis dos padres adolescentes en un pueblo rural y trabajador de unos 2.000 habitantes.

No hace falta decir que no tuve una familia rica que me enseñara lecciones sobre dinero y cómo crear riqueza. Sin embargo, a pesar de eso encontré el camino para ser libre financieramente. Y esa es justo la razón por la que sé que quienquiera que decida leer este libro (sin importar el dinero que tenga en su cuenta de banco, sin importar en dónde viva, sin importar la familia con la que creció y sin importar cuáles son sus circunstancias actuales en la vida) puede construir su riqueza también. ¡Y eso lo incluye a *usted*!

He construido varios negocios de millones de dólares y he comprado, renovado y revendido incontables propiedades de finca raíz en múltiples estados, así como también he adquirido propiedades residenciales y comerciales para alquilar y construido un portafolio de finca raíz multimillonario... Todo sin dinero, sin títulos, sin un pasado corporativo y sin padres ricos.

Muy a menudo escucho que la gente busca una solución «mágica». Veo que quieren pedirme que les cuente ese «único secreto» que logrará desbloquearles el camino hacia la riqueza.

Aquí está el «secreto único», la verdad:

No hice nada extraordinario. Únicamente hice muchas cosas *ordinarias*. No hubo ninguna solución mágica, ningún invento revolucionario, ninguna inversión en el momento justo… Nada, sólo cosas ordinarias y normales que *cualquiera* puede hacer. Incluido usted.

Ese es mi secreto para el éxito y es el secreto en el que se basa este libro.

¿De qué se trata este libro en realidad?

Este no es un libro ostentoso. Es un libro para *poner manos a la obra*. Es uno que le enseñará cómo hacer muy bien esas cosas ordinarias para crear, hacer crecer y retener la riqueza a lo largo del tiempo. Puede hacer lo mismo si sigue los seis *hábitos de riqueza* comprobados que he desarrollado y seguido en mi propio ascenso a la riqueza.

Aquí tiene algunas cosas de las que hablaré, pues se relacionan con cómo se crea la libertad financiera.

- Cómo las tonterías a las que les pone atención podrían estar manteniéndolo en la quiebra.
- Cómo desarrollar múltiples entradas de dinero.
- Cómo construir un negocio real y ganar más dinero.
- Cómo pagar menos impuestos y quedarse con más de lo que gana.
- Cómo aprovechar las inversiones en finca raíz.
- Cómo la autoeducación le pagará dividendos financieros.
- Cómo proteger sus finanzas y a su familia.
- Cómo dejar de trabajar y retirarse pronto… *y siendo rico.*
- Cómo hacer que su vida y sus inversiones sean a prueba de recesiones.
- Cómo las contribuciones crean riqueza real y cuál es la ciencia detrás de todo esto.

No sólo puede crear riqueza con estos hábitos, sino que también son cruciales para protegerse a usted mismo y a su familia contra los giros y cambios inevitables de los ciclos económicos y de las industrias.

Una cosa más antes de que empecemos: cómo sacarle el mejor provecho a este libro

Antes de que empecemos quiero darle un par de sugerencias sobre cómo aprovechar al máximo este libro. Primero, este no es un libro de conceptos e ideas para reflexionar. Es un mapa para crear libertad financiera. Los seis *hábitos de riqueza* tienen pasos y herramientas únicos en cada sección y capítulo. Pueden usarse en conjunto o puede seguirlos de manera individual.

Va a encontrar mucha información, así que, si no entiende muy bien algo en la primera lectura, relea esa sección o capítulo porque la *repetición* es el secreto para desarrollar cualquier habilidad.

De cero a siete cifras sin educación ni conexiones es sobre su futuro financiero, no acerca de su pasado financiero. Hablaremos de todas las cosas que tiene por hacer ahora, no las cosas que hizo o que no hizo. Así que si aparecen los arrepentimientos o la vergüenza, déjelos en la puerta para que podamos ir hacia adelante y alcanzar la vida que se merece.

Para cualquiera que desee seguridad financiera y, en general, libertad financiera, crear *hábitos de riqueza* ya no es un lujo. Es una necesidad.

Cuando no aplica los *hábitos de riqueza*, corre los riesgos financieros que vienen de la mano con apoyarse de otros hábitos (malos o poco efectivos) que la mayoría de las personas tienen y que los estancan dentro de esa rueda de hámster perpetua y, por lo tanto, en la quiebra.

Estos *hábitos de riqueza* son los secretos no tan obvios de cómo los ricos se hacen (y se mantienen) ricos, lo cual desafortunadamente no se les enseña a las masas.

La buena noticia es que no es magia, no es un secreto y ni siquiera es complicado.

Es hora de aprender cómo aplicar estos *hábitos de riqueza* en su vida y unirse al movimiento al tomar el control de su futuro y crear la libertad financiera que se merece. Ahora, ¡empecemos!

HÁBITO DE RIQUEZA

1

Construir el camino hacia la riqueza

CAPÍTULO 1

Cómo las tonterías a las que les presta atención lo pueden estar manteniendo en la quiebra

Como lo dije en la introducción de este libro, eso de «piense en riqueza y hágase rico» le servirá hasta cierto punto. También tiene que *poner manos a la obra y hacerse rico* para de verdad conseguirlo y ser libre financieramente.

De cero a siete cifras sin educación ni conexiones le enseña sobre las herramientas para crear una riqueza real y duradera, pero no puede empezar el camino hacia la libertad financiera si está arrastrando consigo creencias absurdas sobre el dinero y la riqueza.

Esa es la razón por la que este es el primer capítulo. Puedo darle el paso a paso para hacerse rico, pero no estaría siendo justa si no nos refiriéramos primero a sus pensamientos y a sus creencias inherentes porque eso es lo que nos conduce a tomar las decisiones financieras clave de cada día.

Aumentar su inteligencia financiera puede resolverle muchos de los problemas de la vida. Sin esta clase de conocimiento estamos condenados a repetir el patrón de «trabajar para pagar las facturas». Y aunque existe cierta ciencia para ser rico, todo empieza con una idea. Una idea para cambiar, una idea para dejar de correr como hámsteres, una idea para liberarnos de todas las tonterías que nos han heredado (o que hemos adoptado) sobre el dinero y empezar a educarnos para construir riqueza.

Pero ese es el punto. A menos que haya crecido en un ambiente mágico, con padres ricos que poseían sabiduría financiera, nadie sabe de estas cosas.

Así que si alguna vez se ha castigado por tomar cierta decisión o por no tomar otra...

«No debería haber vendido esa casa».

«No debería haber comprado esas acciones».

«No debería haber contratado a esa persona».

«Debería haberme ido de esa relación antes».

«No debería... No debería... No debería...».

...Eso acaba hoy. Usted no sabía lo que no sabía. Y lo entiendo. Yo estuve en su posición.

Crecer en la clase obrera y con padres adolescentes hizo que el dinero fuera bastante escaso. Y las conversaciones sobre inteligencia financiera no existieron. Yo solía definir que alguien era «rico» si tenía un segundo piso en la casa, una chimenea para colgar las botas de Navidad o si iba a la playa todos los años durante las vacaciones de verano.

Tenía una amiga en el colegio y pensaba que ella era la definición de «rica». Su casa tenía segundo piso *y* sótano, tenía una piscina en el patio y se iba de vacaciones con toda su familia. Sus dos padres tenían títulos: uno era un profesor y la otra se dedicaba a las ventas. Y el padre conducía un Cadillac nuevo. Ya entiende a qué me refiero.

Pero si se fija en alguien que tiene más dinero que usted y eso lo hace sentir menos de alguna forma, está quedándose atrapado en una manera de pensar llena de escasez, la cual es una forma de pensar común y negativa sobre el dinero. La percepción de que ganar más o tener más significa que tenemos suficiente (o que *somos* suficiente) es una manera de pensar en la que yo misma me quedé estancada en mis veintes.

Conseguir la libertad financiera sólo llegará si ve la riqueza como lo que es: algo que es posible obtener. Debe entender que la riqueza está disponible para usted también y que nunca podrá obtenerla si le tiene miedo a la escasez. La escasez y las necesidades lo mantienen prisionero en donde está y se aseguran de que siga quebrado en el proceso.

Cuando tenemos las necesidades básicas cubiertas (para Estados Unidos se estima que eso se logra con 75.000 dólares al año), hay estudios que demuestran que ganar más dinero no garantiza rendimientos incrementales por vivir una vida satisfactoria.

Sin importar cuánto dinero o cuántas posesiones tengamos, la parte importante es cómo nos relacionamos con lo que tenemos. Esa es la clave en este primer paso.

Recuerde que aquello que *apreciamos* y en lo que nos enfocamos crece. Pero aquello que *tememos* y en lo que nos enfocamos *también* crece. Cuando nuestra atención va a lo que nos falta, basamos nuestras vidas en esos sentimientos de insuficiencia, de lo que no es adecuado y de lo que está incompleto y, por lo tanto, empezamos a sentir con más fuerza cada uno de ellos.

Podemos fijar cualquier cantidad de dinero en nuestras mentes (desde 5.000 a 500.000 dólares) e imaginar que si tuviéramos esa cantidad de dinero, *entonces* tendríamos suficiente, seríamos suficiente y seríamos felices. Pero no nos damos cuenta de que alguna vez pensamos exactamente lo mismo cuando teníamos 5.000, 50.000 o incluso 500.000 dólares *menos* de lo que tenemos en este momento.

Como otro ejemplo, suponga que establecemos que si recibiera un aumento de sueldo del 10% o que si ganara el 10% más en su negocio, entonces tendría suficiente para cubrir sus necesidades y estar cómodo. Y... ¡abracadabra! Digamos que obtuvo eso. Ahora imagínese por un momento que se entera de que un compañero de trabajo recibió un aumento de sueldo del 25% o que su amigo, el que empezó un negocio al mismo tiempo que usted, incrementó sus ganancias netas en un 25%. De repente, su 10% no es suficiente.

Nadie debate que tener más dinero puede reducir los problemas o minimizar el estrés y la ansiedad financiera en nuestras vidas. Pero aproximarse a la búsqueda de más riqueza desde una postura de escasez puede crear más estrés o empeorar los problemas ya existentes. Esta clase de acumulación emocional negativa puede *alejarlo* de la posibilidad de construir su riqueza.

Si alguna vez ha experimentado el estrés que está relacionado con el dinero (en aspectos como *ganárselo, darlo, gastarlo, ahorrarlo* o *perderlo*), necesita examinar con cuidado las creencias que tiene y meditar en general sobre cómo se relaciona con el dinero.

La clave para una relación más sana y más exitosa con el dinero es apreciar lo que tiene *mientras* va en busca de lo que realmente desea. La manera de vivir una vida rica de verdad es encontrando la intersección entre la apreciación y la ambición.

Su cerebro no está preprogramado para la felicidad, la abundancia o la riqueza. Es su trabajo programarlo de ese modo.

La buena noticia es que puede escoger qué emociones quiere experimentar en mayor medida. Y como sus creencias inconscientes manejan sus emociones, lo primero que tiene que evaluar son las creencias que tiene acerca del dinero (Team Tony, s.f.).

Si se siente ansioso con respecto al dinero ahora, siempre se va a sentir de esa forma sin importar cuánto éxito tenga, cuánto dinero se gane o cuánta riqueza pueda crear.

La abundancia es una manera de pensar, una creencia, una perspectiva escogida. No es una cantidad de dólares. Cultive gratitud por lo que tiene ahora y entonces todo lo que logre se sentirá como un bono inmenso. La verdad de este asunto es que más del 75% del mundo vive con 2 dólares al día. Su peor pesadilla es el mejor sueño posible para ellos.

La falta de apreciación por lo que ya tiene es algo que no sólo lo convertirá en alguien verdaderamente pobre, sino que lo mantendrá allí.

Las creencias inconscientes sobre el dinero y los hábitos de riqueza de los que carece lo mantendrán apartado de la vida que quiere.

Hay pruebas respaldadas por la ciencia de cómo la mente juega un rol importante en su riqueza y su futuro financiero en general. Y este libro no estaría completo si no habláramos sobre ese rol en el panorama de crear hábitos de riqueza. Sin embargo, es una parte de todo esto.

El *marketing* digital y las redes sociales están llenos de *coaches*, gurús y expertos de mercadeo que hablan sobre «la mentalidad para el dinero» y sobre «visualizar un futuro abundante». Mientras tanto, viven en arriendo en lugar de tener casa propia, acaban de empezar su primer negocio o no tienen activos. Entonces, aunque este libro ciertamente no es sobre la mentalidad para el dinero (es más sobre las tácticas reales que crean riqueza y libertad financiera), les fallaría a usted y a sus metas si no la incluyera, pues sí que importa.

Una mentalidad pobre le creará una realidad en quiebra

Creo que fue Jon Rohn quien dijo «usted es la suma de las cinco personas con las que comparte el tiempo». Así que si comparte su tiempo con Nancy Negativa o con Bob en Quiebra, si es amigo de gente chismosa o quebrada (esos que viven más allá de sus posibilidades y que no invierten en sí mismos al construir hábitos de riqueza), usted también terminará adoptando esos comportamientos.

Parte de hacer que su cuenta bancaria crezca, requiere que usted mejore su mentalidad, cambie sus creencias y desarrolle nuevos hábitos. He trabajado con miles de personas y he pasado miles de horas leyendo e investigando y las pruebas psicológicas y científicas que dicen que sus finanzas y el dinero que tiene están relacionados directamente con sus pensamientos y emociones sobre ellos son innegables.

Lo que piensa sobre el dinero, cómo piensa acerca de las personas que tienen dinero y las emociones que asocia al dinero son lo que lo conduce o lo aleja subconscientemente de lo que desea.

Vale la pena tomarse un tiempo para ser consciente de los pensamientos y emociones que asocia de manera directa con el dinero porque, sin esa autodeterminación, su programación subconsciente pasará por encima de sus deseos conscientes y del pensamiento racional, de modo que esos pensamientos y creencias viejos (que no le sirven de nada) terminarán dictando sus acciones, comportamientos y hábitos.

Y esto es lo que pasa. No tiene nada de qué avergonzarse. No está solo. Esto es un tema muy importante para mucha gente. Algunos de los miedos comunes con respecto al dinero se centran en no tener suficiente, en verse estúpido, en parecer avaro, en sentirse expuesto y en sentir culpa o incluso vergüenza. Puede sentirse culpable porque tiene más dinero que sus amigos, sentirse culpable porque obtuvo el dinero muy fácilmente o sentirse culpable porque desea más dinero. Puede sentir vergüenza por darse cuenta de que evita sus finanzas, gasta demasiado, compra cosas cuando se siente infeliz o simplemente porque no tiene suficiente.

Las emociones negativas relacionadas con el dinero son algo que necesita trabajarse y cambiarse porque crean un ciclo vicioso e inconsciente que, sin importar cuántos hábitos de riqueza practique, si no arregla lo negativo, hará que vuelva a las mismas emociones, pensamientos y sentimientos sobre el dinero, lo cual saboteará sus esfuerzos.

Así es como se desarrolla esto. Digamos que está sentado y examinando con mucho cuidado su situación financiera para empezar a crear un plan de inversión. Pensar en eso hace que su ansiedad aumente porque tiene miedo de enfrentarse a la realidad, no tiene lo suficiente ahorrado o está gastando demasiado. Esa ansiedad, por lo tanto, lo lleva a evitar el tema. Lo pospone, lo retrasa, se distrae con algún objeto brillante del momento y entonces, como está distraído y ha pospuesto la tarea, su ansiedad baja, lo cual le da un refuerzo positivo a ese comportamiento de evitar el tema. Y luego repite este ciclo una y otra vez en lugar de hacer lo que sabe que necesita hacer.

La única manera de romper ese patrón es confrontar aquella temida tarea. Usted es más fuerte que los caprichos de su cerebro, sépalo. La manera de romper aquello es enfrentándose a los hechos y siguiendo adelante con la tarea. Su ansiedad se incrementará temporalmente. Sin embargo, si se mantiene concentrado, irá bajando poco a poco. Sólo tiene que tolerar un dolor que no dura mucho para obtener ganancias a largo plazo.

Sin importar en qué familia creció, cada una tiene su propia psicología del dinero. De qué se habla, de qué no debería hablarse, quién controla el dinero, qué responsabilidad tiene cada uno. Qué tan importante es el dinero, qué pensamientos y creencias tienen sobre el dinero o de las personas que tienen dinero. El tema del dinero es uno en el que la influencia de la familia y de su infancia nunca acaba hasta que *usted* se libera de ella.

Las historias sobre el dinero siempre hacen parte de la identidad de una familia ya sea algo consciente o inconsciente. Quizás su padre hizo un mal negocio y casi lo pierde todo. Quizás su madre era una gran empresaria y le robaron sus ideas, lo que entonces causó que le arrebataran a la fuerza su libertad financiera. Las creencias y los hábitos ya existen y se los heredaron a usted. El objetivo es identificar qué creencias tiene y ver si le están dando el futuro financiero que quiere. Si no lo son, vamos a cambiarlas.

El dinero es sólo algo que se intercambia. El dinero es reemplazable y se puede reponer.

Sin importar qué asociaciones negativas ha aprendido sobre el dinero (y sí, todas las ha aprendido), aquí está la verdad: el dinero sencillamente magnifica las virtudes y los defectos de una persona. Así pues, si usted es una persona avara e inmoral, obtener riqueza sólo magnificará esos rasgos malos. Pero si usted es una buena persona, una persona honesta, amable y bondadosa, el dinero magnificará esas características y le dará la habilidad para ayudar a más gente.

Aquí tiene un dato científico sobre el dinero:

Puede reprogramar su cerebro y escoger un guion diferente sobre cómo piensa acerca del dinero. No de manera figurativa, sino literalmente. *Aunque la mayoría de las neuronas de nuestro cerebro han estado con nosotros desde que nacemos y la edad las afecta, el cerebro es capaz de crear nuevas neuronas. Este proceso se conoce como neurogénesis.*

Como se reportó en *Scientific American*, un estudio del 2019 publicado por *Nature Medicine* examinó el tejido cerebral de 58 personas que habían muerto recientemente y descubrió que el cerebro adulto puede, en efecto, generar nuevas neuronas (Weintraub, 2019). Las células en su cuerpo también se reemplazan constantemente y se crean de nuevo. De hecho, todo nuestro cuerpo, cada célula de todo nuestro cuerpo, se renueva cada seis meses, lo cual quiere decir que usted puede cambiar sus creencias, sus pensamientos o su cuerpo de acuerdo con sus hábitos y así desarrollar una estructura completamente diferente. Su cerebro puede reprogramarse a sí mismo. La neuroplasticidad, o la habilidad del cerebro para reconocerse y cambiar a lo largo de la vida de una persona, es algo impresionante.

Una investigación publicada en *Nature Neuroscience* sugiere que la actividad cerebral de una persona es tan única como sus propias huellas dactilares. Para llegar a esa conclusión, los científicos usaron una imagen por resonancia magnética funcional (IRMf) para crear perfiles de conectividad, lo cual les permitió a los investigadores identificar la actividad cerebral de más de cien individuos (Finn *et al*, 2015). Aprender sobre las conexiones cerebrales individuales les ofreció a los científicos unas perspectivas increíbles.

La ciencia y los datos reales prueban que: sin importar lo que le hayan dicho, sin importar la cantidad de dudas que tenga o el salario que tenga actualmente, usted también puede usar los hábitos de riqueza para cambiar su futuro financiero.

Ahora, vamos con el siguiente paso…

CAPÍTULO 2

Cuatro creencias comunes que lo mantienen en la quiebra

A lo largo de este libro hablaremos de los pasos tácticos y tangibles que necesita para crear riqueza y le compartiré el plan de acción específico y necesario que lo llevará a alcanzar la libertad financiera.

Por supuesto, hay muchas razones tangibles que lo mantienen en la quiebra (gastar de más, no invertir, acumular deudas por activos que van perdiendo valor) y es posible que sea consciente de ellas. Pero hay muchos hábitos intangibles que entran en juego también.

Puedo enseñarle todos los pasos tangibles que lo harán rico, pero si no hablamos de unas pocas creencias intangibles que la mayoría de las personas tienen, estaremos yendo en contra de la corriente juntos.

Cuanto más rápido rompamos esas creencias, más pronto podremos continuar con el camino para construir *hábitos de riqueza*. Entonces, empecemos de una vez.

Hay cuatro creencias comunes que lo mantienen en la quiebra.

Creencia que lo mantiene en la quiebra #1: escasez

La escasez es la creencia de que la riqueza es limitada, que puede quedarse sin dinero o que nunca tendrá suficiente. El término «mentalidad de escasez» fue creado por el autor Stephen Covey en su libro *Los 7 hábitos de la gente altamente efectiva*.

Como se discutió en un artículo reciente de *Business Insider*, «hay dos facetas principales: el pensar que la riqueza y las oportunidades son limitadas y el miedo de que uno nunca tendrá suficiente. La mentalidad de escasez también puede venir con una obsesión sobre aquello que le falta a uno. Esto crea una especie de visión de túnel, lo cual hace más difícil avanzar y alcanzar las metas financieras» (Yale, 2022). El artículo continúa: «lo opuesto a una mentalidad de escasez es una mentalidad de abundancia: la perspectiva de que existen riqueza y oportunidades ilimitadas en el mundo» (Stinson, 2019).

Usted puede superar la mentalidad de escasez y cambiar su perspectiva a una de abundancia al hacer cambios pequeños y diarios.

1. Construya su conocimiento

Aprender más y expandir su conocimiento sobre finanzas personales, inversiones y la creación de riqueza es un camino que también lo llevará al empoderamiento. No estoy de acuerdo con la frase que se escucha a menudo de: «el conocimiento es poder». El conocimiento no es poder, es poder potencial. Sólo crea poder cuando usted hace algo con él. No obstante, el conocimiento crea confianza. Cuando usted tiene más conocimiento sobre sus finanzas, inversiones y cómo crear riqueza, entonces es capaz de avanzar con más confianza.

2. Dirija sus pensamientos

Si se da cuenta de que está obteniendo resultados menores a los deseados en cualquier área de su vida, pregúntese: «¿mis pensamientos sobre esto están basados en el miedo?». Si lo están, pregúntese: «¿qué necesito hacer para cambiar mi mentalidad a una de abundancia ahora mismo?». Cuanto más rápido pueda reunir todos los pensamientos que tiene basados en el miedo y reescribir los guiones de cada uno, más pronto podrá estar de camino a vivir consistentemente con una mentalidad de abundancia.

3. Entrene su concentración

El enemigo de la abundancia es un enfoque reducido. Un estudio de Harvard demostró que cuando las personas se enfocan demasiado en una cosa, otras posibilidades que tienen enfrente les pasan desapercibidas por completo (Castrillón, s.f.). Es una prueba más de que aquello en lo que se concentra realmente importa. Abrir su mente para que se concentre en lo que es posible, en lugar de en lo que es probable, crea una mentalidad de abundancia.

4. Escoja sabiamente sus palabras

El lenguaje que usa, lo que se dice a sí mismo, lo que dice sobre otros... todo eso modifica su realidad. ¿Está usando un lenguaje de escasez o de abundancia?

Cuando esté conversando, fíjese en lo que está diciendo. Cuando se encuentre hablando con alguien (o con usted mismo) sobre algo que no puede tener o algo que no es capaz de hacer (incluso cuando es lo que realmente quiere), deténgase y reúna la valentía para decir: «gracias por escucharme, pero quiero retractarme de lo que dije porque lo hice desde una perspectiva de escasez». Después diga que es posible desde una mentalidad de abundancia.

5. Celebre a diario

Asegúrese de rastrear sus logros diarios. A menudo no vemos cuán lejos hemos llegado o la cantidad de crecimiento que hemos tenido, así que es importante que se tome un tiempo para celebrar las pequeñas victorias. Tal como la riqueza y las inversiones, sus logros y éxitos le darán intereses con el tiempo. Es por eso que los estudios demuestran que la mayor parte de su riqueza la creará de los 50 a los 60 años. Su conocimiento, su riqueza, sus experiencias de vida y los datos que acumule con el tiempo le darán intereses y le significarán mayores retornos.

Creencia que lo mantiene en la quiebra #2: condición futura

La «condición futura» se refiere a cómo serán las cosas o cómo cambiarán las cosas en el futuro. A menudo son escenarios de «si» o «cuando».

CUANDO tenga más dinero empezaré a invertir.

SI gano más dinero, ahorraré para un fondo de emergencia.

CUANDO tenga un mejor trabajo empezaré una cuenta para mi retiro.

SI conociera a más personas, podría empezar un negocio.

CUANDO tenga más tiempo aprenderé más sobre cómo crear riqueza.

Cuando siente que no tiene mucho dinero o que no le sobra mucho en un primer momento, invertir puede parecerle algo que no tiene sentido. Pero empezar de todas maneras, y empezar con algo pequeño, puede sumar y convertirse en algo muy provechoso. Considere que pocos millonarios (al menos ninguno de los que conozco) inician sus carreras de inversión con enormes cantidades de dinero. La mayoría de las personas crean su riqueza a lo largo de un período de muchos años y (usualmente) a un paso lento y seguro. Al empezar lento y al usar pequeñas cantidades de dinero, aún puede crear el hábito de invertir de una forma estable y regular. Este es un hábito consistente que, con un poco de suerte, establecerá unas muy buenas bases para su futuro.

El problema con esperar a que algo más pase, a que se dé una condición futura… bueno, hay muchos problemas con eso. Pero en el fondo todo se reduce a que todas las razones por las que no puede comenzar ahora son una excusa. No necesita más dinero, un trabajo mejor o un tipo diferente de mercado de inversión para empezar a invertir *ahora*.

Invertir es como ir al gimnasio. Primero tiene que agarrar esa pesa de 3 kilos si alguna vez espera levantar una de 25. Tiene que correr el primer kilómetro si quiere completar una maratón. Invertir es lo mismo. Empiece con algo pequeño, sea consistente y desarrolle el hábito.

Si quiere asegurarse una buena entrada de dinero para el futuro (a 5, 10 o 40 años), entonces *ahora* es un gran momento para empezar a invertir. Resista el impulso de esperar o de buscar un retorno en los mercados o en una acción particular cuando su meta es un crecimiento financiero a largo plazo. Esperar para encontrar el momento adecuado en un mercado puede costarle mucho más porque las inversiones a largo plazo son un juego muy largo. Considere esto: el 10% de diferencia en el precio que pagó hoy no importará mucho en 20, 30 o 40 años cuando su inversión original se haya multiplicado diez veces.

Y el secreto para empezar a invertir a pequeña escala es este: incluso si no funciona a corto plazo, invertir es un juego a largo plazo. Mantenerse enfocado y lidiar con los bajones del mercado es el secreto para producir ganancias a largo plazo.

La única advertencia con respecto a eso depende de si ahora mismo es portador de la Gran D, es decir, una **Deuda**.

La Regla de 7

¿Qué cree que no deja dormir a la mayoría de las personas por la noche? ¿Una cama incómoda, comer demasiado antes de acostarse o la última película de terror? No, en realidad son las *deudas*.

De acuerdo con la Asociación Estadounidense de Psicología, dos tercios de los estadounidenses consideran que el dinero (o la falta de este) es la fuente más grande de estrés para ellos. Debido a que esa clase de estrés es tan común, se le ha dado un nombre: *síndrome de estrés por deudas*.

Algunas estadísticas de la Reserva Federal del Banco de Nueva York demuestran que las deudas de los hogares estadounidenses excedieron los 14,56 billones de dólares en el cuarto trimestre del 2020. Esta cifra implica

414 mil millones *más* de deuda de lo que se reportó para ese mismo período en el 2019.

Otras estadísticas del 2020, esta vez del servicio de monitoreo de crédito Experian, muestran que el promedio de deuda de los hogares estadounidenses es de 92.727 dólares, la cual es la cifra más alta de los últimos 10 años.

La Gran D no sólo es estresante, sino que también puede causar pánico, ansiedad crónica y llevar a que se tomen malas decisiones. Todas estas cosas pueden ser una pesadilla en vida para quienes están nadando en ella.

Considere que no todas las deudas deberían ser tan estresantes. Algunas deudas ameritan la preocupación que causan, pero otros tipos de deudas pueden ayudarlo a construir un futuro financieramente seguro. Las deudas de activos reales (negocios, propiedades para rentar) pueden generar un mayor flujo de dinero y un valor neto más grande, así que podrían caer en la categoría de buenas deudas.

Piense en eso de esta manera: si una deuda particular *aumenta* su valor neto o tiene valor a futuro, es una buena deuda. Pero si la deuda solo le significa un pago más por hacer y se queda con algo de *menor* valor que cuando lo compró, es una mala deuda.

Reconocer las deudas buenas de las malas es fácil. ¿Un objeto pierde valor en el momento en el que lo compra? Si es así, es una deuda mala. Es cierto que muchas de las compras básicas de la vida, como la ropa o los carros, caen en esta categoría. Pero ¿realmente necesita un televisor inteligente de 85 pulgadas para ver fútbol? ¿Realmente necesita esos zapatos caros para ir a aquel evento? ¿Especialmente cuando eso mismo le está impidiendo crear riqueza? A menudo la gente gasta mucho dinero intentando «verse como si fuera rico» o «sentirse como si fuera rico», pero ese comportamiento es justo lo que les está impidiendo *ser* ricos.

Aquí tiene una buena regla que puede seguir con respecto a compras que se devalúan: si no lo puede pagar en efectivo, no lo compre.

Las malas deudas son cualquier préstamo, pago o interés que deba pagar por bienes que se deprecian: tarjetas de crédito, préstamos de sueldo, carros, botes o motocicletas.

Y si eso no es suficiente por sí mismo, la cantidad de deuda que usted tiene siempre se monitorea con respecto a sus ganancias. Es decir, si quiere comprar una casa o invertir en una propiedad, su habilidad para conseguir financiación dependerá de la cantidad de deuda que tenga.

Tómese un momento para calcular el ratio de sus deudas *vs.* sus ganancias. Por ejemplo, suponga que se gana 4.000 dólares al mes y que debe cubrir estas deudas regulares: una hipoteca mensual de 1.300 dólares, un pago del carro de 400 dólares y otros 700 dólares por la mensualidad de las tarjetas de crédito y otras facturas. Su deuda mensual es de 2.400 dólares, así que el ratio de su deuda *vs.* sus ganancias es del 60%.

Un ratio de deuda *vs.* ganancias de más del 43% es una bandera roja para los prestamistas potenciales que saben que es más probable que los prestatarios con ratios más altos tengan problemas haciendo los pagos mensuales. Dependiendo de su prestamista y de otras variables, es probable que no sea capaz de conseguir una hipoteca o de asegurarse unos fondos si su ratio es de más del 43%.

Si tiene cualquier cantidad de deudas malas, asegúrese de eliminarlas *antes* de empezar a invertir porque **no hay un peor destructor de riqueza que las malas deudas.** Eso nos lleva a la Regla de 7.

La Regla de 7 se refiere a que necesita pagar las deudas que tengan una tasa de interés mayor al 7% antes de empezar a invertir.

Históricamente, una inversión normal en un fondo índice como el de S&P 500, que rastrea el mercado, dará retornos del 8 al 10% anualmente en promedio. Está claro que hubo unos años en los que fue mucho más y años en los que fue mucho menos, pero la cifra del 8 al 10% ha sido un promedio consistente a lo largo de las décadas.

La Regla de 7 (Rd7) usa estos datos para comprobar que cualquier deuda con más del 7% de intereses debe pagarse antes de empezar a invertir y que cualquier deuda que sea una buena deuda y que incremente su valor neto o cualquier duda con intereses menores al 7% (hipotecas, préstamos de garantías hipotecarias, préstamos estudiantiles, etc.) le significará más en sus inversiones a lo largo del tiempo que lo que se podría haber ahorrado al pagar las deudas de los activos.

Entonces, usando la Rd7, ¿qué deuda (si existe) tiene actualmente que deba pagar antes de empezar a invertir? Escríbalas abajo y ordénelas de la que tenga mayor a menor tasa de interés.

Nombre del acreedor:	Cantidad que debe:	Tasa de interés:

Una vez que haga la lista, añada su balance y la tasa de interés actual que está pagando para cada una, empezando por la mayor tasa de interés y terminando con la menor. Comience por la parte de arriba y pague esas Grandes Deudas. No hay un enemigo más grande en el proceso de crear riqueza que las deudas. Asegúrese de no saltarse este paso antes de seguir avanzando. Recuerde, no es solo lo que *piensa* (o incluso lo que lee) lo que crea la riqueza, sino lo que *hace*.

Creencia que lo mantiene en la quiebra #3: falta de apreciación

A menudo nos sentimos poco apreciados porque alguien no nos lo dice con palabras. Ya sea por sus esfuerzos en el trabajo, por la atención que le da a una relación o por cuidar a alguien de su familia, podemos sentirnos poco apreciados cuando no reconocen nuestras acciones. No escuchar esas palabras o no sentirse apreciado puede crear resentimiento. Mantenerse resentido no sólo es poco saludable, sino que le bloquea el paso hacia lo que quiere. Así que imagine que le dieron la vida que tiene y que aun así no la aprecia.

Puede que no tenga todo lo que quiere, pero el hecho es que ya tiene mucho más que un montón de personas en el mundo. Muchísima gente alrededor del planeta vive con menos de 1 dólar diario. Más de la **mitad** de la población mundial vive con menos de 10 dólares al día. Así que, si compró este libro, tenga por seguro que ya le está yendo mejor que a más de la mitad de las personas del mundo entero. Y aunque puede pensar por un momento que tiene muchas cosas por las que estar agradecido, fijar una *creencia* requerirá de más que pensar en algo una vez. Tendrá que ser muy consistente para cambiar y para reprogramar su atención.

Lo opuesto de la falta de apreciación es la gratitud.

La gratitud va más allá de lo que pensamos cuando nos dan un regalo o cuando alguien nos hace un favor. La gratitud es una práctica hasta que se convierte en una forma de vida.

Antes de levantarse de la cama o de agarrar el celular para revisar su *e-mail*, tómese un par de minutos para pensar en todas las cosas por las que está agradecido: un techo sobre su cabeza, un país libre en el que vivir, comida en el refrigerador, un trabajo al que ir, una familia que está sana… La lista es infinita.

Yo me despierto cada día y siento una gratitud profunda por ver el sol brillando, por el aire que me entra a los pulmones, por un corazón que late sin que yo haga nada de esfuerzo… La lista es infinita. Usted puede despertarse cada día y sentirse agradecido por los sonidos que hacen sus hijos, por ese trabajo por el que se esforzó tanto, por aquella posición o educación que se empeñó tanto en conseguir, por el agua limpia que bebe o por el sueldo que recibe.

Cuando se concentra en permanecer en un estado de gratitud, la escasez se va y la abundancia lo rodea. Y se lo prometo: cuanto más agradecido sea y cuanto más se concentre en la abundancia, más bendiciones le llegarán a su vida.

Mencionaré esto un par de veces en el libro porque vale la pena decirlo más de una vez. Practicar la gratitud es una de las herramientas más poderosas y reconocidas para crear abundancia y felicidad. Hay numerosos estudios acerca del poder de la gratitud sobre la salud y el bienestar general. No sólo lo afecta financieramente, sino también emocional, mental y físicamente (Stinson, 2019).

Tómese un momento y empiece a practicar ahora mismo. Si escogió hacerlo, ¿por qué está agradecido justo ahora?

_____

_____

_____

_____

_____

Creencia que lo mantiene en la quiebra #4: estar rodeado de la gente incorrecta

Esta no es tanto una creencia, sino una acción, pero hay una creencia de base en todo esto.

Puede pensar que sus amigos o su familia no están relacionados con sus deudas, sus hábitos de gasto o sus creencias sobre el dinero, pero, desafortunadamente, ese no es el caso. Las salidas de compras impulsivas, las vacaciones lujosas, los eventos deportivos, las cenas elegantes… y a veces tiene que escoger entre salir con sus amigos y pagar el alquiler.

Sus amigos no necesariamente son malvados y puede que no estén intentando sabotear su presupuesto o sus metas financieras a propósito, pero la presión financiera por parte de los pares es real y es sutil. Y en un mundo lleno de personas complacientes o, al menos, lleno de gente que no quiere crear conflictos, es parte de la naturaleza humana el querer encajar o seguir la corriente.

Quizás es ese resort de lujo al que todo el mundo quiere viajar, esa cartera nueva que todo el mundo empieza a llevar, el último modelo de iPhone o el carro que usted pensó que estaba muy bien, pero ahora todos sus amigos se cambiaron a un carro mejor mientras usted sigue manejando su Nissan del 2012… Es ahí cuando comienza a sentir una ligera carencia. A medida que sus amigos empiezan a hablar de las cámaras frontales mejoradas, de las funciones de Bluetooth y de las actualizaciones de diseño de la cabina, usted se siente fuera de la conversación y quizás un poco inferior, así que lanza su presupuesto y sus metas de inversión por la ventana y compra algo nuevo (aunque su carro funcionaba perfectamente).

Puede ser difícil mantener una relación con amigos que tienen más dinero, menos disciplina, que gastan con más despreocupación o que no tienen metas financieras o de inversión, pues sus gustos caros o el hecho de que usted esté gastando de más lo enterrará más en sus deudas por la necesidad de mantenerse a la par con ellos (o de no sentirse celoso).

Entonces, ¿qué hace para mantenerse fiel a sus metas y no dejar que un amigo sabotee sus sueños de obtener la libertad financiera?

Ser honesto.

Nada arruina una amistad más rápido que mentir o ser falso. Si no puede permitirse ir al Super Bowl, ir a esa fiesta elegante o ir de compras a Neimans, dígalo. No se invente una historia sobre por qué no puede ir. Sea honesto y diga que está trabajando en unos objetivos financieros y que pasará de la invitación por esa vez. Agradézcales por invitarlo y por pensar en usted, eso es todo. Puede parecerle algo terrible, pero no lo es. Y si ellos son amigos verdaderos, lo entenderán y lo apoyarán. Además, lo respetarán mucho más por su disciplina (tanto que incluso puede que los influencie para que hagan lo mismo que usted).

Si alguien le responde negativamente a eso, confíe en mí cuando le digo que es probable que no quiera tener a esa persona en su vida.

Y, recuerde, siempre puede dar sugerencias y alternativas sobre cómo pasar tiempo juntos. Disfruten una buena película en Netflix, hagan un voluntariado en el refugio local, vayan a hacer una excursión en una montaña o participen en una clase del gimnasio. Algunos de los mejores momentos que he pasado con mis amigos no han involucrado gastar mucho dinero. Al final puede que incluso se den cuenta de que no ir a la discoteca de moda, al partido del domingo o a cierta fiesta les da la habilidad de pasar más tiempo juntos.

Algo que el dinero no puede comprar son los grandes recuerdos.

La amistad debería centrarse en los intereses comunes y el afecto, no en competencias de quién puede gastar más dinero. No deje que el dinero se interponga entre sus amistades. Si resulta que así sucede incluso teniendo las sugerencias de antes en mente, quizás sea el momento de encontrar nuevos amigos.

Es hora para un quiz de hábitos de riqueza

¿Alguna vez ha pensado estas cosas? Marque *sí* o *no* para cada afirmación.

1.	Invertiré más cuando tenga más dinero.	[ ] Sí [ ] No
2.	El dinero no resuelve los problemas.	[ ] Sí [ ] No
3.	El dinero es maligno.	[ ] Sí [ ] No
4.	Es difícil ser rico.	[ ] Sí [ ] No
5.	No entiendo cómo invertir, entonces no quiero intentarlo.	[ ] Sí [ ] No
6.	Hay que tener suerte para ser rico.	[ ] Sí [ ] No

7.	No tengo suficiente experiencia.	[ ] Sí [ ] No
8.	No tengo suficientes conexiones como para ser rico.	[ ] Sí [ ] No
9.	Sencillamente no soy bueno con el dinero.	[ ] Sí [ ] No
10.	Dios no quiere que tengamos riqueza.	[ ] Sí [ ] No
11.	No puedo hacer esto solo. Necesito una pareja para tener dinero.	[ ] Sí [ ] No
12.	Tengo tantas deudas que nunca podré ser rico.	[ ] Sí [ ] No
13.	Estoy demasiado viejo como para empezar a crear riqueza ahora.	[ ] Sí [ ] No
14.	Alguien más maneja esto por mí; no necesito entenderlo.	[ ] Sí [ ] No
15.	Me casaré con alguien rico y no tendré que preocuparme por esto.	[ ] Sí [ ] No
16.	Nadie de mi familia tiene dinero, sencillamente no somos buenos en eso.	[ ] Sí [ ] No
17.	Cuando X pase, podré arreglar mis finanzas.	[ ] Sí [ ] No
18.	Cuando consiga un mejor trabajo, tendré más dinero.	[ ] Sí [ ] No
19.	Ya es demasiado tarde para mí para aprender todas estas cosas y cambiar mi vida.	[ ] Sí [ ] No
20.	Una vez que tenga X cantidad de dinero, tendré suficiente.	[ ] Sí [ ] No
21.	Las personas que tienen dinero son avaras y tacañas.	[ ] Sí [ ] No
22.	Me siento mal por tener más dinero cuando hay tantas personas en el mundo que no tienen lo que yo tengo.	[ ] Sí [ ] No
23.	El dinero se me va a acabar, esto no va a durar.	[ ] Sí [ ] No
24.	No me merezco ser rico.	[ ] Sí [ ] No
25.	No le caeré bien a nadie si tengo dinero.	[ ] Sí [ ] No

Veamos qué significan sus respuestas. ¿A cuántas de esas afirmaciones dijo que *sí*?

RESULTADOS

0-5: imán de dinero

Usted es un imán de dinero. ¡Le está yendo genial! Tiene muchas más creencias positivas que limitantes sobre el dinero. Ganar dinero, hablar sobre dinero y ver el dinero de una manera positiva es algo que hace sin esfuerzo. Lo disfruta, sabe que se lo merece y ha adaptado sus perspectivas a esa situación. Está claro que ha estado trabajando en tener una mentalidad de abundancia y que ha centrado su perspectiva en el dinero y crear riqueza con soluciones prácticas. ¡Está listo para empezar a aplicar los hábitos de riqueza y también está preparado para usar y aplicar las estrategias de acción de los capítulos siguientes en su vida! ¡Felicitaciones!

5-15: cazador de dinero

¡Lo está haciendo bien! Puede que aún esté teniendo dificultades con algunos bloqueos financieros, pero parece que ha trabajado un poco en sus creencias sobre el dinero y que, en general, está listo para dar los pasos necesarios para llevar sus creencias al siguiente nivel. Tómese un momento y examine las afirmaciones que marcó con un sí. *¿Puede encontrar similitudes que le digan más sobre dónde puede estar aferrándose a esos bloqueos financieros? ¿De dónde salieron esas creencias? ¿Evita hablar de finanzas? O quizás es que prefiere rendirse ante la gratificación inmediata de comprar un objeto nuevo. Justo al lado de donde marcó el* sí, *escriba de dónde cree que salió esa creencia sobre el dinero e identifique la manera en la que va a cambiar aquello. Una vez que haga los ajustes y rompa esos últimos bloqueos, podremos empezar a implementar los hábitos de riqueza y dejarlo en el camino para que cree riqueza generacional. Prepárese para convertirse en un imán de dinero.*

15+: se resiste al dinero

Si respondió que sí *a la mayoría de estas afirmaciones, no se preocupe. Está justo donde necesita estar. Este es el lugar perfecto y el libro perfecto para empezar a trabajar en esa resistencia de inmediato. Es momento de alejarse de sus creencias y perspectivas negativas sobre el dinero y ahora está un paso más cerca de hacer justo eso.*

Su primer paso será releer cada una de las afirmaciones que respondió con un sí. *Identifique de dónde salieron esas creencias necias y escríbalo junto al ejercicio. Entienda que esas creencias no son verdad, ninguna de ellas. No importa en dónde las escuchó, quién cree en ellas o por cuánto tiempo ha pensado de esa manera… Sencillamente no son verdad. Por lo tanto, cambie el guion. Escriba lo que es verdad y empiece a recitar esas nuevas frases cada día. Es hora de cambiar esas creencias que lo mantienen en la quiebra y empezar a transitar el camino que lo llevará a obtener la libertad financiera que se merece.*

Ahora, el paso dos, sin importar cuál fue su resultado en la actividad, es examinar las afirmaciones que respondió con un *sí* y preguntarse a sí mismo cómo puede cambiar ese guion y sencillamente escoger un pensamiento mejor.

Escriba su respuesta junto a las afirmaciones, de manera que, cuando esas necedades aparezcan en su mente de nuevo, pueda cambiar ese pensamiento con uno que le ayudará a adquirir la riqueza que se merece.

Su habilidad para crear riqueza dependerá de su habilidad para abrirse paso a través de esas creencias anteriores. El primer paso para convertir sus sueños en una realidad es romper los hábitos que tiene actualmente y transformarlos en *hábitos de riqueza*. Solo entonces podrá lograr la libertad financiera. ¿Está listo para eso?

NOTAS:

CAPÍTULO 3

Siete compromisos clave que debe hacer con usted mismo

Dejando de lado todas las cosas que necesita aplicar y hacer en este libro, hay unas cuantas más que debemos asegurarnos de que tenga claras, pues, de lo contrario, se desviará del camino.

Hay siete compromisos clave que debe adoptar a medida que empiece a vivir según los hábitos de riqueza:

1. Fortalezca su creencia.

2. Sea persistente. La persistencia vale la pena.

3. Enfóquese en las soluciones.

4. SSPC. Sea su propio campeón.

5. Cree su plan.

6. Sea capaz de tomar decisiones rápidas.

7. Empiece de todas maneras.

Fortalezca su creencia

No, esto no se trata de creer en unicornios y de cerrar los ojos para pretender que todo en la vida son días soleados y cachorritos. Esto se trata sencillamente de creer (o tener algo de fe) en usted mismo.

Porque, sin importar en dónde se encuentre ahora mismo (ya sea que deba decenas de miles de dólares o si sólo tiene unos doscientos dólares en su cuenta bancaria), necesitará creer en usted mismo. Y si no cree en usted todavía, quiero que se apoye en que *yo* creo en usted porque estoy absolutamente segura de que, si yo pude resolver todo esto y encontrar el camino hacia la libertad financiera, usted también podrá hacerlo.

Avanzar hacia la riqueza y alejarse de los hábitos que lo quebraron o que lo están manteniendo en la quiebra requerirá que adopte otro grupo de creencias. Es necesario que desarrolle la habilidad de creer mucho en usted mismo. Después de todo, esos otros pensamientos y patrones que ha seguido no lo han hecho rico, entonces, ¿qué opina de intentar esto? ¿Está dispuesto a hacerlo? Voy a asumir que dijo que sí, así que continuemos.

Crea que va a ser capaz de resolver todo lo que no sabe. Porque llegará un momento, sin importar en qué punto del camino esté, en el que se va a sentir completamente perdido. Puede sentirse como un impostor o pensar que no tiene ni idea de lo que está haciendo. Puede sentir que no se merece nada o que no es capaz de nada. Incluso puede llegar un punto en el que piense que no tiene la educación, las conexiones y la inteligencia suficientes. Para mí es muy fácil señalar estas cosas que puede estar pensando porque yo las he sentido todas y cada una de ellas.

No hay una clave para el éxito, pero sí hay una forma muy segura de fallar: escuchar las opiniones de otros y dejar de creer en usted mismo.

Pero, incluso en esos momentos de miedos, de inseguridades y de dudas, vuelva a su mentalidad de riqueza, vuelva a esa creencia fundamental que tiene por dentro y que le asegura que lo resolverá todo y que *podrá* llegar a donde quiera llegar. *Creer* es en realidad el principio fundamental que le permitirá alcanzar el siguiente nivel. El primer compromiso (creer en usted mismo) es la base para los otros seis.

Sea persistente. La persistencia vale la pena

Este compromiso es uno que separa a aquellos que cumplen sus objetivos y sueños de aquellos que sólo los desean. Tener una persistencia incansable con respecto a lo que sea que más quiera (un negocio exitoso, independencia financiera, una relación satisfactoria) no es solo *importante*, sino *crítico* para su éxito. Adoptar este hábito lo mantendrá fuerte y comprometido incluso en situaciones difíciles o desagradables e incluso cuando las personas cuestionen sus habilidades, su integridad y sus intenciones.

Porque si no ha experimentado eso aún, lo hará.

Cuanto más grande sueñe y cuantas más cosas haga, más se enfrentará a diferentes resistencias y más impuestos le cobrarán, amigo mío.

Y no estoy hablando de un impuesto que aparezca en los formularios habituales, sino de uno que solo las personas ricas y exitosas pagan. Se llama el impuesto ETR. Así es. Nunca lo ha escuchado nombrar, pero le apuesto a que lo ha vivido de una manera u otra. Es el impuesto que está reservado para aquellos que son exitosos, triunfadores y ricos (ETR).

El impuesto ETR se refiere a todas las estupideces con las que tiene que lidiar por parte de otras personas cuando está empezando a triunfar (o incluso cuando está comenzando a *soñar* en grande).

Es el impuesto que paga cuando logra cosas grandes, tiene metas enormes y sueña con ambición. Es cuando tiene ese pensamiento de siguiente nivel que reta el *statu quo,* las normas sociales o aquello que todos los demás están haciendo.

¿Por qué aparece este impuesto cuando está *comenzando* a ser exitoso, triunfador y rico? No es que las personas sean inherentemente malvadas o desagradables (aunque su comportamiento a veces apunte a eso), pero cuando hace algo grande, sencillamente *quiere* lograr algo más o sueña con algo diferente para su vida… puede que eso moleste a la gente.

Hay dos razones por las que alguien diría chismes, hablaría sobre usted o lo odiaría:

1. Deseo tangible: quieren algo que usted ya tiene. Básicamente tienen envidia, la cual demuestran a través de actitudes que minimizan, al evitar temas, al esparcir chismes o al juzgar. La envidia tiene la habilidad de crear una bola de nieve de emociones y comportamientos muy intensos hasta el punto de tener actitudes posesivas y controladoras con su persona objetivo. Y cuando eso no funciona, intentarán controlar cómo los demás ven a su persona objetivo.

2. Deseo intangible: algo en usted les está recordando las carencias que ellos sufren. Puede ser algo que usted hizo o que no hizo. Puede ser algo que usted dijo o que no dijo. Puede que usted se vea como alguien que a ellos no les cae bien o puede que usted tenga el mismo nombre que quien les hizo matoneo en el colegio. Puede ser que hayan escuchado acerca de usted (de alguien más que se vio provocado o que está celoso de usted) o puede que no encaje en el molde que ellos pensaban para usted (cómo pensaron que debería actuar, verse o ser). Puede ser su apariencia, su familia, su relación, su cuerpo, su confianza o su libertad.

¿Por qué pasa esto?

Es mucho más fácil hablar de alguien más que arreglar lo que está mal con uno mismo.

Ya sea consciente o inconscientemente, ellos desearían tener sueños más grandes, metas más importantes o el éxito del que usted está disfrutando. Desearían haber aprovechado la oportunidad de salir, creer en sí mismos e intentar cumplir sus sueños.

Pero de lo que no se dan cuenta esas personas es que el éxito también es para ellos. Cualquiera puede hacer un trabajo, tomar decisiones duras, arriesgarse y perseguir lo que quiere. Evite estar alrededor o participar en la trampa que supone esparcir chismes y hablar mal de otros. En su lugar, use esa energía para salir y hacer los cambios que quiere hacer. Recuerde, nadie que esté logrando más cosas que usted hablará de alguien de una manera negativa. Claro, pueden darle sugerencias sobre una idea de negocio o esa inversión que está a punto de hacer o también pueden decirle por qué tienen una perspectiva diferente, pero nunca esparcirán chismes sobre usted o intentarán dañarlo para su propio beneficio. **Quienes tienen grandes metas no se preocupan por aquellos que tienen una visión pequeña.**

Que le importen más sus propios sueños que las opiniones de otras personas.

Cuando se encuentra con resistencia externa, cuando las personas más cercanas (o aquellos a quienes nunca ha conocido) le lanzan odio, malos comentarios o juicios, tiene dos opciones:

Rendirse y dejarlos ganar o triunfar al seguir yendo hacia adelante.

Si no domina este hábito, terminará pasando demasiado tiempo siendo mediocre y se perderá la oportunidad de ser magnífico.

Enfóquese en las soluciones

Alguna vez escuché que uno de mis mentores, Tony Robbins, usó una gran analogía sobre el pensamiento positivo: «uno no va al jardín y sencillamente canta 'no hay malas hierbas, no hay malas hierbas, no hay malas hierbas' mientras que sí hay malas hierbas alrededor».

El pensamiento enfocado en soluciones (o una aproximación enfocada en soluciones) se refiere a que hay que entender que los problemas suceden todo el tiempo, pero que debemos mantenernos optimistas con respecto al resultado. Esto no significa volverse delirante. Sabemos que hay malas hierbas, así que encontramos una solución al tomar los guantes y empezar a arrancarlas.

Nuestros cerebros están programados de la manera opuesta, hacia la solución de problemas. Analizan el problema con mucho cuidado antes de generar soluciones. Aunque esta ruta puede producir algunas ideas, a menudo tendrá un resultado negativo. El hábito que hay que desarrollar es el de enfocarse en encontrar la solución en lugar de quedarse demasiado tiempo pensando en el problema.

Puede que esté pensando: «bueno, concentrarse en una solución suena simple». Sin embargo, el sentido común no siempre es un hábito común. Cambiar nuestros pensamientos para que se enfoquen en soluciones requiere de un giro radical en la manera en la que pensamos.

¿Cómo?

Lo primero es que hay que empezar con el fin en mente. Yo a esto lo llamo RII, es decir, resultados por ingeniería a la inversa.

A diferencia de las maneras convencionales para lidiar con los problemas, aquí empezamos y actuamos con el resultado (deseado) en mente.

Concentrarse en la solución es una forma comprobada de hacer que las personas, los equipos y las organizaciones cambien. Para hacer esto hay seis pasos:

1. Definir: defina claramente cuál es el resultado deseado (más riqueza, mejor salud, un jardín sin malas hierbas).

2. Concentrarse: concéntrese en las soluciones (en lugar de en los problemas).

3. Observar: busque fortalezas (en lugar de debilidades).

4. Refinar: reduzca el enfoque y fíjese en lo que está saliendo bien (en lugar de en lo que está saliendo mal).

5. Decidir: decida cuál es el mejor camino hacia el resultado final.

6. Actuar.

Estos seis pasos hacen que el método RII sea una manera extremadamente positiva y práctica de progresar con alguna meta, incluyendo la de crear su independencia financiera.

Aquí está el RII en acción. Southwest Airlines tenía un problema muy costoso con sus aviones. Les estaba tomando 40 minutos muy valiosos el ponerle gasolina a *cada* avión. Tiene un montón de aviones, así que eran un montón de minutos.

Obtener lo que quiere empieza con hacer mejores preguntas.

Se centraron en el problema al preguntarse: «¿cuál es el problema? ¿Por qué los aviones están pasando tanto tiempo en tierra?». Discutieron todas las razones por las que los aviones pasaban tanto tiempo en tierra durante la carga de combustible. Pero, por la manera en la que plantearon la pregunta, no fueron capaces de encontrar una solución.

Cuando la cambiaron a una pregunta más enfocada en soluciones y dijeron «¿cómo podemos hacer que los aviones pasen menos tiempo en tierra?», las ideas aparecieron. ¡Finalmente esto hizo que Southwest adoptara una nueva manera de cargar combustible que hizo que el tiempo bajara de 40 a 12 minutos! Escogieron una aproximación tipo parada en boxes, que es la que usan los carros de la Fórmula 1. El pensar enfocándose en soluciones hizo que todo cambiara para ellos y lo hará para usted también.

La forma de pensar centrada en soluciones requiere que usted vea el problema de una manera diferente. Pero una vez que la aprende y la adopta como la única forma de ver un problema, será adictiva porque entonces los problemas se convertirán en un juego divertido que podrá navegar y del que podrá aprender.

Me encanta adentrarme en un proyecto enorme y retador que parece imposible de lograr. Esos son mis favoritos. A menudo escucho las 248 razones por las que algo no va a funcionar o por las que la idea no va a suceder. Y lo que solía hacer que dudara de mí misma cuando era mucho más joven ahora me emociona y me impulsa a enseñarles a más personas lo que pueden lograr si creen que pueden hacerlo, si se centran en las soluciones y si son persistentes hasta el cansancio.

Eso es muy poderoso. Y hay mucho poder en saber que, si algo aparece a mitad de camino o si surge un obstáculo en medio del plan original, lo que hace que las cosas no fluyan tan perfectamente como las quería, eso también está bien.

Es como esa época en la que empecé a crear la segunda ubicación de mi organización sin ánimo de lucro. Ya tenía casi dos décadas de experiencia en los negocios. También tenía casi 13 años de experiencia con organizaciones sin ánimo de lucro en ese punto, así que crear una segunda ubicación (una granja santuario de 62 acres) me pareció algo sencillo en ese momento.

Sin embargo, con la puntualidad de un reloj, cuando anuncié en dónde quedaría la segunda ubicación, todo el mundo dijo cosas como: «es una granja de ganado abandonada. Te tomará años reconstruirla. No vas a ser capaz de lograrlo. No hay nada allí». Bueno, a menos que se tomen en cuenta las capas y capas de estiércol petrificado de vaca y la cantidad impresionante de telarañas que había, no estaban equivocados.

La edificación estaba dilapidada y cayéndose a pedazos. El techo había salido volando en ciertas secciones, pues la granja no había estado en funcionamiento desde hacía una década en ese punto.

Pero mi cerebro que creía en mí misma, que era incansablemente persistente y que estaba enfocado en soluciones, dijo: «muy bien. Cerraremos el negocio en mayo, empezaremos a construir en junio y estaremos abiertos a tiempo para hacer un evento de 600 personas en octubre». Ese plan de cinco meses hizo que todo el mundo perdiera la cabeza: «¡Por Dios! ¡Eso no va a ser posible!». Y luego me enumeraron todos los problemas: eléctricos, de plomería, del techo, de escombros… Y, de nuevo, todos esos eran problemas, pero mi mente sólo los vio como oportunidades. Oportunidades para crecer, para aprender, para unir a las personas y para encontrar una solución para cada cosa. Yo creía que todo iba a funcionar y fui persistente al momento de asegurarme que haría todo lo posible para que eso pasara.

Esta es la razón por la que la mentalidad positiva y los mantras sólo lo llevan hasta cierto punto. La idea de querer algo no va a hacer nada por cambiarle la vida, su salud o su riqueza. Es la implementación y la ejecución de esa idea la que lo hará llegar allí. Puede quedarse sentado y creer en sí mismo, pero si no hace nada con eso, estará en el mismo lugar en el que se encuentra ahora.

Entonces, ¿todo salió a la perfección y el santuario estuvo listo en esos cinco meses? ¡Por supuesto que no! Pero cada vez que pasaba algo y nos topábamos con un obstáculo, encontrábamos otra solución. Y al final de todo, si no hubiéramos podido hacer el evento allí, lo que habría implicado llamar a todos los que compraron boletas y decirles «¡Ey!, no terminamos el granero para el evento, pero no se preocupen, todo sigue en pie, sólo que en otro lugar», de todas maneras habría sido maravilloso. Pero este es el punto: prefiero tener una meta enorme y retadora y fallar que tener una meta pequeña y fácilmente alcanzable… y lograrla. Si se da dos años a usted mismo, se tomará dos años. Pero si se da cinco meses y al final le toma siete, ¡ha recortado el camino y se ha ahorrado más de 14 meses! Y ese es un tiempo que puede usar para algo más.

Y, para que conozca el final de la historia, sí terminamos el santuario. Y aunque todos los expertos dijeron que no sucedería, no me tomó dos años. Me tomó un poco menos de cinco meses. Ahora, ¿fue un completo infierno llegar a ese punto? Lo fue, pero lo logramos. Organizamos nuestro primer evento con más de 600 personas y empezamos a salvar animales mucho antes de lo que hubiéramos podido hacerlo si nos hubiéramos tardado más tiempo.

¿Qué cosa quiere lograr durante el próximo año?

_____

Ahora, ¿qué necesitaría si decidiera lograrla en los próximos **30 días**?

_____

_____

_____

_____

_____

SSPC. Sea su propio campeón

Otra trampa que realmente entorpece a la gente al momento de conseguir más riqueza y cosas más grandes es tener la creencia de que se necesitan animadores, fans y otras personas que los ayuden a alcanzar sus sueños. Es posible que toque algunas sensibilidades con esto, pero resista un poco. Le ahorraré muchas molestias, decepciones y dolores si lee lo que tengo que decir: **no necesita que nadie más crea en usted, ese es su trabajo.**

Puede que piense que para empezar un negocio, para perseguir algún sueño o para cumplir una meta grande necesita a su familia, sus amigos, su pareja o incluso a su asociación de padres para que lo ayuden; sin embargo, pronto se dará cuenta de que muy pocos o ninguno lo ayudarán. Y no es culpa de ellos (la mayoría de las personas están condicionadas para buscar la monotonía y la estabilidad, para quedarse siendo las mismas y no molestar a los demás). Este cerebro y el condicionamiento antiguo que tenemos se remonta miles de años hacia el pasado.

Y si hubiéramos nacido en el período de los hombres de las cavernas aquello nos habría servido bastante. Dependíamos de los otros y de mantenernos juntos para vivir, comer y prosperar porque la alternativa era la muerte, pero ya no necesitamos que salga toda la tribu a recolectar bayas para sobrevivir.

Cuanto antes entienda que sólo se necesita a usted mismo para proteger su sueño, para luchar por su causa y para esforzarse por cumplir una meta, menos decepcionado se sentirá cuando los demás no lo apoyen y más empoderado se volverá. Porque, como me dijo mi amiga Anne alguna vez, «al final del día la mayoría de la gente no puede recordar si sacó la basura o no», así que ciertamente no tendrán tiempo para preocuparse de si la gran inauguración de su negocio salió bien o si se ganó un millón de dólares con criptomonedas este año. Ellos tienen sus propios sueños, sus propias metas y sus propios problemas.

Si está sentado leyendo esto o conduciendo mientras lo escucha y siente que está muy solo y que nadie más lo está apoyando, animando o creyendo en usted, ¿adivine qué? No pasa nada. El secreto es que, de todas maneras, *puede tener éxito*.

En muchos momentos de mi vida he notado que las personas más cercanas a mí eran las mismas personas que no querían que siguiera adelante. La gente me dijo que invertir en propiedades al otro lado del país no era una buena idea y otros pensaron que era demasiado añadir una segunda ubicación o abrir un nuevo negocio. Incluso mi padre, con muy buenas intenciones, pensaba que mis inversiones de finca raíz eran demasiado riesgosas y que «no debería tentar a la suerte». Sólo fue hasta muchos años (y ventas exitosas) después que dejó de decirme aquello. Las personas de buenas intenciones que se preocupan por usted pueden, a menudo, ser las mismas personas que le dan estos mensajes, los cuales destruyen su capacidad de creer en sí mismo. Recuerde que se trata mucho menos de usted y de sus habilidades y mucho más de las inseguridades, creencias, miedos o condicionamiento de la otra persona.

Las veces que me arriesgué de todas maneras, las veces que luché por mis propios sueños, las veces que fui mi propia animadora, las veces que fui la única en la habitación que de verdad quería seguir adelante fueron las situaciones que realmente agradezco. Porque prefiero que vaya, persiga sus sueños y falle a que su gran logro sea quedarse en el mismo lugar.

¿No lo cree?

No permita que la falta de fe de alguien más limite cuánto cree usted en sí mismo.

Puede que sea la única persona en su familia que se vaya a convertir en millonaria, la única persona que será dueña de un negocio, el primero en su familia en mudarse de su ciudad natal, en comprar una casa, comprar un avión (o cualquier cosa que quiera), pero el único factor común de todas estas cosas es el hecho de que se topará con resistencia.

Sin embargo, la única manera de asegurarse de que eso no suceda es mantener un perfil bajo y seguir siendo el mismo de siempre. No cambie, no crezca y no se convierta en quien fue creado para ser. Quedarse justo en donde está es la única estrategia que le permitirá no lidiar con algunas tormentas.

Mi amigo Rory habló en uno de los eventos de mis negocios. Yo acababa de presentarlo y fui al detrás de escenas para hablar con mi equipo de producción. Cuando lo escuché contar la historia de la vaca y el búfalo, le presté más atención. No tenía idea de a dónde quería llegar con esa historia (sobre todo en medio de una conferencia de negocios), pero, como tenía vacas en el santuario, quedé intrigada. Sé de primera mano lo intuitivas e inteligentes que son, mucho más de lo que la mayoría de los humanos les dan crédito de ser. Después de hacer voluntariados de rescate animal durante casi dos décadas, aún me asombra lo amables, amorosas e inteligentes que son.

Rory es de Colorado y estaba hablando sobre cómo el estado en el que nació tiene un paisaje único, ya que cuenta con las Montañas Rocosas y con las Grandes Llanuras. También es uno de los pocos lugares del mundo que tiene tanto búfalos como vacas. Se encontraba hablando sobre las adversidades en la vida y los negocios, pero después empezó a comentar las diferencias entre las vacas y los búfalos.

«Ambos animales saben cuándo se acerca una tormenta, pero cada uno lidia con la tormenta de una manera diferente. Cuando llegan las tormentas, casi siempre lo hacen desde el oeste y avanzan hacia el este.

Las vacas pueden sentir que una tormenta viene desde esa dirección. Así pues, una vaca intentará ir hacia el este para escaparse de la tormenta.

Ahora, el único problema con eso es que, como bien sabrán algunos, las vacas no son muy rápidas (son muy juguetonas, pero no rápidas). Por eso las tormentas las alcanzan bastante pronto y aun así ellas siguen intentando escaparse de aquello. Sin embargo, en vez de escapar de la tormenta, lo que terminan haciendo es quedarse dentro de ella mucho más tiempo, lo cual maximiza la cantidad de dolor, tiempo perdido y frustración que experimentan.

Los búfalos, por otra parte, tienen una actitud muy única al respecto. Los búfalos esperan a que la tormenta cruce las cimas de las montañas. Y cuando la tormenta avanza por los riscos, los búfalos se giran y van directo hacia la tormenta.

Corren *hacia* la tormenta y, al correr hacia ella, corren a través del fenómeno, lo que minimiza la cantidad de dolor, de tiempo perdido y de frustración que experimentan por dicha tormenta».

Note cómo es la *misma* tormenta. Experiencias diferentes, misma tormenta.

Ir hacia la tormenta, y no huir de ella, es el camino más corto para atravesarla. Esa historia se aplica muy bien a nuestras vidas.

Siempre tenemos tormentas y siempre habrá tormentas, pero lo que importa es cómo lidiamos con ellas.

Sea un búfalo. Si se encuentra en medio de una tormenta ahora mismo o si sabe que viene una en camino, asegúrese de esperarla. Sea paciente y atraviésela porque justo al otro lado es donde está la grandeza.

Cree su plan

A menudo se dice que el conocimiento es poder, pero en realidad el conocimiento sólo es poder *potencial*. El conocimiento se convierte en poder de verdad si puede usarse como parte de un plan organizado.

Muchas personas fracasan porque piensan que la fortuna está en una idea, pero la fortuna se encuentra en la ejecución del plan. Y si un plan falla, entienda que la derrota es temporal y significa que había algo errado en su plan, lo cual puede arreglarse si lo intenta hasta que aquello le salga bien.

Thomas Edison se vio derrotado 10.000 veces antes de inventar un bombillo que sirviera. James Dyson fracasó 5.126 veces con su prototipo de aspiradora. Sylvester Stallone fue rechazado 1.500 veces cuando quería producir *Rocky*. Elon Musk se gastó sus 35 millones de dólares de la venta de PayPal y en dos años estuvo oficialmente en la quiebra, pero ahora es el hombre más rico del mundo.

Las ideas son maravillosas, pero, para que sobrevivan y tengan éxito, deben activarse con un plan definitivo, ponerse en acción de inmediato y ser ejecutadas con persistencia.

Si no controla sus finanzas, sus finanzas lo controlarán a usted.

Cuando está construyendo una casa necesita un plano y un conjunto de mapas que le digan cómo se va a erigir la casa y cómo se verá al final. Esto es solo el plano de lo que *usted* quiere y de cómo quiere que se vea su vida.

Entonces, ¿cómo crear su propio plano personal?

Primero tiene que definir qué es lo que quiere.

¿Quiere comprar e invertir en su primera propiedad, mudarse a la otra punta del país, empezar un negocio, pagar sus deudas, vivir en la playa, tener un portafolio de inversiones de un millón de dólares? Asegúrese de saber *qué* es lo que quiere de una manera clara y vívida.

No se imagine obstáculos. No necesita saber *cómo* hacer esas cosas, cuándo las va a hacer o si es probable que logre hacerlas, tiene que decidir qué es lo que realmente quiere.

Imagínese que tengo una varita mágica y que puedo lograr que sus deseos se vuelvan realidad, pero sólo si puede definir con claridad qué es lo que quiere alcanzar. ¿Ya lo sabe? No se mueva hasta que lo sepa. Imagine qué es lo que quiere tener, lograr, hacer o dar.

Muy bien, ahora que lo sabe con claridad, necesitamos sacárselo de la cabeza y ponerlo en papel. La vida es agitada y caótica y, para que no se vea arrastrado a la realidad de *lo que es*, necesito que tenga un recordatorio visual de la realidad de *lo que será*.

La visualización está basada en la neurociencia y en cómo funciona el cerebro. Cuando se combinan una visión *y* una acción estratégicas, puede parecer magia, pero es el resultado de que estamos usando más el potencial de nuestro cerebro en un sistema estructurado y práctico.

1. Defina con claridad qué quiere.

2. Tómese un momento para verlo e imaginarlo como si ya hubiera sucedido.

3. Transfiera esa escena desde su mente y cree un recordatorio visual de ella. Esto puede hacerse visualmente con gráficos e imágenes, puede escribirse en un papel con palabras o puede ser una combinación de ambas cosas (lo cual, según lo demuestran los estudios, es lo más efectivo).

4. Ponga una alarma en su teléfono y, durante 2 minutos cada día, revise ese recordatorio físico.

5. Al final de esos 2 minutos, pregúntese a sí mismo «¿cuál es el paso más conveniente que puedo dar ahora para lograr esto?» y escriba la respuesta. Practicar este ejercicio a diario puede cambiarle la vida.

Sabemos que es posible convertir sus sueños en realidad. Tenemos pruebas por todas partes. Pero no se trata de magia. Es sencillamente una idea que se puso en acción y en la cual se trabajó duro.

Y no es algo que suceda de un día para otro. Para tener éxito en cualquier cosa debe fijar sus intenciones, creer que lo que quiere se hará realidad y luego dar los pasos necesarios para que esa idea cobre vida.

Existe cierta ciencia que explica cómo funciona esto. No funciona por sí mismo, pero ayuda con todo lo demás y es bastante efectivo. La doctora Tara Swart, neurocientífica, lo explicó así: «prepara al cerebro para aprovechar oportunidades que, de otra manera, pasarían desapercibidas. Eso sucede porque el cerebro tiene un proceso llamado 'asignación de valor', el cual fija las cosas importantes en su subconsciente y filtra la información innecesaria» (Doherty, 2017).

En *Psychological Today*, el doctor Neil Farber habló de varios estudios los cuales demostraban que era más probable para las personas que visualizaban resultados positivos dar pasos concretos hacia el cumplimiento de sus metas.

No fue al azar que, hace años, imprimí una foto de una casa grande y blanca de estuco, con techo de terracota y un camino de entrada delineado con palmas en la ciudad en la que quería vivir. Resulta que esa casa fue la que compré hace un par de años (y esa es solo una historia entre muchas). No es por azar que un cliente tras otro de aquellos con los que trabajo hayan cumplido una meta tras otra del plan que visualizaron: metas financieras, metas de salud, metas familiares.

Steve Harvey, Oprah, Ellen y otra cantidad de atletas profesionales y deportistas olímpicos han revelado que crear una imagen visual de lo que quieren les ha ayudado a construir la vida que tienen.

Entonces, si aún no está en donde quiere estar, confíe en la ciencia (y en los datos) y dele una oportunidad a esto.

Sea capaz de tomar decisiones rápidas

Uno de los errores más comunes que cometen las personas y la razón por la que fracasan y nunca se hacen ricas no es la falta de conocimiento ni de deseo, sino su incapacidad para tomar una decisión y atenerse a ella.

Las personas exitosas toman decisiones rápido, se mueven con velocidad y no permiten que las distracciones las desvíen de sus planes.

Las personas que no tienen éxito hacen lo opuesto: posponen las decisiones y, una vez que finalmente han decidido algo, cambian de opinión rápido y se enfocan en algo más. El síndrome del «objeto brillante» hace que sea imposible para ellos moverse consistentemente hacia sus metas y, mucho menos, alcanzarlas.

Cree una reputación de ser decisivo: actúe con decisión y manténgase firme en sus decisiones. La procrastinación, que es lo opuesto de ser decidido, es un obstáculo común que debe superar. Y no sólo en sus finanzas, sino en todas las áreas de la vida.

Las personas que no pueden tomar decisiones rápido y atenerse a ellas se ven influenciadas fácilmente por las opiniones de los demás. Permitir que otras personas piensen por ellas hará que terminen igual que las masas: quebradas.

A la gente decisiva no la afectan las críticas de los otros, sólo hacen lo que quieren sin importar lo que piensen los demás.

Las personas indecisas, por otra parte, se toman las opiniones de los demás a pecho, sopesan todas las opciones y terminan paralizadas en medio del análisis sin poder avanzar con cualquier clase de confianza o velocidad. La falta de confianza, a menudo, crea inseguridad.

> **Si quiere tener éxito y crear riqueza o cualquier otra cosa en la vida, debe desarrollar el hábito de ser decisivo.**

Empiece de todas maneras

La acción genera claridad. Y toda acción comienza con la decisión de empezar.

Cuando se habla de la idea de empezar incluso cuando no se está listo, todo el mundo critica la idea u ofrece alguna buena razón por la cual el momento no es el adecuado. Pero las personas exitosas descifran cómo dar el primer paso incluso si parece algo extravagante.

Si queremos resumir los hábitos de las personas exitosas en una sola frase, podemos decir lo siguiente: las personas exitosas empiezan incluso antes de sentirse listas.

Cuando acababa de salir de la secundaria y estaba empezando mi primer negocio, no estaba preparada.

Cuando fundé una organización sin ánimo de lucro a los 26 años sin tener experiencia y sin saber cómo hacer que funcionara, no estaba cualificada.

Cuando mi editorial me dio la fecha límite para escribir el libro que ahora tiene entre las manos, no estaba segura de que pudiera hacerlo.

Está claro que usted quiere presentarle cosas al mundo que sean de calidad, que sean excelentes y por las razones adecuadas, pero no use eso como su razón para no empezar. Buscar la perfección es solamente una excusa para no intentarlo porque le teme al fracaso más de lo que desea el éxito.

Si yo hubiera ido a la universidad y hubiera esperado cuatro años para crear mi primer negocio, me habría perdido de muchas cosas: lecciones, dinero, impacto, amistades, riqueza y crecimiento personal y profesional.

Si yo hubiera esperado hasta los 40 años para fundar una organización sin ánimo de lucro, no habríamos salvado a miles de animales, no habríamos ayudado a tantísimas personas a sanar y no habríamos tenido el impacto que hemos tenido.

Si está trabajando en algo importante, algo grande, algo significativo… nunca se sentirá listo. Está destinado a sentirse inseguro, poco preparado y nada cualificado.

Si espera hasta que esté completamente preparado para hacer algo, se quedará esperando y nunca logrará nada.

Pero una vez que deje las creencias necias de lado y tome la decisión de incrementar su inteligencia financiera, permítame asegurarle lo siguiente: lo que tiene justo ahora es suficiente. Puede planear, retrasar y revisar todo lo que quiera, pero, confíe en mí, lo que tiene ahora es suficiente para empezar.

Da igual si está intentando crear un negocio, perder peso, crear riqueza o conseguir ciertas metas, lo que usted es, lo que tiene y lo que sabe *ahora mismo* es suficiente para dar el primer paso.

Todos empezamos en el mismo lugar: sin dinero, sin recursos, sin contactos, sin experiencia. La diferencia es que algunas personas (los ganadores) escogen empezar de todas maneras.

Sin importar en dónde se encuentre ahora, empiece antes de que se sienta listo. Confíe en que este libro le dará el paso a paso, pero lo primero que debe hacer para construir *hábitos de riqueza* es tomar la decisión. ¿Está conmigo? ¡Vamos hacia adelante!

HÁBITO DE RIQUEZA

2

Aprender en el camino hacia la riqueza

CAPÍTULO 4

Los dividendos compuestos de la autoeducación

"La educación superior le dará un trabajo y le pagará un sueldo; la autoeducación le dará libertad y le pagará una fortuna".

Mis padres tenían 16 y 19 años cuando se dieron cuenta de que yo llegaría. Crecí en una casa rodante blanca y pequeña en un terreno que mi abuelo les daba en alquiler a mis padres para que aparcaran la casa rodante allí. No hace falta decir que no fueron a la universidad. Estaban demasiado ocupados trabajando duro sólo para sobrevivir.

Mi papá dejó la escuela en noveno grado para ir a trabajar a un relleno sanitario y mi mamá se retiró justo después del décimo grado para tenerme. Cuando nací, entramos en programas de asistencia del Gobierno. Nadie de ningún lado de mi familia entera había ido a la universidad jamás. Ni siquiera tenían dinero para ello.

Este es el punto de la historia en el que espera que diga «¡y acabé con esa tradición al ser la primera que fue a la universidad!».

No, no fui a la universidad. En vez de eso, escogí el camino de la *autoeducación en la vida real y de las habilidades para los negocios*. Es un camino que usted también puede escoger sin importar si ha ido a la universidad o no.

Con mi autoeducación aprendí cómo construir un negocio, cómo vivir con menos de lo que me ganaba, cómo invertir mi dinero y cómo crear riqueza real. Todo me lo autoenseñé al educarme a mí misma. Usted también va a aprender esas cosas con este libro.

La mayoría de las personas no creen que un capítulo sobre la autoeducación pertenezca a un libro llamado *De cero a siete cifras sin educación ni conexiones*. Sin embargo, verá por mi propia historia (y por otras tantas) que la autoeducación fue crítica para mi éxito financiero y que la educación formal de las universidades en realidad me habría dejado estancada. Podría estar atrapada en un cubículo de una oficina en alguna parte, ahogándome en deudas, para obtener ese pedazo de papel tan costoso, es decir, un diploma universitario.

Les agradezco a mis padres el apoyo y que fueran tan flexibles con respecto a mi decisión en lugar de hacer lo que los típicos padres hubieran hecho. Ellos no me presionaron para que fuera a la universidad, lo cual me habría impedido trabajar y ganar dinero mientras acumulaba «credenciales» costosas, así como las deudas que vendrían con ellas.

Dejando de lado a mis padres adolescentes y la pobreza, tuve una crianza muy atípica. Desde el primer grado hasta la secundaria, fui a una escuela religiosa. Era casi un culto. Y digo casi porque no era como los cultos que se ven en los documentales de Netflix. Era más como un «culto relajado». Si los cultos se clasificaran como las cervezas, mi escuela sería la Coors Light de los cultos. Es decir, tenía gran parte del sabor, pero la mitad de las calorías que un culto normal. Sin embargo, era absurdamente estricta. Había mucho control y juegos de poder.

Las niñas no tenían permitido ponerse pantalones y tampoco *shorts*, únicamente faldas y vestidos «apropiados» (es decir, largos). No nos permitían tener bailes, ir de la mano de los niños, escuchar música rock o ir al cine. Lo más parecido a los *shorts* o a los pantalones eran esos horrendos *culotte* que teníamos que usar en la clase de Gimnasia. Le ahorraré la búsqueda en Google y le diré que son una prenda de ropa extraña y espantosa, más corta que los pantalones, pero definitivamente no en la categoría de los *shorts*. No estaban a la moda y ni siquiera los vendían en las tiendas, así que tenían que confeccionarse en casa. En pocas palabras, no nos permitían hacer nada de lo que los adolescentes aman hacer. Dado que era una adolescente de voluntad fuerte y muy terca (y que siempre fui muy consciente de cuán enfermiza era toda esa situación), hice todo lo posible por que me expulsaran. Sin embargo, me obligaban a volver una y otra vez.

No podía esperar para largarme de allí y finalmente me gradué con una beca académica para la Universidad Estatal de Ohio. Quería graduarme de Criminología y trabajar en el FBI. Sé que eso es algo completamente diferente a lo que hago y en donde estoy ahora. ¿Por qué el FBI? Esa es una historia más larga, la cual compartiré en otro libro. Pero pongámoslo de esta manera: como muchas jóvenes, me abusaron sexualmente cuando era una niña. Me tomó 20 años ser capaz de hablar de eso, pero, mirando hacia atrás, puedo entender por qué quería trabajar en el FBI. Quería hacer de adulta lo que no pude hacer siendo una niña pequeña: tener una voz (y una placa) para cazar a los perpetradores que herían a las personas y meterlos en la cárcel para que nadie más tuviera que experimentar lo que yo viví.

Sin embargo, me di cuenta muy pronto de que, para ir a la universidad, tendría que pasar cuatro años más en la escuela (en este punto no era muy fan de la escuela, por decirlo suavemente) y endeudarme por decenas de miles de dólares, pues la beca no lo cubría todo, con el único fin de obtener un trabajo que me daría 30.000 dólares anuales cuando me graduara. Eso no tenía sentido para mí.

El verano previo a mi ingreso a la Universidad Estatal de Ohio, tomé un par de clases en mi universidad comunitaria local para entender un poco mejor lo que sería esa experiencia (yo esperaba en secreto que me gustara). Ya había probado algunas de las clases básicas de la universidad y recuerdo haber atendido a una clase de negocios (la cual me pareció de preescolar en ese entonces, pues me había pasado casi toda la vida trabajando *en* negocios hasta ese punto… Le contaré más sobre eso luego). Cuando le pregunté al profesor qué negocios tenía, me dijo: «no tengo negocios, trabajo como profesor aquí». Y recuerdo que mi yo de 18 años pensó: «si nunca ha tenido un negocio, ¿cómo demonios está enseñándome sobre esto?». Y ahí fue cuando todo cambió para mí. Ya tenía problemas encontrándole sentido a la universidad antes de ese día (pero tener una beca para la Universidad Estatal de Ohio me parecía muy impresionante y me nubló el juicio durante un minuto); sin embargo, ese pequeño intercambio en la primera semana de esa clase me confirmó lo que yo ya sabía. Y esa fue mi despedida. Sabía que quería dos cosas: no quería ser pobre y jamás quería depender de alguien para tener dinero.

No me malentienda. No estoy criticando a nadie que escoja ir a la universidad. Lo que estoy criticando es la creencia absurda de que *todo el mundo* debería ir sin pensarlo (¡y sin hacer un análisis de costos antes!). Tengo muchos amigos y clientes que tienen títulos. Algunos de ellos los usan para sus carreras y los aman… ¡y algunos de ellos me contratan para salirse de esas carreras!

Incluso si tiene un título, este capítulo y este libro son, ciertamente, para usted. Porque, como lo dijo el legendario entrenador Lou Holtz, «está creciendo o se está muriendo». Tener un título de un área puede ser genial, pero aprender y ser un estudiante de muchas áreas es un camino para toda la vida. La autoeducación es una búsqueda constante que le dará dividendos para su negocio, su cuenta bancaria y su vida.

Porque existe una enorme diferencia entre la educación superior y la autoeducación.

¿Qué significa el concepto de autoeducación?

La autoeducación es el **acto o proceso de educarse a uno mismo a través de esfuerzos propios y con lecturas o estudios informales.**

La educación formal es una educación y un entrenamiento estructurados y diseñados con base en un grupo de ideales que conforman los currículos, los modelos, los planes de los maestros, los requerimientos de los instructores, las pruebas, los exámenes y el tamaño de la clase. Este modelo va desde la primaria hasta la secundaria y la universidad.

La educación formal cubre los temas escogidos para darle un nivel de educación y entrenamiento que le permita recibir títulos y certificados que, a su vez, lo ayudarán a verificar sus logros.

La educación superior se centra en tener la respuesta; la autoeducación se centra en *encontrar* la respuesta.

La autoeducación es el acto de adquirir conocimiento o habilidades sin que nadie se los enseñe. Usted busca obtener conocimiento por sí mismo sin ningún tipo de instrucción formal y, así mismo, se educa sin hacer parte de un sistema formal de educación. Dicho en pocas palabras, usted escoge qué aprender, a qué nivel y cuánto de cada tema particular.

Un individuo autoeducado puede escoger aprender un poco de todo (generalista) o puede trabajar duro para dominar un tema específico (especialista). En cualquier caso, es el acto de tomar la educación en sus propias manos. Dado que usted controla el ritmo y la profundidad de cualquier tema, literalmente no existen límites en la autoeducación.

La autoeducación puede liberarlo de un trabajo que odia o de una carrera que no lo emociona. No necesita aplicar para esto ni tiene que esperar a que le llegue una carta de aceptación. Todo lo que necesita es el deseo de crecer y la creencia de que, si alguien más puede hacerlo, usted también lo logrará. Es el deseo unido a la creencia lo que al final lo llevará a alcanzar el éxito personal y financiero.

Hoy en día la autoeducación en cualquier tema se ha vuelto tan sencilla como hacer una búsqueda de Google e investigar un poco. Puede encontrar cursos, libros y entrenamientos centrados en tecnología, comunicación, negocios, inversiones e incluso habilidades básicas de la vida. Sin embargo, a pesar del increíble acceso a la información, muy pocas personas se aprovechan por completo de la oportunidad de autoaprendizaje que tienen disponible.

> **La educación formal le da certificados prominentes; la autoeducación le da conocimiento práctico.**

Pero devolvámonos un poco. Como se lo conté, mi infancia no fue típica. Dejando de lado la escuela religiosa que parecía un culto, hubo otras cosas que no fueron tan comunes tampoco (aunque fueron buenas).

Cuando tenía unos cinco años, despidieron a mi papá de su trabajo. Tenía 24 años, 200 dólares en el bolsillo y una familia que cuidar. Iba conduciendo a casa ese día y vio un cartel por fuera de una tienda local de autopartes, que era propiedad de una familia, que decía: «Se arrienda. 400 dólares por mes». Entró a la tienda y habló con Stella, la dueña. Averiguó sobre el cartel y le explicó su situación. Después se sacó los 200 dólares que tenía y preguntó: «¿existe alguna posibilidad de que el resto se lo pague trabajando?». Ella estuvo de acuerdo, así que mi papá creó un taller mecánico en el sótano de aquel local.

Desde que entré a preescolar hasta que tuve 16 años, la conductora de mi bus escolar, Janice, me dejó todos los días después de la escuela frente a la tienda de autopartes. Yo me bajaba del bus y entraba directo allí. Me sentaba en uno de los taburetes que tenían detrás de un mostrador con partes. Hablaba con Stella y sus hijos, Al y Ron, que la ayudaban con la tienda (siempre me daban algún dulce), y después bajaba al sótano, al taller de mi papá.

En lugar de aprender a jugar fútbol (o cualquier cosa que nunca usaría en mi vida adulta), crecí teniendo conversaciones con clientes, haciendo recibos en la máquina de escribir (¿alguien sabe qué es esto?), respondiendo el teléfono y haciendo citas. Todo eso mientras hacía las tareas de Ciencias y Matemáticas en la oficina trasera.

Recuerdo que muchas veces escuché a algunos clientes diciendo que se sentían mal o que «me tenían lástima» porque debía ir allí todos los días, pero yo no conocía nada diferente. A mí me parecía divertido tener que rellenar la máquina expendedora de gaseosas, sacar las monedas de allí y aplastar todas las latas vacías, de modo que pudiéramos llevárnoslas y reciclarlas los fines de semana.

En medio del trabajo y de las tareas, también veía caricaturas en la pequeña televisión de 13 pulgadas de la oficina o montaba mi bicicleta de Rosita Fresita (con el gran sillín de bananos y colgantes rosados) por el parqueadero de grava y en medio de los carros que tenían pendiente alguna reparación. Pero lo que más esperaba al salir de la escuela siempre era que me dieran mi *snack* y mi lata fría de Pepsi de la máquina expendedora. A veces, si tenía suerte, estaba tan fría que tenía un pequeño pedazo de hielo adentro y sabía como un granizado. Abría mi paquete de Reese's de crema de maní y me echaba en la gran silla que estaba detrás del escritorio. Y luego llegaba mi parte favorita del día: ver a mi perra, Harley. Le daba un Reese's a ella y me comía otro yo (esto obviamente fue *antes* de que me enterara de que el chocolate era malo para los perros).

Así que a mí me pareció una progresión natural el pasar de trabajar en una oficina y responder llamadas a aprender a conducir un carro… cuando tenía siete años.

Mi papá tenía un Mazda pequeño y destartalado. Tenía algo descompuesto en la biela, lo que causaba que el motor hiciera un ruido que sonaba aún más cuando se aceleraba. Imagínese a una pequeña niña de siete años sentada sobre unos cojines en el asiento del conductor mientras escucha un ruido de *tak, tak, tak* cuando pasa por su lado con el carro.

Quizás se esté preguntando si alguna vez aprendí a reparar carros. No, definitivamente no, pero entendía bastante. Podía identificar patrones y ciertos sonidos para reconocer problemas comunes, lo cual fue gracioso, pues siempre supe más de carros que cualquier hombre con el que salí.

Y, cada mes de esos 11 años, recuerdo que Stella (con su pelo rojo flamante y perfectamente arreglado, cubierta con demasiado perfume, ataviada con joyas de oro en el cuello y anillos en cada dedo, conduciendo su flamante Cadillac) bajó al sótano a cobrarle el alquiler a mi papá.

De allí fue de donde saqué mi verdadera educación. Aprendí todos los altos y bajos de manejar un negocio pequeño. Sé que no estaría en donde estoy hoy si no hubiera recibido mi educación del horario posterior a la escuela dentro de ese pequeño negocio.

Lo que fue más importante incluso que las cosas específicas sobre negocios que aprendí (servicio al cliente y administración de una oficina), fue la psicología. Veía cómo mi papá lidiaba con los buenos y malos momentos del negocio. Veía cómo tenía que tragarse sus miedos y seguir adelante. Aprendí sobre determinación y persistencia. Aprendí sobre la mentalidad de prestar un servicio de calidad a los clientes y de cuidar a las personas (incluso si no era conveniente para uno mismo).

Cuando tenía 19 años y ya manejaba mi propio negocio, aprendí de todo eso y mucho más. En tiempo real. Mientras tanto, mis amigos estaban sentados en sus clases universitarias, aprendiendo sobre «negocios» de un profesor que nunca había tenido uno real en toda su vida (esta es una lección que no le dan en la universidad: no acepte consejos de negocios de gente que nunca ha creado un negocio real).

Muchos jóvenes de mi edad estaban a punto de graduarse con decenas de miles de dólares de deudas por préstamos estudiantiles. No tenían idea de cómo darles valor o cómo trabajar con clientes (algo que yo había estado haciendo y aprendiendo en la vida real durante años) y se sorprendían cuando se encontraban con dificultades para que los contrataran.

¡Sorpresa! A menos que sepa cómo añadirle valor a un negocio y a sus clientes (que son el alma de un negocio), usted realmente no es valioso para una compañía. La única excepción es si sabe cómo añadirle valor a la gente del negocio que *sí* les añade valor a los clientes (por ejemplo, siendo un gran asistente administrativo). Pero, al final, todo se reduce a añadirle valor a los clientes ya sea directa o indirectamente.

Las universidades no le enseñan eso porque en realidad no tienen que luchar por los clientes como lo hacen los negocios (o, de hecho, como lo hacen los negocios «que no son universidades», pues las universidades son negocios enormes con presupuestos de *marketing*, incluso si son «sin ánimo de lucro»).

Imagínese qué le pasaría a la demanda por los títulos universitarios si los subsidios por los impuestos (así es, está pagando por hijos que no tiene para que vayan a universidades que no apoya) fueran revocados o si los préstamos de intereses bajos no estuvieran disponibles para los adolescentes que, de otra manera, ni siquiera pueden acceder a una tarjeta de crédito de 2.000 dólares con un porcentaje de rendimiento anual del 23%.

Piense en eso por un minuto. Tenemos la cultura de darles préstamos de 100.000 dólares a jóvenes de 18 años para obtener un título universitario, ¡cuando en la mayoría de los casos ni siquiera les daríamos un préstamo de 10.000 dólares para empezar un negocio!

No digo que esos cambios de políticas deban suceder o no. Sólo estoy señalando que las universidades no se enfrentan a las realidades del mercado porque la demanda por sus servicios se impulsa gracias al financiamiento de quienes pagan impuestos y a unos préstamos apoyados federalmente (esto también les permite inflar los precios, lo cual requerirá de más subsidios para sus clientes. ¡Todo es una espiral viciosa de inasequibilidad que se va por los cielos y que, aun así, resulta dándoles más dinero a las universidades!).

No debería esperar que unas personas que no se enfrentan a la disciplina del mercado en la vida (y cuyo modelo de negocio completo se basa en demandas exageradas debido a políticas gubernamentales) le enseñen algo útil acerca de cómo sobrevivir y prosperar cuando se gradúe y quede a merced de la dura realidad de la disciplina del mercado.

Nuestra cultura es extraña: dejamos que los jóvenes adultos naden en una piscina controlada de niños hasta que tienen 22 años. Y luego los lanzamos al tanque de los tiburones, que es la realidad del mercado, cuando se gradúan. En vez de eso, los jóvenes deberían acostumbrarse poco a poco a las realidades del trabajo, de las responsabilidades y de los mercados, como afortunadamente fue mi caso desde que era bastante menor.

De nuevo, no estoy por completo en contra de la universidad. Si eso es todo lo que entendió de este capítulo… entonces no captó lo que quise decir. En definitiva se necesita para ciertas cosas. Si escoge ser un doctor, un abogado, un astronauta o un ingeniero, entonces es absolutamente necesaria. Pero, dejando de lado ciertas carreras, de verdad no creo que la educación formal sea necesaria para las masas de hoy en día. Y ciertamente no tanto como lo fue alguna vez.

Claro, todos necesitamos los fundamentos de la educación: leer, escribir, matemáticas e incluso un conocimiento general y básico de historia, ciencia y geografía.

Los primeros niveles de educación hacen un buen trabajo enseñando estas habilidades. El problema está en la educación «superior». Está fallando una y otra vez, está costando cada vez más y, lo que es peor, nada se está haciendo al respecto.

La creencia general de la sociedad es que una educación formal superior es mejor. Los certificados, los títulos y los «logros» lo pondrán en el camino para obtener una buena carrera y un gran sueldo.

Esa creencia es la razón por la que no se cuestiona realmente a las universidades y así terminan siendo el siguiente paso después de graduarse de secundaria. Graduarse del colegio, ir a la universidad, casarse con alguien, comprar una casa grande con un adelanto del 3.5% y un préstamo, comprar dos carros nuevos con los dos salarios que ahora tienen y que implicarán cinco años de pagos, tener un par de niños y así sucesivamente. Todo el mundo se cree estas estupideces y nadie las cuestiona, así que el resto de la sociedad hace lo mismo. Pero aquí tiene lo que nadie le dice: este plan lo endeudará, lo mantendrá endeudado y, lo que es peor, le quitará su tiempo, su dinero, su concentración y, al final, su libertad.

Ahora es un esclavo del juego: trabaja para pagar facturas.

Esa es una gran parte de lo que está mal con la educación formal. Usted aprende todas las cosas que lo convertirán en un esclavo del juego y ninguna de ellas le permitirá crear su *propio* juego. Incluso si obtiene calificaciones increíbles, eso no demuestra nada acerca de su conocimiento o de qué tan preparado está para ser exitoso o rico. Sólo demuestra que puede seguir un conjunto de instrucciones. Ese es el propósito exacto de la educación formal: enseñarles a las personas a seguir instrucciones y a quedarse sentadas por el tiempo suficiente como para trabajar de nueve a cinco.

De esa manera no va a encontrar la libertad. Y el 95% de las personas no encuentran la riqueza de esa forma tampoco.

Después de trabajar con miles de emprendedores y fundadores (y aquellos que aspiran a convertirse en eso), puedo decirle qué es lo que todo el mundo quiere. Sin importar que estén ganándose 50.000, 500.000 o 5 millones de dólares, quieren crear riqueza. Pero la riqueza en realidad es un precursor para conseguir lo que todo el mundo *de verdad* quiere: *libertad*. Libertad para hacer lo que quiera, cuando quiera, con quien quiera y tan a menudo como quiera... Esa es la verdadera libertad. Y esa libertad puede comprarse y pagarse si crea riqueza.

Si está dispuesto a hacer unas cuantas cosas que la mayoría de la gente *no quiere* hacer ahora, será capaz de hacer cosas que la mayoría de las personas *no podrán* hacer después. Confíe en mí, eso fue lo que yo hice.

Su libertad no está asegurada hasta que se haga financieramente libre.

No me tome la palabra sobre toda esta teoría de que la verdadera libertad requiere de libertad financiera. Fíjese en Richard Branson, Bill Gates, Steve Jobs, Mark Zuckerberg… ¿Qué tienen todos en común? Sí, son algunos de los hombres más ricos, pero también abandonaron la universidad, persiguieron sus sueños y fueron estudiantes de la autoeducación. Y esos son unos cuantos nombres. De quien no escuchamos es del tipo que se graduó de Harvard con calificaciones perfectas y que ahora trabaja en alguna corporación, estancado en un horario de nueve a cinco, con dos semanas de vacaciones al año, descuentos del 3% del salario para el retiro y cientos de miles de dólares en deudas estudiantiles que pagará hasta que tenga 45 años.

Y, mire, ese camino no tiene nada de malo si es el que usted quiere. Sólo quiero que sepa que no es el *único* camino que puede escoger.

De verdad somos muy afortunados por tener tanta riqueza de información al alcance de nuestras manos. Hay tantísimos recursos en línea que a veces podemos abrumarnos por todas las opciones. La autoeducación es la herramienta perfecta para tomar el control de su tiempo y decidir qué información cree que es beneficiosa para su vida.

Un número incontable de personas han decidido renunciar a sus trabajos de nueve a cinco con la esperanza de ganar dinero gracias a sus pasiones. Yo no soy una gran fan de «encontrar su pasión y crear un negocio a partir de aquello», pero hablaré más sobre eso en el capítulo 8.

El punto es este: puede ser inmensamente exitoso y triunfar en los negocios sin tener mucha, o ninguna, cualificación formal.

¿Cómo abordar la autoeducación?

- Lea: expanda su conocimiento al leer libros de calidad.

- Escuche: charlas TED, audiolibros, ponencias y pódcasts.

- Aprenda: construya sus habilidades yendo a diferentes programas, seminarios y cursos de entrenamiento.

- Modelos a seguir: encuentre mentores expertos, entrenadores o *coaches* experimentados y aprenda de otros.

Si usted no está avanzando, entonces se está quedando atrás. La única manera de mantenerse al día es aprendiendo algo nuevo a cada momento. Con tantos recursos educativos increíbles y gratuitos que hay en línea, todo el mundo tiene la habilidad de mejorar sus habilidades y conocimiento. Por lo tanto, ¿por qué pagar miles de dólares por una educación formal cuando puede educarse a sí mismo por una fracción de ese costo?

Tengo una lista de 14 recursos de autoeducación que están en línea, algunos de los cuales son completamente gratuitos. Puede encontrar más información sobre las aplicaciones, cursos e incluso entrenamientos de las mejores universidades en www.candyvalentino.com.

LEER
Lea libros sobre salud, riqueza, negocios o alguna habilidad específica que quiera aprender.

ESCUCHAR
Escuche charlas TED, pódcasts y audiolibros que expandan su conocimiento.

4

TIPOS DE AUTOEDUCACIÓN

APRENDER
Vaya a programas de entrenamiento, seminarios o cursos en línea sobre habilidades o temas específicos.

MODELOS A SEGUIR
Encuentre mentores expertos y entrenadores con experiencia para aprender de otros.

Como me convertí en millonaria en mis veintes y vengo de un pasado sin dinero, sin título y sin experiencia corporativa, a menudo me preguntan cómo aprendí a hacer las cosas que he hecho a lo largo de mi vida. Pero, antes de responder eso, quiero que usted sepa la verdad. Yo no era muy inteligente y no tenía muchos contactos. No hice nada único o siquiera especial. No creé tecnologías de las que cambian la vida y tampoco innové con un producto que modificó toda una industria. El «secreto» de esto es algo que todo el mundo puede hacer. La respuesta es que todo se debió al trabajo duro y a la autoeducación.

Ahora que enseño sobre emprendimiento y cómo crear riqueza (y menciono mi experiencia con respecto a eso), puede que piense que yo escogería inmediatamente la autoeducación como la mejor opción educativa. Pero la realidad es que ambas tienen un papel importante en nuestra economía.

Nuestra economía está basada en ideas, habilidades, innovación y en actuar sobre cada una de ellas.

No está basada en certificados y títulos.

«Estamos en una economía basada en ideas y en una economía basada en habilidades, no en una economía basada en certificados»
—James Altucher, millonario por mérito propio (Elkins, 2017).

Uno de los errores que más comete la gente es la manera en la que se enfocan en la educación como un todo. Sus expectativas, ya sea para la autoeducación, un programa de mentoría o buscar la ayuda de un experto, son como miden su RSI o retorno sobre su inversión.

Recuerde que nuestros cerebros pueden medir lo que perdemos y que sencillamente no pueden medir lo que ganaremos.

Asegúrese de que está aprendiendo por el bien de expandir su conocimiento y su perspectiva y no por querer ganar más dinero. La correlación está allí, pero no mida el RSI porque no todo el aprendizaje se crea de la misma manera. Puede aprender 20 cosas nuevas (que nunca usará) o puedo enseñarle una cosa que le arreglará ese problema crítico que tenía en su negocio y que lo salvará de esa demanda en el futuro.

Cuanto más expuesto esté a la educación, incluso sobre temas que le interesan poco o nada, más podrá identificar las oportunidades, reconocer los patrones y desarrollar su cerebro para que lidie con una amplia variedad de retos. También mantiene los caminos neurales activos en su cerebro, lo cual es algo clave para conservar la salud.

Aprender puede ser incluso terapéutico para una mente preocupada. Lo ayuda a descubrir el potencial que desconocía en sí mismo, de manera que puede dejar de criticarse por haber fallado en una carrera. Ampliar sus habilidades lo ayuda a darse cuenta de cuán útil es para muchas personas. Contribuir a las vidas de la gente puede hacerlo feliz y mejorará su salud mental.

Es fácil caer por el mercadeo estrambótico y las páginas de redes sociales bien diseñadas, pero le aconsejo que se centre más en quién está enseñando y en la experiencia de la *vida real* que tienen.

Muchas personas no tienen acceso a la educación formal, pero quiero que sepa esto: ese hecho nunca podrá interponerse entre usted y el éxito.

Atrás quedaron los días en los que la educación formal era suficiente para volverse rico.

Empezar un negocio, incrementar su conocimiento financiero y crear riqueza nunca había sido tan fácil y educarse a usted mismo sobre *cómo* lograrlo nunca estuvo tan a la mano.

> **No necesita saberlo todo o ser el mejor en cualquier cosa para ser rico. Sólo tiene que hacer unas pocas cosas ordinarias y, con el tiempo, logrará resultados extraordinarios.**

El argumento del millón de dólares

El hecho de estar compartiendo mi creencia de que la mayoría de las jóvenes no deberían ir automáticamente a la universidad provoca un argumento fundamental desde el otro lado… y eso se basa en el hecho de que, en general, los estudiantes universitarios ganan más dinero que quienes no se gradúan de la universidad.

Sin embargo, esta estadística la usan las universidades… y aquellos que advocan por ellas y se *lucran* por eso mismo. Tienden a usarla en cada oportunidad que ven porque, francamente, es una de las únicas herramientas que poseen para defender su argumento. Y no estoy en completo desacuerdo con respecto a que hay algo de verdad en ello; sin embargo, debemos ver todo el panorama.

En promedio, las personas con un título universitario en Estados Unidos se ganan cerca de 55.260 dólares al año, mientras que quienes tienen un diploma de bachillerato se ganan alrededor de 40.612 dólares.

Mi amigo Michael Ellsberg escribió todo un libro llamado *The Education of Millionaires: Everything You Won't Learn in College About How to Be Successful*[1] sobre este tema. Él explicó de otra manera cómo este dato de las ganancias, que los medios regurgitan una y otra vez, está extrapolado de una estadística que dice que, en promedio, usted podrá ganarse más de un millón de dólares a lo largo de 40 años de trabajo si va a la universidad (Ellsberg, 2011).

¿Cómo llegaron a ese número? Básicamente tomaron la diferencia entre las dos estadísticas y la multiplicaron por 40, lo que da alrededor de un millón de dólares. Pero ¿no es interesante que este argumento lo usen universidades, políticos y grupos de presión para explicar por qué debería gastarse decenas de miles de dólares y aceptar una deuda masiva para ir a la universidad? (Ellsberg, 2011).

Lo que no explican o comparten es la cantidad incontable de gente que va a la universidad por cierta carrera y al final nunca la usa o las personas que se registran, pero nunca terminan la carrera. Tengo muchísimos amigos y conocidos que fueron a la universidad durante 4, 6 o incluso 8 años para obtener un título y ahora trabajan en campos completamente diferentes y ni siquiera utilizan esa carrera. Pero las universidades no revelan esta clase de información.

En su investigación, Ellsberg compartió que la página web de la Universidad Estatal de Arizona defendía el aumento de precios al decir que «el costo de la educación universitaria que se paga con la matrícula es la mejor inversión que un estudiante puede hacer para su futuro (…). Las ganancias promedio de los individuos con un título universitario son 75% más altas que las ganancias de alguien que sólo se graduó del colegio. Estas sumas adicionales son de más de 1 millón de dólares a lo largo de la vida» (Ellsberg, 2011).

Literalmente lo presentan como que si paga 85.400 dólares, que actualmente es el costo de una carrera de 4 años en una institución pública, o 150.400 dólares, para el caso de una universidad privada *después* de la ayuda financiera y *sin* incluir una habitación, ¡obtendrá un millón de dólares!

---

1 El libro no está en español, pero la traducción sería esta: *La educación de los millonarios: todo lo que no aprenderá en la universidad sobre cómo ser exitoso.*

Pero quienes impulsan esa narrativa parecen haberse olvidado de algo.

Tres pequeñas palabras que, juntas, significan algo muy grande: coste de oportunidad.

Uno de los conceptos más importantes que aprenderá en la vida

El coste de oportunidad es el concepto central de un análisis de inversión. Hablar de inversiones sin hablar del coste de oportunidad o sin evaluarlo en la consideración de esta conversación es como intentar determinar si su equipo favorito de la NFL ganó el Super Bowl basándose *sólo* en su puntaje. Se necesita saber cuál fue el puntaje del otro equipo para saber quién ganó el campeonato.

Voy a usarme a mí misma como ejemplo. Si hubiera ido a la universidad para obtener un título en Criminología para trabajar con el FBI, como lo planeaba, habría empezado con un salario de 37.847 dólares en el 2001. En vez de eso, empecé mi propio negocio en 1999. Durante el primer año del negocio, trabajé durísimo y obtuve unas ganancias netas de 3.000 dólares. Al año siguiente, cuando solo había estado dos años con ese negocio, obtuve menos de 20.000 dólares. Parece que la universidad habría sido una mejor decisión. Pero eso es porque sólo estamos evaluando parte de los datos.

Si hubiera ido a la universidad para ganarme esos 37.842 dólares al año, me habría perdido mi tercer año del negocio, cuando me gané el doble de ese salario, y mi cuarto año, cuando llegué a las seis cifras de ganancias netas.

Volviendo a nuestro ejemplo de la matrícula universitaria de antes, si vamos a mirar qué beneficios obtendrá por ir a la universidad, debemos analizar el otro lado para saber cuánto le costará.

¿Qué pasaría si, en lugar de gastarse 85.400 dólares para ir a la universidad, invirtiera esa cantidad o la usara para tomar un camino diferente?

Si invirtiera esos mismos 85.400 dólares en un fondo índice pasivo y los mantuviera allí durante ese mismo período de 40 años que las universidades están promoviendo en sus páginas web, y si volvemos a las tasas anualizadas a largo plazo y a los retornos del S&P 500, que han estado alrededor del 9.3%, descubramos cuál sería el retorno de esa inversión:

En esta analogía, en lugar de pagar entre 85.400 y 150.400 de matrícula (y perder cuatro años de su vida laboral), estaría invirtiendo esa cantidad y empezando a trabajar justo después de graduarse de bachillerato.

Usaremos el valor de la matrícula pública promedio de 85.400 dólares, ganando un 9.3% anual a lo largo de 40 años en un fondo índice pasivo… ¡y terminamos con 3.473.803 dólares!

Así que, incluso si invirtió ese dinero y se quedó sentado en la playa, viajó por el mundo, creó un canal de YouTube y nunca añadió otro dólar a esa cuenta, ahora tiene un millón más al final de esos 40 años de lo que tendría si se compara con las ganancias promedio de una carrera universitaria de 40 años. Impresionante, ¿verdad? Ahora llevémoslo un poco más allá.

No sólo hay una diferencia en cuanto al dinero, sino que hay una diferencia de tiempo. *De mucho tiempo*. Si se pasa incluso cuatro horas al día en clase, más dos horas haciendo tareas, durante cinco días a la semana, básicamente está haciendo un trabajo de tiempo completo. Si trabajara ese mismo número de horas, incluso con el salario mínimo promedio del país, de 9,88 dólares la hora, eso le daría 395,20 dólares a la semana o 20.550,40 dólares al año. Pero sabemos que no va a aceptar un trabajo con salario mínimo, especialmente por cómo está el mercado laboral en el 2022. Y ni siquiera hemos contemplado la posibilidad de que empiece su propio negocio, tal como lo hice yo después de graduarme del colegio.

Cuando se fija en los datos, invertir 85.400, 150.400 o más de 250.000 dólares en una universidad *puede* ser una buena decisión si alguien quiere acceder a una profesión específica que ama y que lo hará feliz. Pero el proceso mental de que los jóvenes que se gradúen *tienen* que ir a la universidad es una mala broma. Y no es sólo mi opinión. Cuando analiza los números, puede ver que es un hecho.

Por supuesto, no estoy sugiriendo de verdad que alguien tome el dinero de su matrícula universitaria y lo invierta en un fondo índice. Estoy poniéndolo todo sobre la mesa para que considere otras opciones para usted mismo, sus hijos o las personas con las que habla sobre el tema.

Imagínese si tomara ese tiempo y dinero y los invirtiera en la clase de educación y experiencias del mundo real que le he explicado en detalle a lo largo del libro. *Allí* es donde se encuentran las verdaderas recompensas y es entonces cuando se halla de camino a desarrollar los *hábitos de riqueza* reales que necesita para empezar a crear una libertad financiera tangible.

CAPÍTULO 5

Las cuatro lecciones cruciales que no aprendimos en el colegio

En mi trabajo con miles de emprendedores, muchos de los cuales son millonarios o incluso multimillonarios (y quienes han logrado muchas de las cosas que yo sé que usted es capaz de lograr también), he notado que comparten cuatro denominadores comunes en cuanto a las creencias que tienen y las lecciones que han aprendido.

Pero estas cuatro lecciones cruciales nunca se mencionan en el colegio. En su lugar, nos enseñan la geografía de cosas que podemos encontrar en Google Maps. Nos enseñan sobre álgebra y cálculo, cosa que la gran mayoría de las personas jamás usará de nuevo, pues la mayoría de la gente no se convertirá en ingenieros, científicos y matemáticos. Nos enseñan las fechas de guerras antiguas que no tienen nada que ver con nosotros y que podríamos buscar en Wikipedia si nos interesaran de verdad.

En este capítulo vamos a aprender estas cuatro lecciones que faltan en los currículos de lo que se enseña en las escuelas. Estas lecciones se aplican a cada aspecto de su vida, no sólo a los negocios o a crear riqueza. También se aplican a las relaciones, a ser un empleado y también a ser un humano en general. Aprender estas cosas pronto le evitará cometer muchos errores en la vida. La mayoría de las personas tienen que pasar por experiencias difíciles de vida para aprender estas lecciones. Entonces, si podemos entenderlas y conceptualizarlas *ahora*, en vez de esperar a que los golpes duros de la vida nos las enseñen luego, mejor.

Hay unas pocas cosas que la universidad, la educación formal o incluso un libro de negocios jamás le enseñarán, así que voy a cambiar eso y voy a incluirlas en el mío. Son las siguientes:

1. Piense a largo plazo.

2. Esté presente siempre.

3. Nadie le debe nada.

4. Aprenda el poder que tiene la gratitud.

Permítame explicarle cada una.

Lección 1: piense a largo plazo

Hoy, más que nunca, muchas personas se distraen con los resultados a corto plazo.

Todo el mundo está buscando un ángulo, un camino corto, una estrategia para volverse rico rápido, mientras construyen sus vidas con soluciones temporales que pueden parecerles útiles, pero que realmente son el objeto brillante más reciente que no resistirá el paso del tiempo.

Es muy raro que alguien *busque* retrasar la gratificación. Pero si usted escoge centrarse en las ganancias a largo plazo e ignora la gratificación instantánea de una ganancia a corto plazo, podrá construir más de lo que jamás se imaginó.

Todos los retornos más grandes de la vida vienen de los intereses compuestos.

Ya sea que esté capitalizando dinero, relaciones o habilidades, el tiempo es su mejor multiplicador de fuerzas.

Ya sea dinero, relaciones o habilidades, todos los grandes retornos de la vida vienen del interés compuesto porque el tiempo es el mejor multiplicador de fuerzas.

Y eso significa que tiene que pensar a largo plazo. Quiere retrasar la gratificación de ahora para obtener *más* después. El proceso puede parecer aburrido o sonar retador, pero le prometo que funciona. Los negocios exitosos, los inversionistas, los creadores de riqueza y los emprendedores juegan a largo plazo para maximizar los retornos.

Aquí le diré cómo hacerlo:

Invierta su dinero ahora en lugar de gastarse su dinero ahora.

Warren Buffett tiene un patrimonio de 86.000 millones de dólares. La mayoría de su riqueza (el 99.7% de ella) la creó *después* de su cumpleaños número 52. Esto fue por el poder de los intereses compuestos. Las ganancias más grandes se encuentran al **final** del período de capitalización.

Hay personas que se pasan toda la vida sin darse cuenta del poder tan asombroso que tienen los intereses compuestos.

Este preciso momento, el momento en el que está leyendo este libro, esta página, esta frase en esta fecha… todo está conectado con el futuro a través del poder de la capitalización.

No permita que la satisfacción a corto plazo sea más importante que el resultado que quiere para su vida.

Haga las cosas que son difíciles ahora, pero buenas para usted después, y su vida se irá volviendo cada vez más fácil con el tiempo. Esta es la definición de pensar en el largo plazo.

¿A qué va a renunciar ahora para obtener más después?

Sí, literalmente se lo estoy preguntando ahora. ¿Será comer por fuera muy a menudo? ¿Los viajes de compras? ¿El paquete caro de televisión por cable? Su habilidad para renunciar a algo en el corto plazo no sólo tendrá un resultado directo sobre su riqueza, sino que demuestra cuánto la quiere realmente.

_____   _____

_____   _____

_____   _____

_____   _____

Va a tomarle más de lo que piensa (y quizás más de lo que quiere), pero si se enfoca en el largo plazo con respecto a su vida, sus negocios y su riqueza, todo valdrá *mucho* la pena.

El largo plazo aplica para más cosas que sólo el capital compuesto, pues también aplica para las relaciones.

La meta es encontrar y quedarse con las personas con las que quiere trabajar durante décadas. Toma tiempo construir confianza y relaciones profundas ya sea en los negocios o en todo lo demás.

Esto se hace difícil si está cambiando constantemente de carreras, de industrias o mudándose a nuevos lugares. Cada vez que cambia de camino, debe empezar con un nuevo grupo de «jugadores». Estas son personas que no conoce, en quienes no confía y que probablemente no confían en usted tampoco.

Yo lo he experimentado de primera mano. Me mudé de Pensilvania a Arizona en el 2019. Después de construir amistades, alianzas y conexiones profundas durante más de dos décadas en los negocios, fue difícil empezar de nuevo. Mi red de conexiones era excepcionalmente fuerte y, aunque nunca me he arrepentido o cuestionado mi decisión de mudarme, sí me gustaría haberlo hecho antes.

La mayoría de las personas no piensan acerca de dónde quieren vivir, dónde van a construir sus amistades, dónde van a criar a sus hijos. Casi siempre siguen viviendo la vida en el lugar en el que nacieron. Y eso puede estar bien, pero sepa que esa decisión tiene un impacto masivo en la trayectoria de su vida. Sin importar qué edad tenga actualmente, es algo que debería considerar y escoger con sabiduría.

Centrarse en el largo plazo se simplifica en una frase: dé los pasos necesarios ahora para prepararse para un éxito de largo plazo.

Cuando se trata de construir riqueza, hacer crecer un negocio o crear éxito en cualquier área de la vida, pensar a largo plazo es un componente necesario para que el juego salga a su favor.

Lección 2: esté presente siempre

Esté presente cuando no tenga idea de qué hacer, esté presente cuando no quiera estarlo, esté presente cuando las cámaras estén apagadas… Su compromiso para resolver las cosas y su dedicación para ser resiliente tendrán un papel muy importante en el éxito de cualquier área de su vida.

De hecho, un dicho común indica que el 80% del éxito en la vida viene sencillamente de estar presente.

Demuestra cómo desarrollar el hábito simple de estar presente puede, al final, llevarlo al éxito. También puede ser una parte muy poderosa del rompecabezas para cumplir sus metas, construir más riqueza y crear una vida más vibrante, feliz y sana.

Así pues, acepte el concepto de «estar presente» y los potenciales efectos positivos que tendrá a la hora de obtener el éxito.

Al comprometerse de una manera consistente a estar presente, también se está comprometiendo con las cosas de la vida que más importan. Por ejemplo, la idea de estar presente a diario para sus metas financieras, de estar presente regularmente para su familia y amigos o estar presente para sus sueños personales crea el hábito y construye la práctica de mantener la consistencia.

La mejor práctica para desarrollar es aquella que se compromete a impulsarnos así sea un paso hacia adelante, pues, justo como en las inversiones, los pasos más pequeños se capitalizan en retornos más grandes.

Estar presente puede afectar positivamente su vida de las siguientes maneras:

1. Estar presente es practicar la **aceptación**.

Cuando se compromete a estar presente sin importar los retos o la conveniencia, se centra en ir hacia adelante con acciones positivas sin pensar en cuán pequeño pueda ser el resultado. Estar presente no es dar grandes pasos de vez en cuando, sino hacer pequeñas cosas consistentemente y sabiendo que los resultados *sucederán*. Usted hace lo mejor que puede y acepta el cronograma que puede desarrollarse.

2. Estar presente es practicar la **dedicación**.

Cuando se dedica a estar allí para cualquier área de su vida, maneja los imprevistos, los desvíos o las nuevas rutas. Sean cuales sean las circunstancias, usted continúa siguiendo sus metas, hace ajustes y sencillamente está presente.

Hacer incluso las acciones más pequeñas para avanzar puede cambiarle la forma a su vida. Suponga que piensa en recortar sus visitas regulares al gimnasio, intente estar presente e ir durante al menos una fracción del tiempo. Al estar presente incluso cuando no quiere estarlo, combate la procrastinación y empieza a desarrollar el músculo de la resiliencia hasta que se convierte en una pieza integral de quién es usted y cómo está programado.

3. Estar presente es practicar la **resiliencia**.

Sus sentimientos o excusas no son hechos. Las excusas son emociones negativas: ira, tristeza, culpa, creencias limitantes... Todas son emociones que se desprenden del miedo. Estas emociones que se basan en el miedo actúan como una forma de protección, pero en realidad le impiden tener las cosas que quiere y que se merece.

Dejar de lado las excusas y estar presente incluso cuando no quiere estarlo es simple cuando se compromete más con sus *metas* que con aquello a lo que le *teme*.

En el centro de este hábito está la resiliencia. La resiliencia es avanzar hacia sus metas (o hacia aquello que desea) a pesar de las adversidades. Se trata de adaptarse bien y de ir hacia adelante incluso cuando se enfrente a retos o al estrés.

Aquí tiene cuatro maneras para practicar el hábito de estar presente incluso cuando tiene excusas para no hacerlo:

1. Comprométase más con su *visión* que con sus *excusas*

Tenga tan clara su visión y el resultado deseado que le *den ganas* de estar presente.

Sin claridad no podemos cambiar. Es el primer paso para lograr cualquier cosa en nuestras vidas.

La claridad personal es esencial para hacerse y mantenerse resiliente porque, sin eso, nos tropezamos a la hora de tomar decisiones y es posible que nos rindamos sin luchar ante las adversidades.

Establecer una imagen clara de quién es, qué quiere y cómo planea cumplir sus metas es esencial. Su visión debe ser clara y vívida; de lo contrario, se verá impulsado en direcciones diferentes que al final lo alejarán de sus metas y valores.

2. Construya su propia estabilidad emocional

Sea intencional y no reaccionario. Tener estabilidad emocional, mantenerse en calma y controlar sus emociones le permitirán dominar sus sentimientos y no lo contrario.

Encuentre maneras de regular sus emociones para que no lo provoquen fácilmente: meditar, ejercitarse, caminar, estar en la naturaleza. Pero la forma número uno para controlar su estado emocional es a través de lo que yo llamo «la pausa».

Aquí le diré cómo funciona en la vida real. Cuando se encuentre enfrentado a un reto o una adversidad, cuando alguien o algo lo provoquen de una manera que normalmente crearía una respuesta emocional y reactiva, quiero que haga una pausa y cree estabilidad emocional.

La reprogramación de la pausa®:

- Haga una pausa de medio segundo. Una fracción de segundo, eso es todo lo que le toma a nuestro cerebro subconsciente antiguo activarse y proferir alguna respuesta emocional y reactiva.

- Inhale profundo tres veces sin decir ni una palabra. Acepte el silencio y no intente llenarlo con palabras o pensamientos.

- Durante esas tres inhalaciones, encuentre una cosa por la que esté agradecido. Es imposible para su cerebro procesar el dolor y la gratitud al mismo tiempo, así que encontrar una sola cosa simple reducirá su respuesta al estrés.

- En casos de mucho conflicto, dese una hora para responder, de modo que su sistema nervioso tenga tiempo de descender de esas emociones amplificadas.

Este cambio en cómo responde lo ayudará a construir un hábito de estabilidad emocional y le dará la concentración que necesita para seguir estando presente para sí mismo.

3. Préstele atención a su salud física

Una nutrición e hidratación apropiadas, así como una dieta sana, contribuyen a la salud inmune y a los niveles de energía, mientras que sobrepasarse con comidas o bebidas poco saludables lo hará sentirse bastante mal.

El ejercicio libera endorfinas, las cuales pueden beneficiar la salud mental y crear un aumento de la energía y la concentración. Obtener un descanso adecuado es esencial para mantener la concentración y la energía. Y tomarse un tiempo para descansar puede *ahorrarle tiempo* porque se promueve un aumento de la eficiencia. Pero regular sus horas de sueño también es importante porque es difícil comprometerse a estar presente para cualquier cosa consistentemente si usted se siente terrible.

No es ninguna coincidencia que las personas exitosas parezcan mantener estilos de vida saludables. Cuando usted está saludable, puede maximizar su concentración, abordar los problemas con la mente clara y tener energía abundante. Estos atributos son vitales en su camino hacia el éxito.

4. Conéctese con otras personas

Aquí está lo que la revista *The New Social Worker* tiene por decir al respecto: «el aislamiento es lo opuesto de lo que necesitamos para crear resiliencia. Otra clave para construir resiliencia es tener conexiones con otras personas que puedan validar, sentir empatía y entender nuestros sentimientos y experiencias» (Luest, s.f.).

Como el optimismo y la gratitud, el incremento de felicidad que siente por sus conexiones con otras personas es crucial para su salud y es un elemento clave para construir resiliencia.

> **Estar presente es una acción pequeña, pero increíblemente poderosa.**

Conocer a otras personas y estar rodeado de quienes están progresando en su camino puede ayudarle a encontrar su ruta y sus posibilidades. Aprender de las experiencias de otras personas y de aquello a lo que se han sobrepuesto será la prueba de que usted también podrá hacerlo.

Incluso en sus relaciones siempre es más importante estar allí para la otra persona (es decir, estar presente) que enviarle regalos o prepararle gestos grandiosos.

Lección 3: nadie le debe nada

Seguramente esta no será una sección muy popular, pero necesito escribirla. El hecho de sentirse con derecho a todo está desbocado y de lo que no se dan cuenta la mayoría de las personas es que eso les está robando sus sueños y puede llegar a costarles sus fortunas.

Sentirse con derecho a todo es una de las características más dañinas que un líder o un padre puede enseñarle a otra persona. Sentirse con derecho a todo hace que sea más difícil soportar los retos y las adversidades de la vida, lo cual crea un problema de evasión, pasividad y pereza. También refuerza la creencia y la expectativa de que las cosas le llegarán sin trabajo duro y perseverancia.

Pero aquí está la dura verdad. A usted no le deben padres perfectos, salud perfecta, éxito financiero o una vida sin dolor y problemas.

La vida no le debe a nadie un trabajo, una carrera, una casa o un iPhone. Y, aunque sea difícil de creer, nadie le debe amabilidad, alegría, reconocimiento o validación. Auch.

Lo duro es que vivimos en una cultura que nos bombardea con imágenes de personas atractivas, exitosas y ricas. En todas las redes sociales vemos casas impresionantes, carros elegantes, abdominales marcados y belleza física, todo combinado con un aparente balance perfecto entre carreras y relaciones.

> **El problema más grande de la vida es la creencia de que no debería tener ninguna.**

Y, mire, no se confunda, no hay absolutamente nada de malo en tener alguna de esas cosas. Es más, yo he trabajado durísimo por tenerlas. Y si usted sigue los principios de este libro, será capaz de obtenerlas también.

El problema no está en el *deseo* de tener esas cosas, sino en la creencia de que la vida nos las *debe.*

Hay una gran cantidad de adultos, niños y adolescentes que se sienten con el derecho de tener todo lo que quieren, así que, cuando no obtienen el premio, el regalo o el puesto de trabajo (o incluso si hacen algo que no disfrutan), se sienten victimizados.

Pero la vida no le debe *nada* a nadie. No le debe felicidad, no le debe éxito y ciertamente no le debe riqueza o amor. Pero aquí viene el giro de trama: usted tiene el poder para crear todo eso.

Tiene mucho valor el ser capaz de reconocer y aceptar que la vida no le debe nada y existe una gran cantidad de poder en saber que, sin importar lo que la vida le lance, puede lograr, convertirse o hacer lo que quiera en esta vida. Y no deje que *nadie* le diga lo contrario.

Lección 4: aprenda el poder que tiene la gratitud

Aunque la vida no le debe nada, vea todo lo que le ha dado.

Ser agradecido por todo lo que tiene, incluso cuando aún no posee todo lo que quiere, es uno de los fundamentos para tener éxito, crear riqueza y diseñar la vida de sus sueños.

Estas no son tonterías o palabrerías, sino conceptos que han sido respaldados una y otra vez en estudios científicos.

Hay dos neurotransmisores cruciales (la dopamina y la serotonina) que son responsables por nuestras emociones. Expresar gratitud libera estos neurotransmisores e, inmediatamente, mejoran nuestro estado de ánimo y nos hacen sentir bien.

Como lo dije antes, el cerebro no puede procesar el dolor y la gratitud al mismo tiempo, de la misma manera que usted no puede sentir que tiene derecho a todo y estar agradecido de forma simultánea.

Usted puede ayudar a fortalecer los caminos neurales del bienestar al ejercer intencionalmente la gratitud todos los días, pues así se activan sus efectos a largo plazo sobre el cerebro.

La gratitud afecta significativamente las funciones del cuerpo y reduce ciertas condiciones psicológicas como el estrés, la ansiedad y la depresión.

En el cerebro, el sistema límbico está a cargo de las experiencias emocionales. En este sistema se encuentran cinco partes, incluido el tálamo, el hipotálamo, la amígdala, el hipocampo y el giro cingulado.

Además, los dos lugares principales que regulan las emociones, la memoria y las funciones corporales son el hipocampo y la amígdala. Los estudios han demostrado que estos lugares se activan por el sentimiento de gratitud.

Si lo llevamos un paso más allá, en un estudio de individuos que buscaban asesoría sobre salud mental, le pidieron a un grupo de control que escribiera cartas de gratitud como parte de su tratamiento. Este grupo experimentó mejores sentimientos, una recuperación más rápida y menos sentimientos de ansiedad con respecto a la muerte.

A un segundo grupo de participantes en este estudio se les pidió que escribieran un diario de experiencias negativas (en vez de concentrarse en la gratitud) como parte de su tratamiento. Este grupo reportó sentimientos incrementados de ansiedad y depresión.

Después de examinar los resultados, se demostró que, con una actitud agradecida en la vida, ganamos aceptación y nos volvemos menos temerosos del futuro.

La gratitud tiene efectos en dos niveles. A un nivel neurobiológico, ayuda a regular el sistema nervioso simpático, el cual es responsable por las respuestas de ansiedad. A un nivel psicológico, la gratitud entrena al cerebro para pasar por alto los pensamientos negativos y concentrarse en los positivos.

Las prácticas de gratitud, como escribir en un diario o tener discusiones grupales, han demostrado que pueden influir en la reducción de la ansiedad. Ahora se consideran herramientas importantes para tratar la salud mental y se usan en intervenciones o para manejar condiciones como el TEPT (trastorno de estrés postraumático), las fobias sociales, la ansiedad por la muerte y la depresión.

Espero no tener que decir mucho más al respecto y que usted pueda ver con claridad los beneficios masivos de ser agradecido.

Seamos francos: si no agradece primero su sueldo de 5.000 dólares, está en terreno pantanoso, amigo mío. Pues cuando ese sueldo se convierta en 50.000 dólares, estará deseando que fuera de 100.000. Cuando sea de 100.000, querrá que fuera de 1.000.000.

El error más común que comete la gente con esto es no apreciar en dónde se encuentran *mientras* están de camino a obtener lo que quieren. Eso inevitablemente lo mantiene en donde está porque, si se enfoca en lo que no tiene, nunca obtendrá lo suficiente. Pero si se concentra en lo que *sí* tiene y lo agradece, terminará obteniendo mucho más.

Use los *cuadros de la gratitud* para empezar a practicar el ser agradecido por lo que tiene. Este hábito de riqueza, cuando se practica con consistencia, lo ayuda a desbloquear el siguiente nivel de la vida. Y, sí, la ciencia lo respalda. Ser agradecido le da una nueva perspectiva a su foco.

Su cerebro no puede procesar el dolor y la gratitud al mismo tiempo.

La gratitud incrementa el neurotransmisor de la serotonina y activa el tallo cerebral para que produzca dopamina. La dopamina es el químico del placer de nuestro cerebro. Cuanto más pensamos en lo que tenemos con un enfoque positivo y alegre, más sanos y felices nos sentimos.

El ejercicio que yo hago es este: *antes de poner los pies en el suelo por la mañana, digo cinco cosas por las que estoy agradecida.*

La importancia de esto es que debe hacerlo incluso cuando no se sienta con ganas. Este ejercicio no sólo cambiará radicalmente su punto de enfoque actual, sino que cambiará el curso entero de su día.

Aquí tiene algunos ejemplos de cosas por las que puede sentir gratitud:

- Tener comida fresca.

- El cocinero del restaurante que preparó su plato.

- Su salud.

- El lugar seguro en el que vive.

- Tener acceso a agua potable.

- La persona que limpia su casa.

- Su asistente, pues le alivia su carga de trabajo.

- Usted mismo porque salió de esa situación.

- Las sábanas limpias, las mantas abrigadas y la cama que tiene.

No es la felicidad ni el éxito lo que nos dará más gratitud. Es la gratitud la que nos dará más felicidad y éxito.

Empecemos hoy mismo. Aquellos que actúen y empiecen ahora serán los que ganarán. Tómese 60 segundos y haga una lista de cinco cosas para hoy. Use los cuadros de la gratitud que están a continuación para empezar ahora mismo.

CUADROS DE LA GRATITUD

LUNES

1	
2	
3	
4	
5	

MARTES

1	
2	
3	
4	
5	

MIÉRCOLES

1	
2	
3	
4	
5	

JUEVES

1	
2	
3	
4	
5	

VIERNES

1	
2	
3	
4	
5	

SÁBADO

1	
2	
3	
4	
5	

DOMINGO

1	
2	
3	
4	
5	

HÁBITO DE RIQUEZA

3

Ganar dinero en el camino hacia la riqueza

CAPÍTULO 6

El secreto para crear múltiples fuentes de ingresos

Quiere que su riqueza fluya como un gran río, pero ¿sabe cómo un río se hace verdaderamente grande?

¡Al combinarse con otros ríos!

El río Amazonas tiene más de mil afluentes y cada uno de ellos tiene incontables afluentes más.

Así que organicémonos como el río Amazonas (eso sin mencionar a **Amazon.com**) y obtengamos múltiples fuentes de ingresos que contribuyan a nuestro río de riqueza.

¿Sabe que el millonario promedio tiene al menos *cuatro* fuentes de ingresos?

Ya sé que está pensando: «bueno, ¿y qué significa esto para *mí* y cómo lo hago?».

No se preocupe. No hay nada peor que unos conceptos sin pasos prácticos que se puedan implementar, por eso dividiré este tema en unos cuantos pasos entendibles, digeribles y procesables.

Invertir en finca raíz (e invertir en general) es crucial porque no sólo estará viviendo del salario del trabajo que tenga o de las ganancias que obtiene por su negocio, sino que se está diversificando a través de otras inversiones y se está asegurando de tener múltiples fuentes de ingresos.

Esto significa que, incluso si tiene un buen sueldo de su trabajo a tiempo completo o negocio, no es una mala idea (de hecho, es una gran idea) tener un ingreso adicional de otra fuente. Cree un producto, venda un producto, preste servicios, venda en eBay… Cuantos más «trabajos» (es decir, fuentes de ingresos) tenga, más seguridad creará.

Diversificar sus ingresos y tener múltiples fuentes para ello es una de las cosas más importantes que puede hacer para construir riqueza.

Si aparecen una recesión, una caída económica o un evento financiero negativo y pierde su fuente principal de ingresos, tendrá una o dos más para apoyarse en ellas, así como en activos, para tener un poco más de seguridad.

Hay tres maneras de obtener múltiples fuentes de ingresos, las cuales pueden categorizarse en ingresos por trabajo, ingresos pasivos e ingresos de cartera. Hablemos de cada uno de ellos.

Ingresos por trabajo

Los ingresos por trabajo se ganan a través de sueldos, salarios, propinas y otras compensaciones laborales sujetas a impuestos: su trabajo, su contrato a tiempo parcial, su trabajo secundario o su negocio.

Esto también incluye ganancias netas de trabajo autónomo.

A efectos fiscales, los ingresos por trabajo son cualquier ingreso que reciba por un trabajo que ha hecho, ya se para un empleador o para un negocio propio. Sin importar si sus ganancias vienen de un trabajo a tiempo completo o de un negocio propio, este dinero (conocido como ingresos por trabajo) está sujeto a tasas más altas de impuestos que cualquier otra forma de ingresos que pueda tener. Así pues, debería usar los ingresos por trabajo como fondos para invertir. Esta es una práctica que, a su vez, construirá riqueza. Es más, para aprovechar las tasas más bajas de impuestos, mueva sus fondos de ingresos por trabajo hacia unas fuentes de ingresos pasivas o de cartera.

Hábito de riqueza:
invierta los fondos de ingresos por trabajo → para producir
ingresos pasivos o de cartera

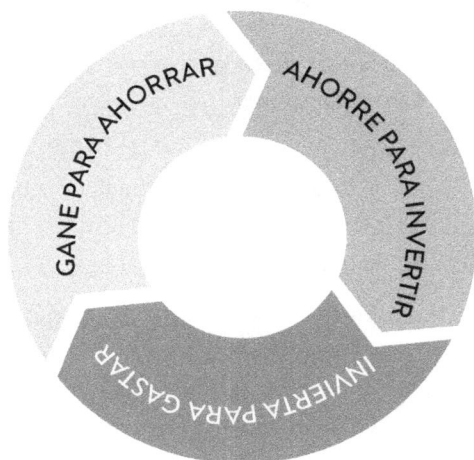

Por supuesto, siempre puede encontrar otras maneras de minimizar su carga fiscal. Por ejemplo, puede recibir los ingresos a través de una corporación de tipo S, invertir el dinero en su propio negocio o crear gastos que sean deducibles de los impuestos. El problema de esta estrategia es que tiene que *gastar* para ahorrar.

Necesita ser capaz de ganar para ahorrar, ahorrar para invertir e invertir para gastar.

Ya sea que tenga un trabajo común o su propio negocio, establecer y asegurar unos ingresos primarios mensuales que soportarán sus gastos y le permitan invertir es crítico para continuar con los siguientes pasos (hablaré más sobre los impuestos en el capítulo 12).

Ingresos pasivos

Los ingresos pasivos son ganancias de una fuente diferente a un empleador o contratante, como alquileres, regalías y participaciones en sociedades limitadas.

Si lo explico con mis palabras de un modo simple, los ingresos pasivos son algo que usted hace una vez, que requiere de un esfuerzo mínimo mantenerlo y aun así recibe dinero por ello.

La definición del Servicio de Impuestos Internos (IRS por sus siglas en inglés) de los Estados Unidos es la siguiente: «los ingresos pasivos pueden provenir de dos fuentes: alquileres de propiedades o un negocio en el que la persona no participa activamente».

Por la depreciación y la amortización asociada con los ingresos relacionados a los alquileres de finca raíz, esos ingresos incurren en una tasa efectiva de impuestos mucho más baja.

Suponga que la propiedad que renta le da 120.000 dólares antes de deducir la depreciación y la amortización. Se dará cuenta de que esas deducciones son de 90.000 dólares y que la diferencia se convierte en su ingreso neto fiscalizable, es decir, 30.000 dólares.

No se han terminado los cálculos todavía. Suponga que el total de sus ingresos lo ponen en la categoría impositiva del 37%, lo que significa que su carga tributaria para ese ingreso neto fiscalizable es de 11.100 dólares. Ahora, compare esos 11.100 dólares de impuestos con los 120.000 dólares de ingresos que obtuvo. La tasa de impuestos efectiva que paga por los 120.000 dólares es del 9,25%.

Presentar esos mismos 120.000 dólares como ingresos por trabajo requeriría que usted gastara dinero (añadiera gastos) para reducir el ingreso total sobre el que se le cobrarían los impuestos. Si no añade gastos y se queda en la misma categoría impositiva, pagaría el 37% de sus 120.000 dólares, es decir, 44.400.

Cuando es dueño de propiedades de finca raíz que alquila, realmente no paga nada por la depreciación de cada año, pero puede reclamar esa deducción de todas maneras. A eso se le llama un *gasto fantasma* y explica por qué los ingresos pasivos le dan una ventaja fiscal sobre los ingresos por trabajo.

Los ingresos pasivos no son:

- Su trabajo. Generalmente, los ingresos pasivos no son ingresos que provienen del salario que se gana en un trabajo.

- Su segundo trabajo. Otro trabajo no es un ingreso pasivo si igual necesita ir en persona o hacer algo para que le paguen. Los ingresos pasivos se tratan de crear un flujo consistente de ingresos sin tener que hacer mucho trabajo para obtenerlos.

- Activos no generadores de ingresos. Invertir puede ser una manera genial de generar ingresos pasivos, si los activos que tiene le pagan dividendos o intereses. Las acciones o activos que no pagan dividendos, como las criptomonedas, no le generarán ingresos pasivos.

Algunas ideas de ingresos pasivos incluyen:

- Ingresos por alquileres.
- Ingresos por una aplicación que haya creado.
- Alquileres de equipamiento.
- Escalas de bonos.
- *Marketing* de afiliados.
- Reventa de productos.
- Venta de fotografías en línea.
- Publicaciones pagadas en redes sociales.
- Alquilar su casa por períodos cortos de tiempo.
- Usar su carro para poner publicidad.
- Programas de entrenamiento, cursos en línea o libros electrónicos.
- Regalías de libros.
- Blog o canal de YouTube.
- Vender diseños o reproducciones por encargo en línea.

La meta es diversificar sus fuentes de ingresos de una manera similar a la que diversificaría sus inversiones.

Ahora, existe un tercer tipo de ingreso y es uno que a menudo se confunde con los ingresos pasivos.

Los ingresos pasivos involucran algún tipo de actividad generadora de dinero que usted mismo ha organizado, como un embudo de *marketing* que «hace dinero mientras usted duerme» o una propiedad en alquiler a largo plazo que casi no necesita administración.

Los ingresos de cartera sencillamente tienen que ver con comprar un activo que le paga dividendos o intereses sin que usted haya tenido que hacer nada (que no fuera comprar el activo en primer lugar).

Ingresos de cartera

Veamos la diferencia y entendamos qué activos puede comprar para convertir sus ingresos por trabajo en ingresos de cartera.

En pocas palabras, los ingresos de cartera son dinero que recibe de inversiones, dividendos, intereses y plusvalías.

Permítame explicarle brevemente **14 ejemplos de ingresos de cartera**.

Un **certificado de depósito (CD)** es un dispositivo de ahorro con unas características específicas. Por ejemplo, el certificado tiene una fecha de vencimiento y una tasa de interés fijas. Muchos certificados de depósito también especifican cantidades mínimas de inversión y tienen requerimientos de participación.

Las **cuentas de ahorro** y **cuentas de ahorro de alto rendimiento** son similares a los certificados de depósito de ciertas maneras, pero no requieren de un período mínimo de participación.

Los **bonos de ahorro de Estados Unidos** son productos de ahorro expedidos y respaldados por la solvencia crediticia del Gobierno de Estados Unidos. Son una inversión de bajo riesgo y pagan intereses hasta por 30 años.

Las **cuentas de mercado monetario**, también un producto de ahorro, consisten en valores de inversión de alta calidad con un término muy corto.

Los **bonos corporativos** son un producto de ahorro expedido por empresas con ánimo de lucro. En esencia, los inversionistas los compran para prestarle dinero a la compañía.

Los **préstamos personales** suceden cuando los individuos obtienen préstamos directamente de otros individuos sin la ayuda o la interferencia de instituciones financieras tradicionales.

Las **acciones preferentes** son inversiones que combinan las características de los bonos y de las acciones comunes. Se conocen como valores híbridos.

Las **acciones comunes que pagan dividendos** les ofrecen dividendos a los inversionistas que las compran. Adicionalmente, les dan a los inversionistas una titularidad parcial sobre la compañía que las expide.

Los **fondos de inversión libre**, los **fondos de inversión cerrados** y los **diversos fondos cotizados en bolsa** se basan en un grupo de valores. Cada tipo de fondo tiene sus propias características, pero todos les ofrecen a los inversionistas colecciones diversificadas en una o varias clases de activos.

Los **fondos de inversión inmobiliaria** son compañías asociadas a propiedades de finca raíz que producen ingresos. Una compañía de inversión en bienes raíces puede ser dueña de, financiar o administrar la propiedad inmobiliaria.

Las **sociedades limitadas maestras** son sociedades limitadas de interés público. Estos negocios (como las compañías de inversión en bienes raíces) pueden expedir acciones comunes y pagar dividendos.

Formas de aumentar los ingresos de cartera

Hay muchas maneras en las que puede invertir para crear ingresos de cartera, pero aquí le presentaré **13 ideas** sobre cómo generar flujos adicionales de dinero.

Si es un inversionista principiante y apenas está iniciando su camino financiero personal, quiero que se enfoque en la primera y la última.

1. Invierta nuevo capital en su portafolio. Cree *ingresos por trabajo* que vayan más allá de sus ingresos actuales. Añada ese dinero extra a sus inversiones.

2. Opte por inversiones con tasas de interés o rendimientos mayores. Invierta dinero en activos con mayores tasas de retorno. Así creará más ingresos por tasas y rendimientos mayores (aunque, recuérdelo, eso implica más riesgos).

3. Invierta en acciones con crecimiento de dividendos. Las acciones con crecimiento de dividendos son acciones de alto valor de compañías que incrementan el valor de los dividendos que pagan de manera regular. Esta es una de las maneras más pasivas de incrementar sus ingresos de cartera.

4. Reinvierta dividendos e intereses en su propia cartera de ingresos. En un mundo ideal no necesita los ingresos de los intereses y los dividendos justo ahora, así que reinviértalos en su propia cartera.

5. Cambie la mezcla de sus activos generadores de ingresos de cartera. Venda los activos con menor rendimiento de su cartera. Luego invierta lo que ganó en algunos de los ejemplos de activos generadores de mayores ingresos.

6. Venda estratégicamente valores de su cartera. Nuestra definición de cartera incluye las plusvalías. Cree ingresos al vender periódicamente activos en expansión de su cartera.

7. Reduzca los impuestos de renta sobre los ingresos de cartera. Primero que todo, reducir los impuestos depende de su situación fiscal, pero cada dólar de impuestos que se ahorre hace que aumenten los ingresos de cartera postimpuestos que puede quedarse para sí mismo. Es importante saber que algunas formas de ingresos de cartera reciben un tratamiento fiscal preferente. Específicamente, los dividendos y las plusvalías de largo plazo tienen tasas de impuestos menores que el interés de los productos de ahorro. Y poner los ingresos de las inversiones en una cuenta individual de jubilación también puede ofrecerles grandes ventajas a los inversionistas.

8. Invierta en cuentas calificadas. Invertir en cuentas calificadas es otra manera de reducir los impuestos. En Estados Unidos, las cuentas calificadas incluyen la 401(k), la 403(b), las cuentas individuales de jubilación tradicionales y las de tipo Roth. Dependiendo del tipo de cuenta, los impuestos se difieren o se eliminan.

9. Mantenga su rotación de cartera baja. La rotación de cartera se refiere a cuán a menudo vende y compra sus activos generadores de ingresos de cartera. Cierta cantidad de ventas puede ser necesaria para rebalancear o para la realización de plusvalías por ingresos. Pero no compre y venda demasiado a menudo, pues es probable que se incrementen los impuestos y los costos de las transacciones. Cuantos más impuestos y costos de transacción tenga, menos ingresos de cartera le quedarán para usted.

10. Reduzca las tarifas de inversión. Las tarifas de inversión son otra área que puede quitarle parte de sus ingresos de cartera. Las tarifas de los fondos mutuos se deducen de los ingresos que el fondo mutuo produce, lo cual reduce la cantidad de dinero que le queda a usted.

11. Nunca pague de más por inversiones. Los ingresos que obtiene están inversamente relacionados con el precio que podría pagar. Los precios más altos implican menos ingresos de cartera. Busque valor y evite comprar acciones sobrevaloradas.

12. Diversifique sus fuentes de ingresos de cartera. Una de las razones por las que le estoy dando tantos ejemplos de activos generadores de ingresos de cartera es para que se **diversifique**. Debe ser cuidadoso y no dejar que todos sus ingresos provengan de una o dos fuentes.

13. Invierta en fondos de bajo costo cotizados en bolsa. Use alguna empresa de corretaje de bolsa con descuentos para sus transacciones y entérese de cuántas plataformas de negociación de acciones en línea existen y funcionan sin pagar comisiones.

Recientemente se ha hablado cada vez más de los fondos cotizados en bolsa. Es una gran herramienta para aquellos que son nuevos en todo esto de construir riqueza y necesitan un buen lugar para empezar. Así que se lo explicaré un poco antes de que sigamos.

Un fondo cotizado se negocia de forma similar a una acción normal. Se compra o se vende en una negociación de bolsa. Pero este tipo de valor también rastrea un índice, un sector, un bien u otro activo. En cambio, un fondo de inversión se negocia una vez al día después de que se cierra la bolsa. Los fondos cotizados en bolsa, que ofrecen participaciones de Estados Unidos o participaciones internacionales, pueden contener toda clase de inversiones, como acciones, bienes o bonos.

Un fondo cotizado en bolsa puede rastrear ítems individuales, como el precio de un bien, o representar un grupo de valores que pueden ser muchos y variados. Por ejemplo, el SPDR S&P 500 (SPY) rastrea el índice S&P 500.

Invertir en fondos cotizados en bolsa es más fácil que nunca y escoger este tipo de fondo para sus inversiones (en lugar de comprar acciones individuales) viene con tasas menores de gastos y menos comisiones para los corredores de bolsa.

Antes de montarse al bus de los fondos cotizados en bolsa, considere hacer estos esfuerzos:

1. Busque una plataforma con beneficios. Puede encontrar fondos cotizados en bolsa en muchas plataformas de inversión en línea o a través de aplicaciones como Robinhood. Explore las plataformas que ofrezcan negociaciones sin comisión, de modo que pueda evitar pagarles tarifas de transacción a estas plataformas.

2. Tómese su tiempo e investigue sobre los fondos cotizados en bolsa. Así es, necesita investigar. Puede encontrar una gran variedad de fondos cotizados en bolsa en el mercado de hoy en día, pero no son como los valores individuales. Cuando esté decidiendo invertir en un fondo cotizado en bolsa, debe considerar todo el panorama del sector o la industria que cubre ese fondo cotizado en bolsa.

3. Desarrolle su estrategia de negociación. Cuando empiece a hacer sus inversiones en fondos cotizados en bolsa, considere usar un enfoque de un dólar como costo promedio. De esta manera podrá extender su inversión en cantidades más pequeñas a lo largo del tiempo. Esta estrategia también extiende sus retornos a lo largo del tiempo, reduce el impacto de la volatilidad del mercado y le asegura una aproximación disciplinada.

Aquí le dejo unos ejemplos de la vida real de fondos cotizados en bolsa:

- El **SPDR S&P 500 (SPY)** rastrea el S&P 500 y representa el fondo cotizado de bolsa más antiguo y reconocido que aún existe.

- El **Invesco (QQQ)** indexa (típicamente) las acciones de tecnología en el NASDAQ 100.

- El **SPDR Dow Jones (DIA)** representa el índice bursátil Dow Jones con sus 30 acciones del sector industrial.

- Los **fondos cotizados en bolsa por sector** sirven para rastrear inversiones para industrias individuales. Por ejemplo, industrias petroleras, energéticas, financieras o de biotecnología.

- Los **fondos cotizados en bolsa de mercancías** sirven para los mercados de mercancías, que incluyen productos como el petróleo y el gas.

- Los **fondos cotizados en bolsa respaldados por activos reales** son para bienes como el oro o la plata.

La relación entre los fondos cotizados en bolsa y los impuestos

Las transacciones de compra y venta para un fondo cotizado en bolsa ocurren en su mayoría a través de la bolsa. Esto hace que las transacciones sean más eficientes de manera fiscal que, por ejemplo, comprar y vender a través de un fondo de inversión. Con un fondo cotizado en bolsa no existe la necesidad de que el patrocinador redima o expida nuevas participaciones para cada transacción.

En el caso de un fondo de inversión, los inversionistas pueden venderles las participaciones de vuelta al fondo e incurrir en una responsabilidad fiscal que los accionistas del fondo deben pagar.

Ya sea un sector particular, unas pocas compañías particulares, criptomonedas o un mercado de bienes raíces, usted tendrá que investigar bastante al respecto y entender aquello mejor que la mayoría de las personas.

Y sólo tiene tiempo, interés, energía y atención para investigar sobre unos pocos activos, así que escoja sus flujos de ingresos con sabiduría.

La diversificación puede que no lo lleve al mayor nivel de ingresos de cartera posible. Pero la meta es proteger sus ingresos y hacer que sea menos probable que se encuentre con dificultades financieras. Así que recuerde hacer crecer y proteger los ingresos que gana a través de la diversificación.

Secretos de las múltiples fuentes de ingresos

Desde que somos jóvenes nos enseñan a pensar en tener solo *una* fuente de ingresos, una carrera. Cuando le preguntaron «¿qué quiere ser cuando crezca?» de niño, ¿puede imaginarse la cara de los adultos si hubiera respondido «quiero ser un inversionista, ser dueño de varios negocios y tener una cartera de activos generadores de ingresos que incluya negocios con ingresos pasivos, valores que me den intereses y dividendos y propiedades de bienes raíces que me den buenos ingresos por sus alquileres. Todo eso bajo la administración de alguien más para que yo pueda organizarlo al principio y luego olvidarme de eso»?

Es poco probable que muchos de los profesores del colegio que le hicieron esa pregunta supieran siquiera qué significaba su respuesta, así que con mayor razón serían incapaces de ayudarlo a poner todo eso en práctica.

Dado que el colegio no le enseñó o siquiera le mencionó algo sobre tener diferentes fuentes de ingresos, yo voy a contarle todo lo necesario.

Hay unas pocas cosas de las que tenemos que hablar primero:

1. Viva dentro de sus posibilidades:

Es muy importante para su futuro financiero. Cuando de verdad verá que esto sirve será en momentos de declive financiero.

Durante muchos, muchos años, mi negocio no estaba teniendo ganancias netas de millones, pero lo que hacía era invertir la mitad de lo que me ganaba porque estaba viviendo por debajo de mis posibilidades. Cuando se enfoca en ser *rico* y no en «verse como una persona rica», será capaz de vivir con menos y de invertir más.

Si crea el hábito de vivir con menos de lo que se gana todos y cada uno de los días de los buenos tiempos, entonces es más que probable que sobreviva a los momentos duros. Y así será posible que tenga menos deudas o menos problemas de dinero en general cuando suban el precio de la gasolina por encima de los 6 dólares por galón o cuando los precios de la comida suban en un 25%. Vivir dentro de sus posibilidades evitará que tenga que pagar el 19,95% de intereses por una tarjeta de crédito, lo cual es una puñalada directa al corazón cuando está intentando construir riqueza.

2. Diversifique sus inversiones:

Siempre hablo de usar el 20% de sus ingresos por trabajo en inversiones diversificadas. ¿Por qué? Porque si tiene todo el dinero en un mercado específico, es muy fácil que, si escogió el mercado equivocado, pierda muchísimo dinero.

Al no tener todo su dinero en una sola inversión, puede mitigar las pérdidas, lo que hace menos difícil navegar un momento malo de la economía o la contracción de un mercado.

Hay muchas maneras de diversificar su dinero: cuentas de retiro, bienes raíces, metales, negocios. Siempre es bueno tener una cartera con inversiones que no estén relacionadas. Esto significa que si una inversión (por ejemplo, en acciones) sube, la otra inversión (quizás en bonos) pueda estar bajando (o viceversa).

Adicionalmente, considere añadir inversiones que representen bienes y negocios que sean diferentes a su trabajo principal, a su negocio o a su fuente de ingresos. Y, piense en esto, adoptar estas aproximaciones para ganar seguridad financiera le va a servir durante una recesión o un momento difícil de la economía.

Estas aproximaciones son una estrategia sólida sin importar el estado del mercado.

3. Conozca qué tolerancia tiene con respecto al riesgo:

¿Va a quedarse despierto toda la noche porque sus inversiones bajaron un 17% este año incluso si el año aún tiene varios meses por delante? Quizás debería revisar con mucho cuidado cómo están distribuidos sus activos.

Las inversiones deberían darle una sensación de seguridad, no aumentar su ansiedad con respecto a sus finanzas. Conocer qué tolerancia tiene con respecto al riesgo y qué tipo de inversionista es, le ahorrará muchas canas y dolores de cabeza.

4. La regla 60/20/20 de la diversidad:

La regla 60/20/20 de la diversidad le permite aprovechar el enorme potencial de ganancias de las inversiones de alto riesgo sin arriesgarse a quedarse en la calle.

En las inversiones no es poco común que una *gran* inversión le gane a una *buena* inversión por 10 o 100 veces. El problema es que las inversiones con el potencial de generar 10 o 100 veces más también tienen la posibilidad de irse a ceros. Esto es porque el potencial de crecimiento se deriva usualmente de alguna innovación, una nueva tendencia o una nueva aproximación a los negocios. Y las innovaciones y las nuevas tendencias, por definición, son impredecibles. No se sabe cómo van a salir. Lo único que se sabe es que *si* salen bien, resultarán siendo algo enorme.

Pero si usted no tiene un fideicomiso enorme, que asumo que no lo tiene, no querrá arriesgarse a quedar en la quiebra y sin un centavo. Siendo más realista, no querrá arriesgar incontables noches de sueño esperando que alguna inversión volátil suba de nuevo. Esto significa que nunca debería poner todos sus huevos en la cesta del riesgo. Le recomiendo que sacrifique algo de potencial de crecimiento para dormir mejor por la noche y que se asegure de que usted y su familia siempre tengan lo que necesitan sin importar qué pase.

Por eso recomiendo la **regla 60/20/20 de la diversidad:**

- El 60% en riesgos medianos (se esperan fluctuaciones del mercado, pero será estable a largo plazo).

- El 20% en riesgos altos y grandes retornos (puede que pierda algo de sueño por esto).

- El 20% en riesgos bajos y retornos bajos (es tan aburrido que lo hará bostezar).

Eso le da algo de diversificación, pero le permite comprometerse por completo en lo que crea que es una inversión muy fuerte. Sin embargo, sin importar qué pase, invierta para el largo plazo.

Los mercados son cíclicos, pero si usted se mantiene firme, siempre tendrá más oportunidades de vender activos a precios altos. Comprar cuando el mercado no está muy bien, ya sean bienes raíces u otras inversiones, es una de las mejores decisiones que puede tomar.

Ahora, habiendo dicho eso, si está cerca de cumplir los 65 años, quizás no quiera tomar todo lo que tiene y hacer algo de alto riesgo porque va a necesitar fondos suficientes y disponibles de fuentes líquidas y de bajo riesgo para retirarse cuando quiera y ser capaz de vivir de los intereses. Pero si quiere unas pocas inversiones a prueba de recesiones, le compartiré la manera en la que veo las cosas cuando el mercado empieza a contraerse.

Rendimientos promedio garantizados... ¿o rendimientos por encima del promedio y sin garantías?

Digamos que tiene dinero que puede invertir ahora mismo... ¿En qué debería invertirlo?

Las preguntas más grandes que debe hacerse son:

¿Quiere rendimientos promedio?

¿O quiere la posibilidad de tener rendimientos por encima del promedio, pero mezclados con la posibilidad de rendimientos por debajo del promedio?

Le apuesto a que se desanimó un poco cuando leyó la primera pregunta. Es decir, ¿quién quiere rendimientos «promedio»? Nadie.

Pero hay una ventaja al escoger los rendimientos «promedio» para su cartera de inversiones de retiro: están prácticamente garantizados. ¡Piense en las pocas cosas de la vida que están garantizadas!

Si no puede soportar la idea de perder el dinero que ha trabajado tan duro por obtener al intentar encontrar la compra perfecta, encontrar el momento perfecto del mercado o no poder dormir por la volatilidad de su última compra... Lo entiendo.

Aquí le diré cómo su dinero puede generarle dinero sin necesidad de aceptar el riesgo más grande que implica buscar los rendimientos «por encima del promedio».

Práctica estándar

Los consejos estándar (y, por lo tanto, promedio) sobre las inversiones pueden resumirse fácilmente con lo siguiente:

- Tenga una cartera ampliamente diversificada de acciones en fondos de inversión, fondos índice, cuentas de retiro o fondos cotizados en bolsa, mezclados con cierta porción de bonos, y vaya moviéndose más hacia los bonos cuanto más cerca del retiro se encuentre.

- No intente encontrar el mejor momento del mercado o de la bolsa.

- Nunca negocie o venda, haga lo que vaya a hacer y olvídese de eso.

Estos consejos «promedio» casi siempre les han servido bien a los inversionistas que tienen experiencia de una o dos décadas, así que no es estúpido apostar a que les va a seguir yendo bien. Su aproximación desde un estándar de riesgo es menor que otros. Usted siempre estará en el mismo bote que los demás, así que nunca le irá peor que a la mayoría de las personas. Este factor psicológico de hecho cuenta más de lo que usted cree y esta aproximación minimiza las oportunidades para arrepentirse.

Invertir de manera estándar es una estrategia que le dará más «paz mental».

Invertir de una forma más agresiva

¿Qué pasa si quiere sacrificar la «paz mental» por la posibilidad de unos rendimientos por encima del promedio?

Puede ser un gran empresario en su propia industria y en su negocio, pero un inversionista que está por debajo del promedio en otras industrias y negocios. Las dos cosas no necesariamente van juntas.

Sin embargo, dado que está leyendo este libro, es posible que pase por alto completamente el consejo más «sensato» ¡y quiera buscar esos rendimientos por encima del promedio! (¡Arriesgándose a tener grandes pérdidas en el proceso!).

Si decide navegar estas aguas difíciles buscando la gloria de la inversión, tengo algunos consejos para usted que, con el tiempo, he comprobado que funcionan:

> **Invertir es una habilidad, igual que lo es manejar un negocio.**

1. Tómese el tiempo para investigar y entender el mercado

La única manera en la que puede obtener rendimientos por encima del promedio gracias a cualquier activo es entendiendo ese activo mejor que cualquier jugador promedio de ese mercado.

- Investigue más que la persona promedio.
- Lea y estudie más artículos.
- Considere más ángulos.
- Hable con más personas.

- Haga más tareas.

- Cree un conocimiento relevante que le dé una ventaja.

Esta es, en parte, la razón por la que a tantas personas les va bien con la finca raíz local.

No es extremadamente difícil saber más que la mayoría de los jugadores en el mercado de la finca raíz local. Puede obtener mucho conocimiento de «inversionistas internos» (de manera legal) sobre lo que está de moda y qué cosas están en tendencia si camina por ahí y habla con la gente correcta. Puede desarrollar una intuición sobre el mercado porque usted vive en el mercado.

Si decide escoger acciones individuales (la mayoría de los consejeros de inversión le rogarán que no haga esto), tiene que enamorarse con el acto de investigar esas acciones (como yo *amo* investigar sobre finca raíz).

2. Invierta más que dinero, invierta tiempo

Si va a intentar obtener rendimientos por encima del promedio, tiene que dedicar tiempo y esfuerzo a la habilidad de investigar, tal como dedicaría tiempo y recursos si quisiera tocar un instrumento con más habilidad que una persona promedio, jugar golf mejor que alguien promedio o ser un empresario mejor que el promedio.

Puede que tenga más sentido dedicar este tiempo y esfuerzo a obtener rendimientos por encima del promedio en sus negocios, pero todo depende de en dónde se encuentra en este momento con respecto a sus *hábitos de riqueza*.

Nadie puede tener la ventaja en todo. No hay nada de malo con mantener su cesta de huevos a salvo al ponerla en piloto automático mientras busca esos enormes rendimientos por encima del promedio en su negocio. Todo radica en el tipo de inversionista que sea o que quiera ser.

3. Es mejor hacer una cosa (o unas pocas) bastante bien que hacerlo todo de una manera aceptable

Una gran parte de mi dinero ha estado, está ahora mismo y siempre estará en la finca raíz. Sí, tengo una cartera de fondos de inversión, fondos cotizados en bolsa, criptomonedas y acciones, pero le apuesto mucho a lo que conozco, a lo que estudio. Y, gracias a ese conocimiento, lo que siento que puedo controlar es la finca raíz.

Si no tiene problemas con incrementar su riesgo, si quiere ser más agresivo con sus inversiones y perseguir esos rendimientos por encima del promedio en alguna porción de su cartera de retiro y de inversiones, recuerde que no podemos aprender, entender e investigarlo todo. Como lo dice el legendario inversionista multimillonario Charlie Munger (la mano derecha de Warren Buffett):

> *«Muchas personas piensan que si tienen 100 acciones, están invirtiendo más profesionalmente que si sólo tuvieran cuatro o cinco. Creo que eso es una locura completa. Me parece que es mucho más fácil encontrar cinco que encontrar 100. Creo que las personas que abogan por toda esta diversificación, que, por cierto, llamo diversificación a peor, cosa que le copié a alguien más… Yo me siento mucho más cómodo teniendo dos o tres acciones sobre las que creo que sé algo y con las que sé que tengo una ventaja»* (La Roche, 2021).

A medida que seguimos acercándonos a una época de más incertidumbre en el mercado, desarrollar *hábitos de riqueza* es más importante que nunca.

Muy pocas personas vieron venir la pandemia, los encierros, la invasión de Rusia a Ucrania, las interrupciones de la cadena de abastecimiento y ahora la inflación, que va asomando la cabeza. La tensión creciente con China puede incluso provocar más interrupciones de la cadena de abastecimiento.

Todo esto es para decir que usted nunca sabrá cuándo aparecerá la siguiente conmoción o sorpresa. La mejor manera para protegerse a sí mismo de los choques económicos impredecibles es practicar el *hábito de riqueza* de tener múltiples fuentes de ingresos. Si una fuente de ingresos se seca, tendrá varias más que mantendrán sus aguas financieras fluyendo hacia su reserva de riqueza.

CAPÍTULO 7

Las tres razones por las que ser dueño de un negocio es una manera poderosa de crear riqueza

Empezar un negocio es uno de los pocos pilares de la riqueza que tienen un nivel bajo de entrada. No necesita una maestría, no necesita un millón de dólares para empezar y no necesita ninguna idea radical o que le cambiará la vida. Sin importar de dónde sea, sin importar qué educación tiene, el emprendimiento es para usted.

Aunque puede que no piense en empezar un negocio como una manera de crear riqueza (comparado con ahorrar e invertir en una cuenta personal de retiro de tipo Roth, por ejemplo), de hecho, crear un negocio pequeño es la forma principal en la que la mayoría de los individuos y las familias crean su riqueza en Estados Unidos (la definición de riqueza es simplemente el valor de todos los activos de valor que le pertenecen a una persona, comunidad, compañía o país).

Ser dueño de un negocio es el principal generador de ingresos y de acumulación de riqueza entre quienes están entre el 10% y el 1%. Pero lo que yo amo de que la gente pueda ser dueña de una empresa es que cualquiera puede generar riqueza gracias a ello.

Los tres pilares de la riqueza

Hay tres pilares principales para crear riqueza: las inversiones, la finca raíz y ser dueño de un negocio.

Los dos primeros pilares (las inversiones y la finca raíz) tienen accesos muy complicados o líneas de espera muy largas para crear riqueza. Y algunas veces las dos cosas al tiempo.

Invertir en fondos de inversión o cuentas de retiro individuales de tipo Roth o 401(k) es algo de fácil acceso inicial, pero tiene un tiempo de espera largo.

Invertir en finca raíz es algo a lo que es más difícil acceder y el tiempo de espera varía.

No obstante, puede empezar un negocio en un fin de semana con un poco de dinero y puede comenzar a generar ingresos casi de inmediato.

Nunca ha existido un tiempo mejor para empezar con un negocio. La tecnología ha avanzado tanto que muchos negocios pueden iniciarse con un computador portátil y una conexión a internet.

La cantidad de negocios que pueden empezarse con casi nada de gastos es incontable: consultorías, agencias de *marketing*, comunidades con membrecías, productos digitales en línea, compañías de medios y relaciones públicas, diseño gráfico, servicios de corrección y edición, limpieza de carros, negocios de fotografía o video, reventa de productos, agencias de reclutamiento o contratación, servicios de cuidar o pasear mascotas, trabajos de asistencia administrativa virtual, cuidado de jardines, ofrecer servicios de autónomo en Fiverr o Upwork, planeamiento financiero o incluso desarrollo de *software*. La lista es infinita.

Hay tres razones principales por las que ser dueño de un negocio es una manera tan poderosa de crear riqueza: **flujo de dinero, reducción de impuestos y creación de activos**.

Veamos a qué se refiere cada cosa.

Flujo de dinero

Incrementar la cantidad de dinero que gana, su flujo de dinero, al ser dueño de un negocio (incluso si quiere o necesita mantener su trabajo), aumentará la cantidad que pueda invertir y eso implicará que podrá crear riqueza más rápido.

Si se siente estancado, con un trabajo que no lo satisface o frustrado por el control que tiene sobre cuánto dinero gana, empezar un negocio es el camino para liberarse de esas limitaciones, pues tiene el potencial de darle unas ganancias más grandes y libertad.

Además de añadir otra fuente de ingresos, un negocio también puede ser un activo y una de las formas más fuertes de generar riqueza.

Pero esto no se trata de cuánto dinero genera. Puede tener una empresa avaluada en millones de dólares y aun así caer en la bancarrota.

Todo depende de la manera en la que *administra* el dinero. Cuanto más alto sea el margen de beneficios de su negocio, más ganancias tendrá. Más ganancias = más dinero con el que puede quedarse.

Reducción general de impuestos

Dependiendo de qué negocio empiece, puede que le tome un tiempo obtener ganancias, pero puede y debería comenzar a aprovecharse de las reducciones fiscales desde el primer momento. El Gobierno apoya el emprendimiento y recompensa esos esfuerzos con incentivos fiscales, como deducciones que reducen sus ingresos sujetos a impuestos. Cuando es dueño de un negocio, eso le ofrece oportunidades para ahorrarse impuestos. Hay deducciones fiscales para empresas que puede optimizar y puede aprovecharse de las opciones únicas de retiro que tiene disponibles.

Cuando usted es dueño de un negocio:

GANA DINERO → GASTA DINERO → PAGA IMPUESTOS

Cuando usted trabaja para un negocio:

GANA DINERO → PAGA IMPUESTOS → GASTA DINERO

Los dueños de negocios pueden usar sus ingresos antes de pagar impuestos, mientras que los empleados deben tributar por sus ingresos y después vivir con lo que les queda. Este pequeño cambio crea un impacto masivo en su riqueza.

Creación de activos

Ser dueño de un negocio le da la habilidad de incrementar su patrimonio, sus activos y su valor neto personal.

Un activo es cualquier cosa que tenga valor actual o futuro. Esencialmente, los activos incluyen todo lo que le pertenezca a la compañía, que sea valioso en la actualidad o que pueda proveerle un beneficio monetario en el futuro. Un negocio puede tener ambas cosas: valor actual gracias a las ganancias y valor futuro gracias a las ganancias y las salidas potenciales.

El patrimonio de su negocio se calcula restándole todos los pasivos a los activos. Si fuera a cerrar y liquidar su negocio, el patrimonio sería lo que le quedaría a usted. Cuando es dueño de un negocio, ese patrimonio también incrementa su valor neto personal.

Ha creado un activo con su negocio y ese activo tiene valor. Y si administra un negocio exitoso o crea un buen flujo de dinero, puede tener la oportunidad de vender su empresa y generar incluso más ingresos.

Ser dueño de un negocio es un hábito de riqueza clave

En *Padre rico, padre pobre*, Robert Kiyosaki dijo que uno no debería construir un negocio (a menos que de verdad quiera hacerlo) para mantener un trabajo y comparar activos reales. Y aunque respeto a Robert y sus enseñanzas, estoy en desacuerdo con él con respecto a eso. He estado construyendo negocios desde hace casi 25 años. Tengo los datos y la experiencia real para decirle que construir un negocio es un camino mucho más rápido hacia la riqueza.

Si usted enseña en una escuela, empiece un negocio. Si es un mecánico que trabaja en un taller, empiece un negocio. Si es un director de *marketing* para una corporación, empiece un negocio. Si es un abogado, un doctor o un contador, empiece un negocio.

Sin importar si le gusta su trabajo o si lo odia, usted también puede empezar un negocio. Ni siquiera estoy sugiriéndole que renuncie a su trabajo... todavía. Analicemos más esto.

Existe una estadística que los libros perpetúan, que se comparte en línea y de la que se habla en escenarios (incluyendo el mío) que dice: «nueve de cada diez empresas emergentes fracasan en los primeros cinco años y, de las que sobreviven, nueve de cada diez fracasarán eventualmente también». Y es verdad. Pero usted puede hacer algunas cuantas cosas para que esos números trabajen a su favor.

La ruta más segura

Si tiene miedo de empezar con un negocio nuevo, no está solo. La cosa más común que le impide a las personas convertirse en emprendedoras no es la falta de un plan o la falta de una idea, es el miedo.

El miedo a fracasar, el miedo a las opiniones de otras personas, el miedo al éxito (sí, eso existe)... pero no debe dar un salto enorme al vacío para comenzar, sólo tiene que dar el primer paso.

Un salto enorme al vacío sería renunciar a su trabajo, usar todos sus ahorros, vender su casa, quemar los botes ¡y «apostarlo todo»! Comúnmente se escucha esto en redes sociales o en el *feed* de Instagram, pero, dependiendo de su situación y responsabilidades actuales, esa opinión puede ser muy desacertada.

La ruta más segura para empezar un negocio es hacerlo mientras mantiene el trabajo que ya tiene. La razón por la que la mayoría de los negocios fracasan (nueve de cada diez) es que la mayoría de la gente empieza negocios en áreas en las que no tienen ninguna experticia o en industrias en las que no tienen experiencia. O porque no han investigado el mercado para saber si su negocio se necesita y las personas (los clientes) comprarán lo que ofrecen.

La ruta más segura para construir un negocio es buscar la Intersección Comercial de 4 Vías.

- **Lo que sabe** (capacidad de ejecución: aquello para lo que tiene conocimiento, experiencia y habilidades).

- **Lo que la gente comprará** (necesidades del mercado).

- **Lo que puede vender** (productos o servicios que generan ingresos).

- **Lo que usted quiere** (el propósito del negocio).

1 LO QUE SABE
Aquello para lo que tiene conocimiento, habilidades o experiencia: lo que será capaz de ejecutar.

2 LO QUE LA GENTE COMPRARÁ
Necesidad del mercado.

RUTA PARA EL ÉXITO EMPRESARIAL

3 LO QUE PUEDE VENDER
Productos o servicios que pueden generarle ingresos.

4 LO QUE QUIERE
El propósito del negocio y su relación con cómo quiere usarlo como un hábito de riqueza.

Está claro que puede empezar un negocio de un millón de maneras diferentes dependiendo del capital que tenga, de las conexiones o las relaciones que haya construido y de la idea o el plan que tenga, pero cómo puede empezar ahora mismo es tan sencillo como seguir los pasos que le describí antes.

Casi todo el mundo puede empezar un negocio haciendo exactamente lo que hacen en su trabajo, pero haciéndolo para sí mismos. Eso se denomina ser autónomo o *freelancer*, para usar un término más reciente. Sin importar cómo lo llame, mantenga el puesto que ya tiene y trabaje en su negocio como adición a sus horas laborales normales. Esto le da la habilidad de ganar dinero extra y le abre las puertas a todo lo que le he mencionado en este libro: deducciones de impuestos, los mejores planes de retiro, fuentes adicionales de ingresos y *ganar* más para poder *invertir* más.

Empezar un negocio, incluso si no tiene planes para dejar su trabajo, puede ser una de las mejores decisiones que tome en cuanto a su futuro financiero. Aunque la razón principal por la que las personas no empiezan un negocio es porque tienen miedo de fracasar. Sin embargo, ¿sabía que más del 75% de todos los millonarios de Estados Unidos son dueños de sus propios negocios? Entonces, en lugar de preocuparse por las razones por las que podría fracasar, ¿qué tal si se pregunta **qué pasaría si tiene éxito**?

Cuando trabajo con emprendedores de todo el mundo, a menudo les hago esa pregunta en el momento en el que están intentando descifrar qué tipo de negocio deberían empezar o incluso si están tratando de diversificar sus fuentes de ingresos y crear programas, productos y servicios adicionales para su negocio ya existente.

Entonces, permítame hacerle una pregunta. Esta cuestión puede parecerle simple, pero la respuesta puede ser bastante profunda. Tómese unos pocos minutos ahora para hacer una pausa y responder.

Si supiera que no va a fracasar y que tiene el éxito asegurado, ¿qué haría?

_____

_____

_____

_____

_____

_____

La respuesta a esta pregunta le dará mucha información sobre cuál debería ser su siguiente paso.

Pero, antes de dar ese siguiente paso, necesitará estar seguro de cuál _no_ debe ser el próximo paso. De eso se trata el siguiente capítulo.

CAPÍTULO 8

Cómo detectar y evitar las estupideces en los negocios

¿Se ha topado con muchas estupideces en el mundo empresarial? Desafortunadamente, si ha navegado por el Instagram de los «emprendedores» o visto suficientes videos de YouTube sobre negocios, ¡seguro ha escuchado más que suficiente para sacarse un título sobre las estupideces en el mundo empresarial!

Muchas de las ideas que se escuchan en línea vienen de personas que jamás han construido un negocio antes. Como mucho, varios de los «gurús» empresariales están apenas con su primer negocio, enseñándoles a las personas cómo construir un negocio. Y lo más absurdo de todo esto es la falta de experiencia empresarial *real*.

Cuando obtiene información errada de ese tipo que está poniendo una casa en alquiler, comprando un carro nuevo o rentando un jet privado durante unas pocas horas, todo mientras le enseña su «vida soñada» a través de sus historias de Instagram para que parezca que «lo logró en la vida», esa información errada no le aporta nada valioso, en realidad le *cuesta* algo. Le cuesta dinero, tiempo, concentración y energía, pues estará siguiendo consejos malos de las personas equivocadas.

Entonces, antes de empezar a explicar la mecánica de los negocios, primero quiero desbancar algunas de estas «filosofías» sobre las que quizás haya escuchado hablar y explicarle por qué no funcionan.

Estupidez #1: siga su pasión

Muy bien, quitemos esta de en medio. No soy una de esas personas que dice «siga su pasión y el dinero llegará».

No le estoy sugiriendo que cree un negocio que odie. Pero esta filosofía de «ame lo que haga todos los días» es basura. Es un cliché viejo y gastado que ha sido regurgitado una y otra vez en las páginas de redes sociales, los libros de autoayuda, los escenarios de los seminarios e incluso ha sido promocionado por «*coaches*» que no investigan ni proveen contexto.

Al final, este es el mensaje que puede estarlo estancando e impidiéndole moverse hacia adelante. Construir un negocio, o una carrera, alrededor de una pasión lo preparará para el fracaso. Escúcheme.

De acuerdo no con uno ni dos, sino con *tres* estudios que hicieron unos investigadores de Stanford, los consejos estúpidos que le dicen que «siga su pasión» pueden ser perjudiciales para su éxito (Hess, 2018).

Esta es la ciencia que explica por qué «seguir su pasión» es un mal consejo:

1. La afirmación implica que tenemos sólo una pasión. No conozco a nadie que sienta pasión sólo por una cosa. Pregúntele a cualquier padre por qué siente pasión y le responderá que por sus hijos. Pregúntele a cualquier amante de los perros por qué siente pasión y le responderá que por su perro. Eso no significa que quieran empezar un negocio centrado en niños o perros. Las personas tienen más de un interés y seleccionar solo una de sus pasiones les reduce su foco e impide que descubran otras ideas.

2. Se asume que las personas y sus pasiones no cambian con el tiempo. Evolucionamos constantemente en cada etapa de nuestras vidas. Aquello por lo que siente pasión y ama hacer cuando tiene 20 años no será lo mismo que cuando tenga 40. Cambiamos de manera constante y eso significa que es probable que nuestras pasiones cambien también.

3. Implica que ya sabemos cuál es nuestra pasión. Muchas personas no tienen ni idea de cuál es su pasión y mucho menos cómo pueden atarla a un negocio. Y tampoco deberían. Si este es su caso, no está solo. Necesita tiempo, exploración y exponerse a muchas cosas diferentes en la vida antes de ser capaz de saber por qué siente pasión. Intentar atar su trabajo a su pasión es una fuente instantánea de estrés y ansiedad. Y entonces pensará que está haciendo algo mal porque no ha encontrado «su pasión» todavía (posdata: no está haciendo nada mal).

4. Sentir pasión por algo no significa que sea bueno en ello y tampoco significa que pueda monetizarlo. Yo puedo sentir pasión por cantar, pero eso no significa que sea buena en ello. Así que imagínese que yo construyera un negocio o carrera alrededor del canto, pero que nadie me contrata porque lo hago fatal. Si usted no es bueno en aquello por lo que siente pasión, es poco probable que gane dinero haciéndolo, lo cual, al final, lo frustrará y lo hará sentir derrotado.

5. Finalmente, la señal de neón que todo el mundo ignora: si transforma su pasión en un trabajo, se convertirá en eso… un trabajo. Si toma algo que ama y lo convierte en algo para ganar dinero, su pasión bien podría perder aquel sentimiento que alguna vez le generó. Sin importar qué negocio o trabajo tenga, habrá días en los que no sentirá pasión por trabajar con ese cliente, lidiar con ese empleado o dar esa conferencia. Una pasión puede ser un pasatiempo en lugar de una profesión.

Es hora de cambiar ese guion desgastado y ese consejo de «siga su pasión». Las pasiones se desarrollan, no se persiguen. Construya un negocio que genere dinero, de manera que pueda tener lo que todo el mundo quiere: tiempo y libertad. Luego ya podrá seguir las pasiones que quiera.

> **Las pasiones se desarrollan, no se persiguen.**

Descubra qué le da energía y qué lo drena

Descubrir qué lo anima y qué no será mucho más valioso al momento de alinear su camino hacia el éxito. La meta debería ser construir un negocio y una vida que se alineen con quién es usted *y* en qué puede ser exitoso. Si disfruta lo que hace, será capaz de rebasar, durar más y sobrevivir por más tiempo que cualquiera en su industria.

EL CARGADOR DE BATERÍAS

Hay cosas que hace todos los días que **RECARGAN** su batería interna y hay cosas que hace todos los días que la **DRENAN**. Este ejercicio lo ayudará a identificar y clasificar sus tareas, deberes y requerimientos laborales diarios para tener claridad e información, ¡de modo que pueda vivir una vida más **ENÉRGICA**!

ENERGIZANTES

Las cosas, tareas o incluso personas que ponga en esta lista son cosas que lo animan, que son fáciles de trabajar o crear y que lo hacen sentir mejor, ligero, feliz y realizado.

DRENANTES

Las cosas, tareas o incluso personas que ponga en esta lista son cosas que teme, por las que procrastina, no son fáciles de trabajar o de crear y hacen que se sienta peor, pesado, irritado o enfadado.

META: una vez que identifique las cosas que le **RECARGAN** la batería, ¡encuentre maneras de hacerlas más a menudo! ¿Cómo puede organizar su vida o trabajo para poder hacer **MÁS** de este tipo de actividades diariamente? ¿Qué podría eliminar para poder tener más tiempo para hacerlas? ¿Qué tareas puede delegar para crear más espacio para estas cosas?

META: una vez que identifique las cosas que le **DRENAN** su batería, decida si son cosas que puede **CAMBIAR** o si tiene que cambiar cómo las VE. Si es algo que es capaz de cambiar, pregúntese: «¿cómo puedo **eliminar, delegar o automatizar** esto?». Si no puede cambiarla (por ejemplo, pagar impuestos), pregúntese: «¿cómo puedo ver esto de una forma más positiva?».

Estupidez #2: no necesita un plan, ¡empiece!

Mire, yo apoyo lo de empezar antes de que se sienta listo. De hecho, diría que es algo que se requiere porque, cuando está comenzando algo nuevo, nunca se va a sentir listo. También puede ser un gran consejo si el problema al que se está enfrentando es que tiene una gran idea, pero la está complicando demasiado o sencillamente le teme al fracaso, así que la retrasa para evitar el riesgo.

El perfeccionismo es la muerte de una idea, así que creo que la mayoría de las personas tienen buenas intenciones cuando dicen: «sólo empiece, no planee en exceso y no investigue hasta el cansancio». Para ese caso sí es un buen consejo. Ese empujón *puede* funcionar bastante bien, aunque también puede ser perjudicial si no tiene contexto.

Porque, como lo dije antes, el hecho sigue siendo que el 91% de los negocios fracasan. ¿Y cuál es una de las razones principales de eso? La falta de planeación.

Nos enfocamos muchísimo en hacer las cosas. Nos ocupamos tachando cosas de nuestras listas de pendientes, coleccionando logros y sintiéndonos productivos, pero no nos tomamos el tiempo para hacer la tarea silenciosa, y aparentemente improductiva, de planear (de asegurarnos de que lo que queremos desarrollar funcionará como queremos), lo cual es crítico para el éxito.

Tomarse el tiempo para planear, hacer una pausa para pensar en lo que está a punto de emprender, reflexionar sobre si es un camino que debería transitar... todo ese tiempo está muy bien invertido.

No se trata de cuán rápido pueda empezar, sino de cuánto tiempo puede sostenerlo. Y para eso necesita un plan. Planear le dará velocidad, ventajas competitivas, confianza, dirección y flexibilidad para adaptarse cuando aparezcan los retos. No hay nada más desalentador que sentir que no tiene claridad o dirección y terminar

Creamos resultados no por lo que empezamos, sino gracias a lo que podemos sostener.

como un hámster en una rueda, corriendo y corriendo, pero sin llegar a ningún lugar. Porque cuando mide el «empezar» como el indicador del éxito, no será capaz de mantener ese logro en ningún área de su vida.

El éxito requiere de un plan, de actuar sobre ese plan cada día y de ganar más claridad sobre el proceso, de modo que pueda moverse con mayor velocidad. Eso es lo que lo llevará a obtener una sostenibilidad de largo plazo.

Estupidez #3: hágalo todo usted mismo

Veo a muchos emprendedores que están en las primeras etapas cometer el error de hacerlo todo ellos mismos. Es verdad que, en los inicios de un negocio, tiene que ahorrar como sea, lo cual incluye hacer cosas usted mismo, especialmente hasta que salga de la etapa conceptual de su negocio. Pero, con mucha frecuencia, los dueños de negocios hacen eso durante demasiado tiempo y les termina costando mucho dinero. Concentrarse en el dicho de «cada centavo cuenta» por mucho tiempo crea resultados mediocres y rendimientos por debajo del promedio. Parte de construir buenas prácticas empresariales incluye reconocer cuándo no puede hacerlo todo usted mismo. Y, aunque el dinero importa, saber cuándo contratar a alguien externo es una habilidad crítica que debe adquirir.

Haber estado en los negocios por tanto tiempo y luego llegar a este mundo empresarial en línea fue casi una sorpresa para mí. La gente le enseña a los nuevos emprendedores para que aprendan todo sobre cómo crear sus publicidades en Facebook, cómo crear sus propios embudos de *marketing*, cómo diseñar sus propias páginas web, cómo manejar sus propias relaciones públicas. Y aunque todo eso es bueno para entender aquellos mecanismos, si intenta hacerlo todo usted mismo, se quedará sin tiempo para concentrarse en el producto o servicio real que está ofreciendo.

Las siguientes tres secciones explican las razones por las que hacerlo todo usted mismo, o intentarlo, es una mala idea para el crecimiento del negocio.

1. Revisitando el concepto del coste de oportunidad

Hablé de los costes de oportunidad en el capítulo 5 y el concepto se aplica aquí también. Recuerde que todo en los negocios está asociado con un coste de oportunidad. No cometa el error de devaluar su tiempo y su atención. Como la mayoría de los emprendedores, estoy segura de que usted tiene mucho talento y, potencialmente, podría hacer muchas cosas por sí mismo. Sin embargo, ¿vale la pena? Esa es una pregunta que debe hacerse. Y esta es la llave mágica del reino que quiero que recuerde: **sólo porque *pueda* hacer algo, no significa que *deba* hacerlo**.

Uno de los errores comunes que comenten los emprendedores al principio es intentar hacer las cosas de una forma barata, usando atajos y tratando de hacerlo todo ellos mismos. Piensan que de verdad se están ahorrando dinero; sin embargo, hacer tareas que puede delegar o externalizar en realidad le está *costando* dinero.

La parte engañosa del coste de oportunidad es que es un gasto invisible. Es lo que una persona sacrifica cuando toma una decisión en lugar de otra. ¿Cuál es el principal reto del coste de oportunidad en los negocios? Que es un pasivo invisible que no aparece en sus libros contables, lo cual hace que sea fácil de olvidar.

2. Reconocer que usted probablemente no es bueno en todo

Suponga que tiene unas habilidades impresionantes para el *marketing*, pero se queda un poco corto con respecto a lo relacionado con servicio al cliente. Esa situación solo deja claro el hecho de que usted no puede ser la persona perfecta para cada trabajo del negocio. Considere el rendimiento atlético que llevó a Michael Jordan (uno de los mejores jugadores de básquetbol de la historia) a incursionar en una segunda carrera en otro deporte de grandes ligas. La segunda carrera no le salió tan bien. ¿No recuerda cuál fue? Yo tampoco (¡tuve que buscarla! Fue el béisbol).

Lo anterior prueba el punto de que nadie es bueno para todo. Es importante externalizar y contratar a otras personas que tengan fortalezas que complementen las áreas en las que usted es débil o para las tareas que sencillamente no son el mejor uso de su tiempo.

Aquí le presento una fórmula rápida sobre cómo descifrar si debería externalizar o contratar a alguien más para hacer cierta tarea:

1. Escriba la cantidad de dinero que se gana en el año_____

(Puede hacer eso mensual o semanalmente si tiene un trabajo y se gana un salario. Si tiene un negocio, es más fácil tomar las ganancias netas de un reporte de ingresos y tener en cuenta los retiros y el salario que se da como propietario en un período de 12 meses, de modo que pueda sacar un promedio).

2. Divida esa cantidad entre el número de horas que trabaja en ese mismo período de tiempo_____

(Por ejemplo: 50.000 dólares divididos entre 52 semanas, divididos entre 40 horas o menos si su trabajo es a tiempo parcial).

3. Se gana _____ dólares por hora.

Contrate a alguien o externalice cualquier tarea que pueda (¡en su negocio o en su vida!) pagando la misma tarifa por hora (o menor) que el número que tiene arriba.

Así es como libera más tiempo para centrarse en las cosas que le significarán más tiempo, más enfoque y le permitirán ser capaz de hacer su propio dinero.

Por ejemplo, si se gana 50.000 dólares al año:

50.000 dólares / 52 semanas al año = 961,53

961,53 dólares a la semana / 40 horas = 24,04 dólares por hora

Si puede contratar a alguien para que se encargue de limpiar su casa, cuidar su jardín, lavarle la ropa y manejar su agenda (actividades que no crean ingresos), sería una gran inversión para usted el externalizar esas cosas, de manera que pueda pasar más tiempo dedicándose a las actividades que sí le significan ingresos.

Considere este libro el permiso para contratar a las personas que necesita contratar. No importa qué tan grandes o pequeños sean, delegue los trabajos que pueda, de modo que tenga tiempo extra el cual podrá dedicar a su negocio o a construir algo paralelo a su trabajo actual.

Lo mismo aplica una vez que tenga su negocio. No se imagina cuántos emprendedores con los que trabajo aún se encargan de tareas administrativas, actualizaciones de la página web, aprender cómo poner un anuncio en Facebook o descifrar cómo crear un embudo.

Con cada minuto que pasa intentando aprender esas cosas y no delegándolas está tomando dinero y tiempo de su cuenta empresarial, no ahorrando. Sería mucho más fácil pasar una hora buscando y encontrar a alguien que pueda hacer esas cosas que intentar desarrollar los talentos y las habilidades para hacerlo todo usted mismo.

Esto también le libera espacio de su día, su mente y su concentración para hacer más cosas de aquellas que hace mejor. Nada incrementará más rápido su productividad y su línea de base (es decir, el dinero) que delegar tareas que realmente no debería estar haciendo.

3. Convertir su habilidad para concentrarse en un bien valioso

Cualquier persona multitarea sabe que irse en demasiadas direcciones puede impactar de una forma negativa la efectividad. Por supuesto, la idea misma de ser multitarea presenta varios problemas. Cuando las tareas involucran pensar, los cerebros humanos en realidad no pueden manejar dos tareas separadas al mismo tiempo. En su lugar, los cerebros pasan rápidamente de una tarea a otra, trabajando secuencialmente y haciéndonos creer que estamos ejecutando varias cosas a la vez. La verdad es que estamos saltando de una cosa a la otra y, si las tareas son demandantes, quizás no las estamos haciendo adecuadamente.

Una esta situación con las tecnologías modernas de hoy en día que crean distracciones adicionales para nuestra atención y enfoque. El alza de comunicaciones personales y artefactos de cómputo (desarrollados supuestamente para ayudarnos a simplificar tareas) en realidad aumentan la cantidad de información que se pelea por nuestra atención (casi cuatro o cinco veces más que en 1980). Estas distracciones también impactan nuestra productividad y, muy seguramente, nuestros resultados.

Así pues, aprender a prestar atención y enfocarse en las tareas que tiene a la mano se convierte en el bien empresarial más valioso.

Aquí tiene unas cuantas maneras de mejorar su concentración:

- **Enfóquese en la importancia:** use su concentración y energía en lo que sea más vital. No tema desestimar información irrelevante y enfocarse primero en las tareas y proyectos más importantes. De acuerdo con el blog *Productive Engineer*: «las investigaciones demuestran que quienes ejecutan las tareas más difíciles primero son más productivas en general y logran más cosas que aquellas que empiezan por lo fácil y van hacia lo más difícil».

- **Mejore su atención:** haga una lista de prioridades. No todas las tareas se crean de la misma manera y usar mi **Cuadro de Productividad** lo ayudará a capturar todo lo que necesita. Desglosar proyectos complejos en tareas más pequeñas con las que pueda avanzar lo ayudará a sentir que su tasa de cumplimiento es alta (el sentimiento que nos producen las tareas fáciles) mientras sigue finalizando las oportunidades y prioridades más retadoras.

Aquí tiene mi Cuadro de Productividad:

CAPTURE Y RECOJA

Paso 1: debe capturar y recoger todos esos pensamientos. Las ideas que le rondan por la cabeza no solo ocupan espacio en su cerebro, sino que también lo están distrayendo. Capture y recoja todas esas ideas sin importar las que sean. Tiene que sacarse todos esos pensamientos de la cabeza y ponerlos en papel.

CATEGORICE

Categoría.
- ☐ _____
- ☐ _____
- ☐ _____
- ☐ _____
- ☐ _____
- ☐ _____

Categoría.
- ☐ _____
- ☐ _____
- ☐ _____
- ☐ _____
- ☐ _____
- ☐ _____

Categoría.
- ☐ _____
- ☐ _____
- ☐ _____
- ☐ _____
- ☐ _____
- ☐ _____

Categoría.
- ☐ _____
- ☐ _____
- ☐ _____
- ☐ _____
- ☐ _____
- ☐ _____

Categoría.
- ☐ _____
- ☐ _____
- ☐ _____
- ☐ _____
- ☐ _____
- ☐ _____

Categoría.
- ☐ _____
- ☐ _____
- ☐ _____
- ☐ _____
- ☐ _____
- ☐ _____

Paso 2: una vez que haya capturado y recogido todos esos pensamientos, reuniéndolos en el papel, ubíquelos en el cuadro de productividad y categorícelos.

Puede tener una categoría para su negocio o su trabajo, un proyecto, una meta que quiere alcanzar o incluso para cosas personales. La meta es desglosar todos los ítems individuales que capturó y recogió e ir uno por uno. Determine qué necesita realmente, qué no necesita y encuentre tareas y responsabilidades que se parezcan para añadirlas juntas en una sección.

Esto hace parte del mismo proceso que he usado para administrar varias compañías, crear una organización sin ánimo de lucro, manejar numerosos proyectos inmobiliarios, mantenerme bien de salud… Y es lo que me ha ayudado a lograr metas enormes que, de otra manera, habrían tenido cronogramas «imposibles».

Puede encontrar el proceso completo de cuatro pasos en: www.candyvalentino.com.

- **Limite sus distracciones**

  Puede minimizar las interrupciones de unas cuantas formas:

  - Active el modo de concentración de su teléfono y póngalo bocabajo.

  - Desactive las notificaciones de su computador, tableta o el dispositivo en el que esté trabajando.

  - Si no es lo suficientemente disciplinado como para limitar su tiempo en redes sociales, borre las aplicaciones.

Si mira su teléfono o dispositivo cada vez que aparece un mensaje de texto, un *e-mail* o una notificación de alguna aplicación, su productividad será tan baja que su eficiencia no llegará ni al 20% a lo largo del día. Un estudio de investigación de la Universidad de California, Irvine, descubrió que, en promedio, les toma **23 minutos** a la mayoría de los trabajadores el volver a una tarea después de una interrupción (Schramm, 2021).

- **Tenga cuidado con la procrastinación**

Si algo no es una prioridad ahora mismo, entonces concentrarse en ello en este instante es una pérdida de tiempo y una forma de procrastinar con respecto a las tareas que necesitan de su tiempo y atención. Lidie con las tareas más importantes primero y programe las prioridades menos importantes hacia el final del día.

- **Minimice el consumo de sustancias**

«El alcohol se tarda más de 24 horas en salir de nuestro cuerpo y, cuando lo hace, nos deja sintiéndonos más ansiosos, lo cual es un reto más para lograr concentrarnos» (Clark, s.f.). El exceso de cafeína crea sobreestimulación, lo que también limita su habilidad para enfocarse. Y un nuevo estudio llevado a cabo por la Universidad de Londres descubrió que el uso de la marihuana tiene un efecto muy importante en la forma en la que nuestros cerebros procesan la información y reduce la motivación a corto plazo de las personas. Minimizar el consumo de sustancias maximizará su capacidad de atención, sus resultados y, al final, sus ingresos.

- **Ejercítese**

«Los estudios han demostrado que tan solo 20 minutos de ejercicio aeróbico aumentarán su habilidad para concentrarse y enfocarse» (Clark, s.f.). Personalmente, cuando sigo los pasos anteriores para enfocarme y aun así no puedo encontrar mi ritmo, el ejercicio lo cambia todo. Si siento que estoy estrellándome contra alguna pared, una caminata de 20 o 30 minutos al aire libre transforma mi energía y me devuelve a una mentalidad enfocada.

> **Cuando intenta enfocarse en todo, no termina enfocándose en nada.**

Estupidez #4: encuentre su propósito

Odio decirlo, pero debo hacerlo: «encuentre su propósito» es como lo de «siga su pasión». Son consejos terribles (como si nos hiciera falta otra forma de sentirnos inadecuados al pensar que necesitamos algo más que no tenemos).

Toda la idea de encontrar nuestro propósito deja de lado un hecho muy importante: en dónde estamos *ahora mismo*. Muchas de las personas más inspiradoras y con las metas más claras que conozco hacen cosas muy ordinarias con una perspectiva extraordinaria.

Algunas personas le dirán que «su propósito» es su trabajo o negocio soñados. Pero el propósito no es un trabajo. Ni siquiera es algo que deba *encontrar* porque el propósito no es un logro. El peligro radica en que cuando les decimos a las personas que «vayan a encontrar» su propósito, terminan olvidando mentalmente el presente, pues a menudo se quedan fantaseando sobre una epifanía futura que les revelará por arte de magia el propósito de sus vidas.

El estado constante de concentrarse en algo que no tiene, mientras lo busca o lo descubre consciente o inconscientemente, crea una falta de claridad, ansiedad y puede abrumarlo. Usted no puede «encontrar» su propósito porque nunca lo ha perdido. Por defecto ya tiene un propósito.

En lugar de «encontrar un propósito», ¿qué tal si vivimos con propósito?

Las personas encuentran muchas maneras de vivir con propósito y las siguientes son algunas características comunes de quienes lo hacen:

1. Viven en el presente

La mayor contradicción con lo de «encuentre su propósito» es que es lo completamente opuesto a estar en el presente, que es la definición real de tener un propósito. Lo fundamental del concepto de vivir con propósito contiene la idea de que todas las cosas nos suceden por una razón. Experimentar dificultades nos demuestra lo que teníamos que aprender y nos da una oportunidad para crecer. Un resultado no tan ideal (a nuestros ojos) puede indicar que debemos abrirnos a nuevas opciones o resultados que no escogeríamos de otra manera.

2. Conectan los puntos

Dese cuenta de que todo por lo que ha pasado lo ha traído a este momento. Cada obstáculo al que se ha enfrentado y cada dificultad que ha atravesado fueron orquestados para que aprendiera. Cuando somos capaces de mirar hacia atrás y conectar los puntos de todo lo que nos ha traído a este lugar específico, somos capaces de estar presentes y encontrar el propósito incluso en lo mundano.

En lugar de concentrarse en la tarea que esté haciendo en este momento, pregúntese: **¿para qué panorama más amplio está sirviendo esto?** ¿Está haciendo un trabajo de tiempo completo y empezando un negocio para crear más riqueza y tener más tiempo con sus hijos? ¿Está aceptando clientes y trabajo adicionales porque quiere viajar más y crear más recuerdos? Sea lo que sea para usted, enfocarse en el panorama más amplio de *por qué* está haciendo las cosas (conectando los puntos), y no en el trabajo o la acción del momento, lo mantendrá atado a vivir con más propósito.

3. Sirven a los demás

Considere las características de dos negocios que crean y distribuyen sus propias líneas de ropa. El primer negocio usa materiales renovables y reciclables (nada de productos animales) y les paga buenos salarios a sus empleados. El segundo negocio gasta tiempo y energía considerables reuniendo materiales crudos sin usar, incluye pieles de animales en sus diseños y sus empleados son prácticamente esclavos. El primer negocio enriquece a la comunidad y ayuda a los demás; el segundo negocio sólo toma y no ayuda a nadie. Ya sea que usted cree un negocio que ayude, sea voluntario en una causa que le importa, colabore con las dificultades de los demás o asista a las víctimas de abuso o desastres, recuerde que encontrar satisfacción y propósito hace que ayudar a los demás sea lo más importante.

Estupidez #5: esta siguiente gran idea me hará rico

Las ideas están muy sobrevaloradas. Mire, apoyo mucho las grandes ideas y soñar en grande, pero esto es un fragmento de todo el panorama.

A donde sea que vaya, todo el mundo tiene una idea de un millón de dólares. Un negocio o producto que va a cambiar el mundo, una idea que creará una marca de mil millones de dólares. Y, aunque aprecio el optimismo, ejecutar esa idea es una tarea titánica.

Las ideas son baratas, fáciles y abundantes. Pueden ocurrírsele cientos, pero sólo tiene tiempo para implementar unas pocas porque las ideas no construyen compañías. Las ideas no crearán millones de dólares en ventas y no le generarán riqueza a usted y a su familia. Es la implementación y ejecución de esas ideas lo que lo hace.

¿Cuántas veces ha escuchado a alguien decir algo como «se me ocurrió esta idea para un invento, pero Pepito se la robó»? Lo siento, Fred, no se robaron su idea. Pepito hizo lo que usted no pudo hacer: ejecutarla.

Eso sucede porque la mayoría de los emprendedores modernos están enamorados de las ideas, pero muy pocos son lo suficientemente disciplinados como para implementarlas. Tendrán una idea, hablarán de ella y, cuando vean a alguien haciendo lo que ellos tenían en mente, los escuchará decir: «yo tuve esa idea alguna vez» o «esa persona me robó mi idea». Eso le deja muchas oportunidades a *usted* para ser exitoso.

> **Las ideas no construirán un negocio exitoso, pero la implementación y ejecución de esas ideas sí lo hará.**

Digamos que finalmente lo he convencido y va a dar el salto para dejar su trabajo y construir un negocio o para crear un negocio mientras sigue con su trabajo.

Necesitamos hablar de unos pasos muy aburridos, pero importantes y simples, sobre cómo construir realmente un negocio. Aquí es donde ponemos a prueba la teoría. Estoy emocionada por entrar a eso, así que empecemos.

CAPÍTULO 9

Puede empezar un negocio; aquí le digo como

A hora que ya sabe qué cosas *evitar* en los negocios, concentrémonos en cómo construir un negocio *realmente*.

Después de construir varios negocios propios (en diferentes industrias a lo largo de 25 años) y de trabajar ahora con fundadores, dueños de negocios y emprendedores de todas las industrias imaginables, he investigado y tengo la experiencia real sobre qué se necesita para construir un negocio exitoso, sostenible y que pueda crecer.

Este capítulo lo ayudará a comenzar. Ciertamente no es una guía completa de negocios (escribiré un libro sobre eso muy pronto), pero será suficiente para inspirarlo, señalarle la dirección correcta y mostrarle el camino inicial que deberá recorrer.

¿Está listo?

Los nueve pasos iniciales para empezar un negocio

Hay muchos más que nueve pasos para empezar en el mundo empresarial y, aunque eso sería un libro en sí mismo, hay algunas partes específicas que quiero mencionar.

Son las siguientes: definir su propósito, investigar, escoger su estructura de negocio, obtener un número de identificación tributario, abrir una cuenta corriente de negocios, conseguir una tarjeta de crédito empresarial, financiamiento para empresas, *softwares* financieros y proteger su nombre.

Hablemos de cada uno de esos nueve pasos.

1. Definir el propósito

Esto no significa «vaya a encontrar el propósito de su vida 😌».

Esto implica entender el propósito del *negocio*. Es importante saber por qué está empezando. En primer lugar, debe describir la razón o el propósito por el que está iniciando ese negocio.

Diferencie si el negocio le ayudará con una necesidad personal o si se enfocará en una necesidad del mercado. Si el propósito del negocio es ayudarlo con una necesidad personal (diversificación de ingresos, beneficios fiscales, ganar más), tendrá que construirlo con eso en mente.

Por otra parte, si está construyendo el negocio para satisfacer una necesidad del mercado y quiere ser un empresario por el resto de su vida, el *enfoque* de lo que necesitará crear será muy diferente y, por supuesto, mucho más grande.

El propósito es sencillamente la razón por la que ha formado su negocio, pero reducido a un par de frases. No es su misión ni su visión y no necesita ser nada complejo. Haga que sea simple, corto y claro.

Si aún no lo tiene claro, le dejaré un par de preguntas que puede hacerse a sí mismo:

- ¿Quiere administrar el negocio o disfruta haciendo el trabajo que tiene ahora?
- ¿Quiere ser autónomo y trabajar para usted mismo o quiere crear un equipo y construir una gran compañía?
- ¿Qué hace único este negocio?
- ¿Qué planea vender el negocio?

¿Cuál es la razón principal por la que está empezando un negocio (o por qué lo ha creado?

_____

_____

_____

Uno de mis secretos para de verdad ser capaz de lograr lo que sea es este: **empiece con el fin en mente.** Haga una ingeniería inversa desde su resultado deseado. La única manera en la que podrá saber *cómo* avanzar es si primero sabe *hacia dónde* está yendo. No entender el propósito de su negocio es como meterse a su carro y comenzar a manejar… sin tener ni la menor idea de cuál es su destino. ¿Cómo sabrá si llegó al destino si no tiene ni idea de a dónde está yendo?

Consejo: en Estados Unidos, algunos estados requieren una declaración del propósito del negocio cuando está aplicando para ser una sociedad de responsabilidad limitada. Esta declaración se encuentra incluida a menudo en los Artículos de Organización.

2. Investigar

Prácticamente todos los estudios demuestran que una de las razones más frecuentes para el fracaso de los negocios es la falta de planeación. Pero cuando los negocios sí tienen un plan, la única razón por la que fracasan es porque a menudo están llenos de malas ideas. Las grandes ideas parecen impresionantes… hasta que se da cuenta de que el mercado en realidad no quiere o necesita su producto (o quizás usted no ha aprendido bien cómo manufacturar o distribuir su producto). Para asegurarse de que una idea de negocio es sensata, los emprendedores necesitan investigar antes de gastarse un montón de tiempo y dinero en un proyecto.

Puede parecer algo de sentido común para antes de comenzar un negocio, pero hablemos de unas cuantas cosas y asegurémonos de que la suerte está de su lado.

Cerciórese de poder hacer el trabajo principal de su negocio.

¿Puede construir un negocio en una industria en la que no tiene experiencia o habilidades? Claro que sí. Pero es mucho más difícil y ha sido comprobado que eso aumenta sus probabilidades de fracasar.

Veamos las siguientes 14 preguntas y aprendamos cómo hacer una investigación de mercado y cómo tomarse un poco de tiempo para planear puede, a menudo, reducir los errores comunes (y evitables) que hacen que una gran cantidad de negocios fracasen.

1. ¿Existe una demanda para este producto o servicio? _____

_____

2. ¿Tiene experticia o experiencia en esta área? _____

_____

3. ¿Qué equipamiento, materiales e inventario necesita? _____

_____

4. ¿Cuántos empleados necesita para crear su producto o servicio? _____

_____

5. ¿Qué productos y servicios vende? _____

_____

6. ¿Quiénes son sus clientes ideales? _____

_____

7. ¿Quién es su cliente ideal? ¿En dónde vive? ¿Qué hace? ¿En qué plataformas sociales se encuentra? _____

_____

8. ¿Cuáles son los valores de su negocio y qué defiende? _____

_____

9. ¿Cómo será el mercadeo de su negocio? ¿Cómo lo promoverá? _____

_____

10. ¿En dónde se ubican sus clientes? _____

_____

11. ¿Necesita recursos o financiamiento para empezar? _____

_____

12. ¿Cómo podrá diferenciar su negocio de la competencia? _____

_____

13. ¿Cuál es su plan financiero o de financiamiento? _____

_____

14. ¿Son las ventas en línea un aspecto importante de su negocio o todas las ventas serán en persona? _____

_____

Estas son todas las preguntas que querrá hacerse y tomarse algún tiempo para responder. No hay ninguna razón para elaborar un plan de negocios largo y complicado que se tarde años en completar (y que pronto quedará obsoleto), pero sí es bueno investigar y hacer estas preguntas fundamentales. No necesita planear cada detalle de su negocio, pero sí es necesario que prepare su negocio para el éxito.

3. Estructura de negocio

Una de las decisiones más importantes que va a tomar es cómo estructurar su negocio. La estructura de su negocio influye en cuántos impuestos paga, su habilidad para ganar dinero, el papeleo que tendrá que llenar y cuánta responsabilidad personal estará asumiendo.

Es importante saber estas cosas porque, como he trabajado con emprendedores y dueños de negocios a lo largo de los años, he visto cómo se ganan 500.000 dólares o incluso un millón, pero tienen la estructura de negocio incorrecta.

Hablaremos de las cuatro estructuras más comunes. Tengo un curso en línea que explica todo a profundidad, cómo funcionan los impuestos y cuáles son las ventajas y las desventajas de cada una. Es un curso mucho más avanzado de lo que podemos o necesitamos cubrir aquí, pero quería asegurarme de que entiende las bases de cada una.

Empresa individual

Esta es la estructura más simple y común que escogen los emprendedores porque la mayoría de las personas empiezan sin saber algunas cosas que mencionaré aquí. Resumiré esta estructura con tres palabras: *de alto riesgo.*

En pocas palabras, no existe una distinción entre la empresa y el dueño. Usted tiene derecho a todas las ganancias y es responsable por todas las deudas, pérdidas y responsabilidades de su negocio. La mayoría de los dueños de empresas primíparos escogen la estructura de empresa individual porque no se requiere ninguna acción formal para conformarla. Porque usted y su negocio son lo mismo, el negocio en sí no incurre en impuestos de manera separada: los ingresos de la empresa individual son sus ingresos.

Sociedades

Esta es la estructura más simple para que dos o más personas sean dueñas de un negocio conjuntamente. Una sociedad general tiene riesgos similares a los de las empresas individuales, pero hay dos clases comunes de sociedades: sociedad limitada y sociedad de responsabilidad limitada.

Las sociedades pueden ser una buena opción para los negocios con múltiples dueños y grupos profesionales de abogados, doctores, contadores, etc.

Las sociedades tienden a tener la mayor cantidad de complicaciones si la relación empresarial se deteriora. Incluso si tiene una buena estrategia de salida en su acuerdo de sociedad, los cambios en las situaciones de sus socios pueden causar problemas, así que siempre asegúrese de consultar esto con un abogado.

Corporaciones de tipo C y de tipo S

Una corporación, a veces llamada corporación de tipo C, le ofrece la protección más alta a sus dueños con respecto a las responsabilidades personales, pero el costo de formar una corporación es más alto que el de otras estructuras y también requiere que se mantengan unos registros, procesos operacionales y reportes más extensos. En algunos casos, las ganancias corporativas se fiscalizan dos veces: primero cuando la compañía tiene ganancias y después, en las declaraciones de impuestos personales, cuando se les pagan los dividendos a los accionistas. Es por eso que a esta estructura se la conoce como «corporación con doble fiscalización».

Una corporación de tipo S es una elección especial que debe aprobar la Agencia Tributaria de Estados Unidos. De esa manera se evita el problema de la doble fiscalización de las compañías de tipo C normales.

Las compañías de tipo S permiten que las ganancias, y algunas pérdidas, pasen directamente a los ingresos personales de los dueños sin que estén sujetas a las tasas fiscales corporativas. La corporación de tipo S lo protege de responsabilidades personales las cuales pueden causar que pierda su riqueza personal en activos como su casa, su carro o sus ahorros y su flujo de tributación lo ayudará a reducir su carga fiscal. Hay tarifas adicionales que se deben pagar y mantener, así que debe asegurarse de consultarlo todo con un contador profesional para tener la certeza de que elegir una corporación de tipo S encaja bien con usted y su negocio.

Compañía de responsabilidad limitada

Una compañía de responsabilidad limitada le permite aprovecharse de los beneficios tanto de las estructuras de las corporaciones como de las sociedades. Lo protege de las responsabilidades personales en la mayoría de los casos, así como a sus activos personales (como su vehículo, su casa y sus cuentas de ahorros), y reduce su riesgo en caso de que su compañía de responsabilidad limitada se enfrente a la bancarrota o a demandas.

Las ganancias y las pérdidas pueden pasar directo a sus ingresos personales sin estar sujetas a impuestos corporativos. Debido al flujo fiscal, las ganancias se fiscalizan al nivel de un impuesto personal y se evita la doble tributación. Pero, a diferencia de una compañía de tipo S, en una compañía de responsabilidad limitada todos los ingresos pueden estar sujetos a la nómina o a impuestos de autónomo.

Escoja su estructura de negocio con cuidado. Aunque puede cambiarse a una estructura de negocio diferente en el futuro, puede que haya restricciones dependiendo de su ubicación. Esto también podría generarle consecuencias fiscales y una disolución no deseada, entre otras complicaciones.

Lo que le conviene cuando está empezando su negocio quizás no sea la estructura que la versión madura de su empresa necesite. Siempre consulte esto con su abogado empresarial y con su contador, pues ellos pueden ayudarle en este proceso.

4. Obtener un número de identificación tributario (EIN, en Estados Unidos)

Un EIN empresarial es el equivalente al número de seguridad social de una persona (SSN, en Estados Unidos). Esto hace que su negocio sea legal frente al gobierno federal. Si su negocio está ubicado en Estados Unidos o en territorios estadounidenses, puede ir a **www.irs.gov** para pedir un EIN de forma *online*. La persona que lo pida en línea debe tener una identificación tributaria válida (SSN, ITIN, EIN). Lo mejor de todo es que se tarda unos minutos pidiendo y recibiendo su EIN en línea.

5. Abrir una cuenta corriente empresarial

Tome el número EIN de su entidad recién formada y abra una cuenta corriente empresarial. Desarrollar una relación con un gerente de cuentas empresariales lo ayudará a medida que su negocio crezca. Si tiene un banquero regional o local en su área, ese siempre será un gran lugar para empezar, pues puede que sea más fácil formar una relación así. Su gerente de cuentas empresariales será un gran recurso si necesita pedir préstamos, una línea de crédito o servicios comerciales para su negocio.

Recuerde, tener una cuenta corriente empresarial aparte es crítico. Nunca querrá mezclar los fondos empresariales con los fondos personales en la misma cuenta, pues eso puede poner sus activos personales en riesgo.

6. Conseguir una tarjeta de crédito empresarial

Pida una tarjeta de crédito empresarial. Una tarjeta de crédito empresarial continuará con la separación entre usted y su negocio y también lo ayudará a mantener en pie la protección contra riesgos. Use esta nueva tarjeta para hacer cada compra de su negocio y para registrarse a todas las suscripciones empresariales necesarias, como aquellas de *software*, de mercadeo y otros cargos recurrentes. Es probable que no quiera sacar esta tarjeta de crédito con su banco.

Las opciones para obtener tarjetas de crédito son infinitas y puede ser incluso divertido investigar al respecto. Como hará compras empresariales mensuales con esta tarjeta, acumulará puntos o se ganará reembolsos. Siempre digo que lo mejor es encontrar una tarjeta con un programa de recompensas que se alinee con usted y lo que disfruta. Disney: para llevar a la familia de vacaciones. Delta: para tener acceso prioritario en los viajes y vuelos gratis. Marriott: para ganar estatus y estadías gratuitas en sus hoteles. Hay muchas opciones, pero, en mi opinión, la mejor es American Express. La American Express es una tarjeta de recarga, lo que significa que no le da un límite de crédito y debe pagarse por completo cada mes. Siempre que sea responsable con sus gastos, es una tarjeta increíble que tiene flexibilidad.

Escoja la que escoja, sea diligente con los gastos y configure el pago automático para pagarla por completo todos los meses, de modo que no acumule cargos de interés innecesarios que le drenen su riqueza.

7. Financiación empresarial

Existe una gran variedad de maneras para conseguir financiación para su negocio (si la necesita). En general, algunas de las principales son:

1. Préstamo empresarial: la Asociación de Pequeñas Empresas (SBA por sus siglas en inglés) tiene programas increíbles para los dueños de negocios. Entérese de más yendo a www.sba.gov.

2. Financiación colectiva: es una manera de reunir fondos que le permite recolectar dinero de una gran cantidad de personas a través de plataformas en línea. La financiación colectiva la usan mayoritariamente las empresas emergentes o los negocios en crecimiento. Estas plataformas incluyen Kickstarter, Indiegogo, Fundable, Fundly y SeedInvest. Las páginas web de cada una tienen más información.

3. Inversionistas: puede buscar inversiones de sus amigos o familia o conseguir inversionistas. Hay inversionistas de todas clases: socios silenciosos que pueden invertir sin tener una participación activa o socios que sí quieren estar involucrados más activamente. Un inversionista ángel quizás quiera estar involucrado por un período corto de tiempo y luego cobrar una liquidación. Los inversionistas de capital de riesgo (VC, por sus siglas en inglés) tienen metas, objetivos y expectativas específicas. Recuerde: los inversionistas traen responsabilidades consigo.

4. Líneas de crédito: si es dueño de alguna propiedad, puede aplicar por una línea de crédito o línea de crédito con garantía hipotecaria (LOC y HELOC, por sus siglas en inglés). Le permiten retirar fondos cuando los necesite y, en general, ofrecen una tasa de interés muy buena. Usan su propiedad como respaldo para apalancar la deuda y pueden ayudarle a financiar su emprendimiento empresarial.

5. Términos netos o arrendamiento financiero. Trabajar con compañías que permiten pagos y arrendamientos de equipos a 30, 60 o 90 días puede ayudarlo a comprar inventario y el equipamiento empresarial que necesita.

8. *Software* financiero

La contabilidad es un paso crítico de cualquier negocio sin importar qué estructura haya escogido. No puede tomar las deducciones apropiadas, evaluar sus números o recibir una imagen precisa de las finanzas de su negocio sin eso. Yo siempre recomendaré QuickBooks, pues es el estándar de la industria y todos los contadores pueden trabajar con ella. Sin embargo, hay opciones menos caras disponibles. Asegúrese de que la que escoja es la que su contador usará y que pueda crecer con su negocio a medida que pasa el tiempo.

9. Proteger su nombre

Si opera bajo un nombre diferente al suyo, es probable que tenga que registrar un nombre ficticio (también conocido como nombre asumido, nombre comercial o nombre DBA por sus siglas en inglés). Dependiendo del negocio en el que esté y de qué productos o servicios ofrezca, puede considerar registros u otras clases de protección legal, especialmente si maneja propiedades intelectuales.

Tengo una versión extendida de esto (una lista paso a paso de 25 cosas que todos los dueños de negocios necesitan), así como otros recursos valiosos sobre negocios en: www.candyvalentino.com.

Ahora que ya sabe cómo empezar un negocio, es el momento de hablar de una de las partes empresariales más emocionantes: ¡obtener ingresos!

CAPÍTULO 10

Lecciones empresariales del mundo real sobre el crecimiento de los ingresos

Ya está listo para empezar un negocio o hacer crecer el que ya tiene. Pero, realmente, ¿cómo se *gana* dinero? (¡¿O cómo se gana más dinero?!).

He trabajado con fundadores que ganan cientos de miles de dólares y otros que ganan cientos de millones y, sin importar en qué etapa del negocio se encuentre usted, los emprendedores siempre están enfocados en el crecimiento. Porque una cosa es empezar un negocio, pero es otra muy diferente hacer que sus ganancias crezcan consistentemente y que se mantenga la rentabilidad.

Puede pasarse incontables horas trabajando en una gran idea o perfeccionando el producto o servicio que ofrece su empresa, pero el éxito en los negocios se determina por esto: su habilidad para adquirir clientes, generar ventas y mantener la rentabilidad. No puede tener un negocio sin las dos primeras cosas y no puede mantenerse en el mercado sin la tercera.

Adquirir nuevos clientes puede sonar simple, pero, dependiendo del negocio en el que se encuentre, puede ser retador encontrar nuevas oportunidades en el mercado de hoy en día. Si no se mantiene actualizado y modifica sus estrategias de mercadeo, puede toparse con dificultades para mantener su embudo de ventas lleno.

Pero cuando desglosa todo el resplandor de los titanes empresariales y simplifica todas las estrategias que funcionan para los mejores de los mejores en sus industrias, créalo o no, sólo hay cuatro maneras para incrementar sus ingresos. Está claro que hay varias maneras de ejecutar cada una, pero cuando simplifica el crecimiento empresarial hasta los fundamentos, todos los caminos nos llevan de vuelta a estos cuatro principios de crecimiento de los ingresos:

Crecimiento de los ingresos en el mundo real

Crecimiento #1: adquisición de clientes. Incremente su número total de clientes

La adquisición de clientes se refiere a atraer nuevos clientes, gente que comprará sus productos o servicios. Es un proceso que se usa para atraer clientes potenciales por el embudo de *marketing*, desde que escuchan acerca de la marca hasta que toman la decisión de comprar.

La adquisición de clientes involucra una mezcla de *marketing*, medios e interacción (generación de contactos y ofrecimiento de productos) para ganar nuevos clientes a través de campañas dedicadas y de encontrarlos en medio de sus caminos del consumidor *online* u *offline*.

Algunas maneras para obtener más clientes son las siguientes:

- Optimización de SEO.
- *Marketing* de contenidos.
- *Marketing* de afiliados.
- Publicidad digital.
- Publicidad tradicional (impresos, televisión, radio).
- Ferias comerciales.
- Correo físico directo.
- Correo electrónico.

- Campañas de redes sociales.

- Eventos.

- Relaciones públicas y medios.

De acuerdo con Masterclass.com, «la adquisición de clientes es el proceso mediante el cual un negocio convierte clientes potenciales en clientes que pagan» (Masterclass, 2022). El proceso de adquisición de clientes generalmente se divide en tres fases: **conciencia, interés/consideración, compra.**

Las estrategias de adquisición de clientes variarán dependiendo del negocio que tenga, pero generalmente se construyen de acuerdo con estas tres fases.

Fase 1: generación de contacto y conciencia

La primera fase de la adquisición de clientes involucra generar una conciencia de marca. ¿Cómo les llegará a los clientes potenciales? Esto puede ser a través de correo físico, medios, publicidad en televisión, *marketing* digital, redes sociales, anuncios en Facebook y TikTok y correo electrónico. Hasta que sepa exactamente de dónde obtener sus nuevos clientes, usar una mezcla de canales de adquisición para probar cada uno expondrá a los clientes potenciales a su marca, lo cual creará conciencia sobre sus productos o servicios.

¿En dónde «vive» su cliente?

Esta es una pregunta que querrá hacerse a sí mismo (o reúna esos datos de los clientes una vez que los tenga). ¿Están en Facebook? ¿En TikTok? ¿Usan servicios de *streaming*? ¿Puede comprar una lista de correos y enviarles correos electrónicos? ¿Se encuentran en las ferias comerciales? ¿En dónde «vive» su cliente objetivo?

Fase 2: cree interés y aliente la consideración

El segundo paso se centra en darles más información a los clientes que ya son conscientes de la existencia de su marca y en animarlos a tomar una decisión de compra. Esto puede hacerse a través del SEO, anuncios reorientados, *marketing* por correo electrónico. Esta fase debe alentar la suscripción a listas de correo, las llamadas con preguntas sobre ventas y la interacción. Cuanto más informados estén los clientes potenciales, más probable será que tomen una decisión de compra.

¿Qué puede implementar que ocasionará el movimiento de los clientes nuevos a la fase 2 y los anime a considerar la decisión de comprarle algo?

Fase 3: compra y conversión

La fase final involucra a los clientes que están al borde de hacer una compra. Puede facilitar esto de una manera más rápida al ofrecer códigos de descuento para compradores nuevos, ofertas de tiempo limitado, promociones en las que el cliente compra un servicio o producto y recibe otro gratis o con un descuento, pruebas gratuitas y programas de lealtad. Todo esto lo ayudará a que los nuevos clientes completen el ciclo y hagan una compra.

¿Qué incentivos puede crear para clientes nuevos?

Implementar las estrategias de adquisición de clientes le costará dinero (o tiempo). Una de las métricas empresariales más importantes que querrá conocer es cuánto le cuesta en realidad adquirir un nuevo cliente. Esto se conoce como el costo de adquisición por cliente (o CAC).

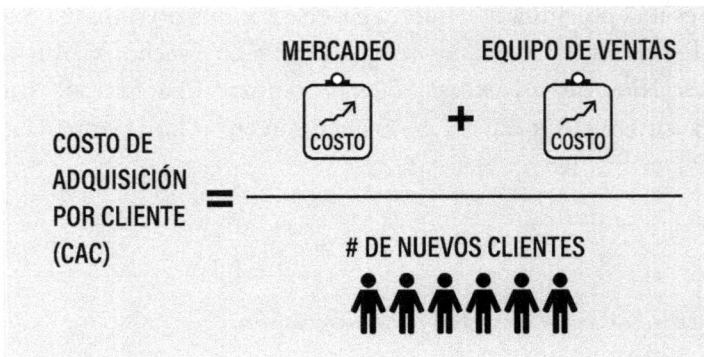

«Cada modelo de negocios involucra cierta cantidad de rotación de clientes» (Masterclass, 2022). Así es técnicamente como se llama, pero no me gusta la palabra «rotación», así que yo me refiero a aquello como la tasa de clientes que se queman. Para dar una definición sencilla, la tasa de clientes que se queman es la cantidad de clientes que lo abandonan. En cualquier negocio siempre necesitará estar enfocado en incrementar el número total de clientes nuevos para reemplazar a los viejos que lo han cambiado a usted por alguien más. Esta es la razón por la que un proceso eficiente de adquisición de clientes es importante para predecir el éxito a largo plazo y la sostenibilidad de un negocio.

Crecimiento #2: promedio del carrito de compras/factura. Incremente la cantidad de dinero promedio que se gasta un cliente por transacción

Encontrar más clientes no es la única manera de obtener más ganancias. Una de las mejores maneras (y la menos cara) es obtener más ganancias al incrementar el tamaño promedio de cada orden.

En general, el término «factura promedio» se usa en los negocios que se basan en prestar servicios y el término «carrito de compras promedio» para los negocios basados en vender productos, los comercios en línea o los negocios digitales. Pero son exactamente lo mismo.

Carrito de compras promedio, factura promedio o valor promedio del pedido (VPP) son términos que se usan para referirse a la cantidad de dinero promedio que se gastan los clientes cuando le están comprando cosas a usted.

Entender cómo incrementar el VPP hará que aumenten sus ganancias por ventas, lo cual le dará más ganancias en un período más corto de tiempo, lo ayudará a mejorar sus costos de adquisición de clientes, a recuperar esos gastos e incrementará el valor de vida de sus clientes (VVC).

Aquí tiene cinco formas de incrementar esto:

1. Promueva las compras de mayor valor y las ventas cruzadas

Ofrecer productos o servicios complementarios a sus clientes. Esto puede ser tan simple como entrenar a su equipo para que mencione qué objetos van bien unos con otros o, si está en línea, para hacer promoción cruzada en las descripciones de los productos. Deje claro en sus mensajes que sus objetos ganan más valor cuando se unen con otros productos o que esos productos se compran muy a menudo con estos otros productos. Ambas son buenas formas de hacer promoción cruzada.

Promover las compras de mayor valor y hacer promoción cruzada usan la misma habilidad, pero son diferentes. Implica mejorar el producto que el cliente estaba planeando comprar originalmente. Por ejemplo, si un cliente entra para comprar el café más pequeño y menos caro de su tienda, promover una compra de mayor valor implicaría convencerlo de comprar un café más caro (de mejor calidad) o uno más grande.

La promoción cruzada implica añadir un producto o servicio diferente a la venta. Un ejemplo de esto podría ser si un cliente entrara a una tienda para comprar una correa y el promotor lo convence de comprar un par de zapatos para crear todo un atuendo.

2. Comprar según incentivos escalados

Una estrategia común que usan tanto las corporaciones digitales como las grandes para incrementar su VPP es hacer que los clientes lleguen a ciertos escalones de gastos. Esto se puede ver en ofertas como «gaste 50 dólares y reciba el envío gratis». Si un pedido sobrepasa cierto monto, puede ofrecer envío gratis, enviar muestras por cierta cantidad de dólares, hacer que gasten cierta cantidad y que reciban una tarjeta de regalo gratuita para su próxima visita o que paguen por 10 meses y reciban 2 gratis.

3. Promociones

La urgencia puede crear la necesidad de añadir más cosas al carrito de compras. Unos pocos ejemplos de promociones diferentes que han probado ser efectivas son los siguientes: ofrecer códigos de descuento que funcionen durante 24 o 72 horas, cupones físicos para redimir en un tiempo específico, descuentos o precios especiales por compras al por mayor o por preventas, descuentos de compra (obtenga 25 dólares para su próxima compra de más de 100 dólares), compre uno y lleve otro gratis, una tarjeta de regalo gratis por la compra, accesos VIP o entradas a algún evento.

4. Programas de lealtad

Son una forma muy poderosa de popularizar su marca y de retener a los clientes que ya tiene. Un estudio descubrió que los programas de lealtad incrementan el valor promedio del pedido en una media de casi el 20%. Los programas de lealtad son geniales para hacer que la gente añada más a sus órdenes y, además, ayudan a incrementar la retención de clientes. Crear un sistema de puntos con beneficios para los clientes o miembros, de modo que se vean premiados por sus compras, impulsa la lealtad de los clientes y crea pedidos de más valor. Además, puede aumentar la frecuencia de compra gracias a programas especiales y promociones. Esta estrategia promueve la retención de los clientes.

5. Servicio al cliente

En el mundo de hoy, el servicio al cliente es un arma que se utiliza poco para incrementar las ventas. No puedo decirle con cuántos negocios he trabajado a lo largo de los años y que tienen un servicio al cliente no malo, sino terrible. Con las distracciones cada vez más abundantes del *marketing* digital, parece fácil ignorar lo básico.

En pocas palabras, el servicio al cliente es el soporte que usted les ofrece a sus clientes antes de que compren, después de que compren y mientras usan sus productos o servicios. Les ayuda a tener una experiencia más fácil y disfrutable.

Está claro que existen habilidades para prestar un buen servicio al cliente (escuchar, empatía, paciencia, capacidad para resolver problemas y dar más de lo que se pide), pero, antes de llegar a eso, hay que empezar con la comunicación. Debe responder el teléfono, contestar rápido los correos electrónicos, replicar a los mensajes de redes sociales o hacer uso de la tecnología.

Los estudios han demostrado que añadir una función de chat en línea a su página web puede aumentar las ventas en un 10 a 15% por carrito de compra, de acuerdo con Forrester. Cuando sus clientes encuentran respuestas a sus preguntas, eso crea un mayor potencial de venta, menores pérdidas hacia un competidor y menos cantidad de ítems abandonados en su carrito de compra en línea.

Crecimiento #3: frecuencia de compra (FC). Incremente la cantidad de veces que su cliente le compra a usted

«La frecuencia de compra es una de las métricas fundamentales que cada negocio debería rastrear. Afecta directamente su rentabilidad y sus ganancias, pues es *seis veces* más probable venderles cosas a los clientes *actuales* que a los *nuevos*» (Lahunou, 2022). Y es *cinco veces* más caro adquirir un cliente *nuevo* que venderle algo a uno que ya *existe*.

La compra de sus servicios o productos por parte de clientes existentes, incrementará a lo largo del año el valor de vida de los mismos.

«Una frecuencia de compra alta o promedio representa la lealtad de un cliente, mientras que las tasas bajas de compra quieren decir que la gente casi nunca vuelve después de la primera transacción» (Lahunou, 2022).

Aquí tiene tres maneras de incrementar la frecuencia de compra:

1. Ponga en práctica los correos electrónicos personalizados de *marketing*

Cuando quiera incrementar el número de clientes que hagan compras repetidamente, recuerde que el *marketing* por correo electrónico es una estrategia efectiva. Como es una herramienta estándar de comunicación, los mensajes personalizados por correo electrónico lo ayudan a conectarse con sus clientes con respecto a sus compras o a comunicarles cualquier oferta o descuento especial que tenga y que les pueda interesar. Sencillamente incluir el nombre del cliente en el asunto del correo puede incrementar la posibilidad de que abran el mensaje en un 26%. Y obtener más aperturas de correos puede generar más ventas. También recuerde personalizar el contenido y la presentación del correo basándose en el historial de compras de cada individuo.

2. Distribuya ofertas de tiempo limitado

Puede afectar el comportamiento de compra de los clientes al ofrecerles ofertas por un tiempo limitado. Es más probable que los clientes que obtengan la oportunidad de comprar a precios más bajos muerdan el anzuelo y lo hagan (porque saben que luego el precio podría subir). Incluso si no habían planeado comprar lo que les está ofreciendo, quizás lo hagan porque sencillamente les parece una muy buena oferta.

Esta clase de comportamiento puede incrementar la frecuencia de compra e impactar de una manera positiva sus ganancias. No use la estrategia de las ofertas de tiempo limitado demasiado a menudo, pues los clientes pueden acostumbrarse a experimentar estas buenas ofertas y a no hacer compras que no vengan con códigos de descuento o precios bajos. También considere cómo una imagen de «descuentos» puede afectar negativamente la tasa de compras generales y el valor percibido de su marca.

3. Premie a sus clientes con programas de lealtad.

Los clientes leales son los mejores que puede tener. Uno de los principios clave del mundo empresarial es que la gente hace negocios con aquellos a quienes conoce, le caen bien y en los que confía. Los clientes que ya aman su marca y confían en la integridad de su servicio o producto pueden comprar con frecuencia incluso sin que les ofrezca un programa de lealtad.

«El sesenta por ciento de los clientes leales dicen que siempre están listos para comprarles cosas a sus compañías favoritas» (Lahunou, 2022). Esa es la razón por la que un programa de lealtad para clientes podría significarle más ventas a su negocio. Un programa así puede incluir puntos que se acumulan con cada compra, descuentos u ofertas especiales u otros incentivos, como accesos preferenciales a promociones para los miembros leales. El otro aspecto masivo de esto es que los clientes leales no solo compran más, sino que refieren más. Y no existe un cliente mejor que uno que llega por recomendación directa de un cliente ya existente. Las referencias directas bajan sus costos de adquisición de clientes y, además, es más probable que retenga a ese cliente referido, pues, aunque él no conoce, no le gusta y no confía en su empresa aún, tiene una probabilidad del 58% más de convertirse en un cliente leal por la recomendación de un amigo que si hubiera descubierto su empresa gracias a sus esfuerzos de *marketing*.

Crecimiento #4: incremente sus precios

Esta es la opción por la que la mayoría de la gente se decanta cuando quiere aumentar sus ganancias, pero no siempre es la mejor decisión. Necesita analizar y entender los datos antes de hacer una subida generalizada de precios. Sin embargo, por otra parte, me he dado cuenta de que los emprendedores no siempre entienden el aspecto financiero de sus negocios. Entender todos los números asociados con la contabilidad y las finanzas de su negocio es un trabajo duro. Entonces, cuando necesite evaluar la posibilidad de incrementar lo que cobra por sus bienes o servicios, vea más allá de las emociones y concéntrese en los datos. Los datos de su propio negocio y un panorama de la industria pueden respaldar o desmontar la idea de aumentar los precios. Y los datos no le darán malos consejos, a diferencia del adagio de «cobre lo que vale», que lo dejará de camino al fracaso.

Las ganancias brutas son el dato más importante. Conozca y rastree esta cifra en su negocio. Básicamente, sus ganancias brutas son la cantidad de dinero que le queda después de pagar por los gastos directos de hacer y distribuir los productos o servicios que ofrece.

Hemos visto que los costos de producción, de envío y de manufactura, así como los precios del combustible y de los alquileres, pueden subir significativamente en un año. Algunos cambios ocurren incluso más rápido dependiendo de la industria o el sector en el que se encuentre. Las situaciones así le ponen una presión enorme a la cifra de ganancias brutas y quizás quiera considerar cómo los factores externos afectan sus ganancias brutas ahora, si es que no lo ha hecho ya.

Pero cuando se plantea seriamente subir los precios, entienda que hacerlo le ofrece una oportunidad para reevaluar ciertos elementos críticos de su negocio.

Primero, tiene la oportunidad de centrarse en el valor y en cómo se relaciona con todos los gastos en los que debe incurrir para mantener el negocio. Está claro que quiere proveer un servicio o productos de calidad, contratar a empleados excelentes y darles salarios decentes y otros beneficios. Determine si cada uno de esos gastos contribuye a crear valor o si necesita ajustarlos.

Segundo, su examen debe darle una oportunidad para reconsiderar la relación con los clientes exigentes (los que drenan las ganancias). Puede generar mucha interacción con ese tipo de clientes, pero a menudo requieren de más tiempo y recursos que las ganancias que generan. Entiendo que renunciar a las ganancias por ventas es difícil, pero necesita decidir si mantener una relación con un cliente exigente lo ayuda a tener más rentabilidad.

Eso sí, le diré que ponerles precios adecuados y justos a sus productos y servicios lo ayudará a eliminar a los clientes problemáticos. Las ganancias brutas que pierda con esos clientes las reemplazará después con las relaciones de negocios que cree con otros clientes que no le drenarán sus recursos. Es decir, retendrá más de sus ganancias con menos trabajo (o problemas).

Tercero, hacer un análisis extensivo lo ayudará a identificar y a documentar sus costos directos, de manera que pueda determinar de una manera precisa sus ganancias brutas y su margen de explotación.

Hacer estos análisis para decidir si quiere, necesita o debería subir los precios es un ejercicio beneficioso en sí mismo. Si no ha analizado las cosas a profundidad, hacerlo le permitirá incrementar su perspicacia financiera y lo ayudará a entender con más claridad cómo le está yendo a su negocio.

Pruebe estos pasos para reunir datos y reevaluar la rentabilidad de su empresa:

1. Genere un reporte que incluya a sus clientes y el volumen de sus compras a través de los sistemas del punto de venta (PdV) o de otro *software* de ventas.

2. Determine la rentabilidad bruta para cada uno de sus clientes y reorganice el reporte para que refleje un orden de mayor a menor rentabilidad.

3. Examine el 20% inferior de los clientes según lo que determinó en el paso 2. Calcule cuántas ganancias brutas (el total en dólares) le representa este 20% a su compañía.

4. Ahora hágase estas preguntas:

- ¿Cómo podría incrementar su valor y estructura de precios para reemplazar ese 20% con una rentabilidad más grande?

- ¿Tiene un producto o servicio de alta calidad que ha estado queriendo lanzar?

- ¿Cómo podría incrementar la frecuencia de compra de los clientes en el 80% superior para que compensen la pérdida de ganancias que tendrá al dejar ir a los clientes menos rentables?

- ¿Cuántos clientes nuevos necesitaría adquirir (con mejores márgenes de rentabilidad) para reemplazar a los que estaban en el 20% inferior?

El principio de Pareto es un adagio usado en los negocios que dice que alrededor de un 80% de los resultados vienen de un 20% de causas. O, extrapolándolo al caso empresarial, el 20% de sus esfuerzos con los clientes le producirán el 80% de su rentabilidad.

Escoger bien cuándo hacer cambios de precios o clientes dependerá de su tipo de negocio y sus ciclos de ventas. Reevaluar sus precios le dará la oportunidad de marcar sus valores, identificar a sus clientes ideales y fijar el precio correcto para el mercado y su línea base.

Cuando se centre en el crecimiento de las ganancias en un negocio del mundo real y aplique los cuatro principios de crecimiento que le describí en este capítulo, notará la diferencia en sus ingresos. Añada ese beneficio a las ventajas de ahorro de impuestos y la autoeducación que obtiene gracias a ser dueño de un negocio y verá por qué este es un *hábito de riqueza* que no puede, y no debería, ser ignorado.

CAPÍTULO 11

Conviértase en el Ritz-Carlton de su industria y cree clientes de culto

Era el otoño de 1999. Yo apenas estaba empezando con mi primer negocio y la construcción estaba sucediendo en el edificio comercial. Un día recibí una llamada en mi oficina. Era un agente de viajes que conocí en una reunión para hacer contactos empresariales. Me tenía una oferta increíble y le quedaban un par de cupos: un viaje a París.

Instintivamente supe que era probable que esa fuera mi única oportunidad de viajar en mucho tiempo.

Hasta ese punto de mi vida nunca había salido del país. De hecho, como tenía 19 años, había crecido con padres adolescentes y mi papá tenía su propio negocio, no había viajado mucho en lo absoluto.

Pero pensar en París y en esa oferta increíble me pareció demasiado bueno como para dejarlo pasar.

Tomé un vuelo rápido a Newark, abordé un vuelo de conexión a Londres y luego fui a París.

Por supuesto, la cultura era espectacular y la ciudad era magnífica: desde los Campos Elíseos y el Louvre hasta Notre-Dame, la Torre Eiffel y el Arco del Triunfo. Todo me hizo sentir como si estuviera en una película.

Pero lo que me dejó una impresión más duradera fue cenar en el Ritz París, beber café en el Prince de Galles y comerme unos crepes en el Four Seasons. Nunca había visto nada como aquello. Eran personas que me hacían sentir como la realeza y que, al mismo tiempo, actuaban de una manera familiar. Fue demasiado para que mi cerebro de 19 años lo comprendiera, pero lo que sí entendí fue que quería que la gente se sintiera de esa manera en mi negocio.

Después de 10 días en París, tomé un vuelo de vuelta a casa y me puse a trabajar. La construcción se terminó meses después de volver y estuve lista para recibir a nuestros primeros clientes.

Leí cada libro que pude encontrar sobre el servicio al cliente, la cultura y crear experiencias. Leí todo acerca de la marca Marriot, de Starbucks y del Ritz-Carlton. Fui a entrenamientos de servicio al cliente, creé clases educativas para mi personal, los llevé a seminarios sobre crear experiencias excepcionales e incluso hice concursos de ventas que tenían premios, como viajes a hoteles Ritz-Carlton, de modo que ellos también pudieran recibir la experiencia que yo quería que mis equipos crearan.

Usted no puede tener un negocio sin clientes. Es así de simple. Pero crear clientes de culto, clientes que se conviertan en embajadores de su marca y le cuenten a los demás todo sobre ella… bueno, para eso es necesario darles cosas de valor y crear experiencias que nunca olvidarán.

Ya hablamos de cómo adquirir clientes y cómo incrementar las ganancias, pero hay un concepto de negocios importante que mencioné en el capítulo anterior: el éxito en los negocios se determina por su habilidad para adquirir nuevos clientes *y* retenerlos a largo plazo.

Existe un principio de servicio al cliente que aprendí muy pronto en mi negocio y que quiero compartirle: **si hace de la experiencia del cliente una prioridad, hace que el precio sea irrelevante**.

Podemos lograr eso al centrarnos en estas tres cosas:

1. Experiencia

Enfóquese en el servicio al cliente que provee y en la experiencia que cada cliente tiene. Puede hacer esto al crear una cultura para sus clientes que les ayude a interactuar con su negocio y, más importante aún, a referírselo a más gente.

2. Personas

Poner el servicio por encima de las ventas es la única manera en la que su negocio seguirá siendo sustentable. Hoy en día muchos dueños de negocios se centran en las analíticas, los reportes y los *rankings*, pero se olvidan de que hay gente de verdad detrás de las pantallas. Hay personas reales comprando sus productos y servicios: están escogiendo gastarse sus dólares ganados con mucho esfuerzo en sus productos o servicios en vez de en los de alguien más. Valorar de verdad a las personas le dará la delantera con respecto a otra gente de su misma industria.

3. Retención

¿Cómo hace que los clientes sigan volviendo? Cree una base de clientes de culto. Sin clientes usted no tiene ningún negocio, así que su foco debe ser ese. No olvide por qué está en donde está y por qué hace lo que hace.

Crear una compañía cuya cultura se centre en el servicio al cliente no es fácil, pero es una de las cosas más valiosas que puede hacer en su negocio.

El Ritz-Carlton se conoce globalmente por su cultura hacia los clientes y el foco que le dan a las experiencias que viven. El secreto del servicio al cliente incomparable del Ritz yace en que se han adherido estrictamente durante 100 años a cumplir «estándares de oro». Tienen la cultura entretejida en todo lo que hacen, incluyendo su juramento de «prestar el servicio personal y las instalaciones más elegantes para los huéspedes, quienes siempre disfrutarán de un ambiente cálido, relajado y refinado».

A menudo, cuando le preguntan a la gente qué compañía tiene la mejor experiencia para los clientes, dicen que Apple. Pero cuando Steve Jobs estaba abriendo las tiendas de Apple a principios de los 2000, envió a todos sus futuros administradores de tiendas a los entrenamientos de hospitalidad del Ritz-Carlton.

El éxito fenomenal de las tiendas Apple demuestra que adoptar prácticas de grandes compañías que estén por fuera de su industria puede producir resultados que cambian por completo el juego.

Cuando se enfoque en sus clientes y en los estándares de servicio al cliente, piense en C.A.R.E.

C – Cree un estándar

Necesita un servicio al cliente estándar que todo el mundo seguirá. Todo su equipo debe estar en la misma página al respecto. Invierta tanto tiempo como pueda aquí porque esta será la base de su negocio.

Piense en todos los aspectos del servicio al cliente. ¿Qué valor quiere dar? ¿Cómo manejará los problemas? ¿Qué protocolos tiene listos? Cree un estándar y haga que todo el mundo esté en la misma página. Eso elimina las conjeturas y asegura que sus clientes sean tratados con cuidado siempre.

Tener una cultura enfocada en los clientes evita las idas y venidas y empodera a su equipo para que resuelva los problemas a medida que sucedan.

A – Anticípese y atienda las necesidades de sus huéspedes

Si quiere clientes entusiastas, del tipo que no pueden dejar de hablar de su negocio, tiene que ir más allá de lo que necesitan. Debe ir más allá de los productos o servicios que ofrece.

Piénselo. ¿Qué sabe sobre sus clientes? ¿Cómo son sus familias? ¿Qué aman hacer? ¿A dónde van? Tener esta información lo ayudará a darles más valor. Puede ir un paso más allá y anticiparse a sus necesidades. De esa manera, cuando ellos vayan a usted, quedarán impresionados y no podrán evitar contarle sobre sus experiencias a más gente.

Cada cliente quiere sentirse visto. Ya sea gracias a un servicio añadido, a una pequeña recompensa o a un reconocimiento. Quieren saber que usted los ve y se interesa por ellos. Eso crea el servicio con valor añadido que ellos quieren y seguirán volviendo para obtener.

R – Recompense y reconozca

A los clientes les encantan las recompensas, pues hacen que sigan volviendo. Las recompensas no tienen que ser nada loco. De hecho, es mejor si las mantiene simples.

La forma antigua de hacer eso era a través de los programas de lealtad, lo cual es algo que puede seguir haciendo hoy en día. Ofrezca recompensas por referidos, compras frecuentes, número de visitas, pedidos de ciertos tamaños o por la cantidad de tiempo que llevan siendo clientes. Piense también en sus metas de ventas actuales.

¿Necesita más clientes? Recompense por referidos.

¿Quiere incrementar el valor de las transacciones o de los carritos de compra? Recompense de acuerdo a un escalón de gastos.

¿Quiere aumentar la frecuencia de compra? Recompense el número de visitas.

Recompensar a sus mejores clientes es mucho más barato y mejor que implementar otras estrategias de *marketing* y de adquisición de clientes.

Reconocer a sus clientes puede empezar con algo tan simple como tarjetas de cumpleaños, un código de descuento o regalos gratuitos en sus cumpleaños o cuando hacen pedidos grandes. Puede delegar a alguien especial de su equipo y hacer que su rol se centre exclusivamente en las experiencias de los clientes.

Los reconocimientos no tienen que costar mucho dinero. Una simple llamada telefónica por un cumpleaños o aniversario, una carta de pésame por la muerte de un ser querido o una tarjeta de felicitación por una ocasión especial. Son cosas pequeñas que, para sus clientes, pueden significar mucho.

E – Exceda las expectativas

Finalmente, vaya mucho más allá de lo que sus clientes se esperan. No haga grandes promesas y luego las incumpla. Eso crea clientes decepcionados y mala publicidad. En su lugar, sorpréndalos.

En vez de decir «le responderé en dos horas», cuando sabe que no podrá responder en las siguientes 24, cree la expectativa de que responderá en las próximas 48 horas. Cuando responda más pronto, esa se convertirá en una sorpresa placentera.

Sin importar cuál sea el problema, cree una situación en la que pueda exceder las expectativas. Y la mejor manera de encontrar cómo hacerlo es escuchando. Archivos de clientes, notas sobre conversaciones y preferencias de clientes, todas esas son cosas que puede analizar para luego superar las expectativas. Siempre será bueno para su negocio que vaya más allá y aplique un sistema para que pueda ser *consistente* haciéndolo.

Piense en C.A.R.E. para crear clientes de culto, clientes que seguirán volviendo sin importar las circunstancias porque los servicios que les ofrece no tienen comparación. Sea el negocio que va más allá, de modo que los clientes no puedan evitar hablar de usted.

Establecer estándares de servicio al cliente, asegurarse de que esos estándares y prácticas se usen a lo largo y ancho de su negocio e interactuar y empoderar a los empleados lo ayudará a crear la mejor experiencia de servicio al cliente.

Y quizás esté pensando que eso no es fácil, pero nada que valga la pena lo es.

En el 2022, las dos cosas principales para los estadounidenses más ricos fueron las acciones y las empresas privadas. Las empresas privadas son un motor poderoso de riqueza para aquellos que están en lo más alto. El 1% es dueño del 57% de las compañías privadas, de acuerdo con la Reserva Federal (Frank, 2022).

Los negocios pequeños son realmente la clave cuando se habla de las fuentes de su riqueza. Y los negocios pequeños pueden balancear la «inequidad de riqueza», pues están disponibles para todo el mundo.

No todo el mundo tiene decenas de miles de dólares para empezar a comprar acciones o comprar su primera propiedad de inversión, pero todo el mundo puede empezar un negocio.

Si quiere catapultarse hasta el nivel de los ricos, la forma más probable de que pueda llegar allí es, *de lejos*, empezar un negocio.

Vea la lista de Forbes 400. Hay unos pocos inversionistas (como Warren Buffett), pero la gran mayoría de las personas que están allí empezaron negocios o heredaron dinero de su familia, que empezó un negocio en su momento.

Puede que no tenga el objetivo de estar en la lista de Forbes 400. Pero la verdad es que es probable que incluso los estadounidenses que empiecen negocios «aburridos» (como de limpieza de canales, de lavados a presión, de paisajismo, de poda de árboles, de limpieza de hogares, de decoración festiva, de servicios de lavandería, de recoger desperdicios de animales, de talleres mecánicos, de asistentes personales o de limpieza de alfombras) se hagan más ricos que aquellos que solo se enfoquen en inversiones para su retiro.

Construir un negocio es un *hábito de riqueza* poderoso. Es el motor que mueve la economía estadounidense y es el motor que impulsará su economía personal mientras lo lleva hacia la riqueza que quiere y se merece.

HÁBITO DE RIQUEZA

4

Ahorrar en el camino hacia la riqueza

CAPÍTULO 12

No se trata de cuánto gana, sino de con cuánto se queda: cómo pagar la menor cantidad legal posible de impuestos

«La cantidad de impuestos que paga dependerá al final de si está educado o no con respecto al sistema».

Me conocen por estar obsesionada con darle la menor cantidad humana y *legalmente* posible de mi dinero al Servicio de Impuestos Internos.

¿Es porque odio al Servicio de Impuestos Internos y a los impuestos mismos?

Bueno, ¿quién no los odia? Pero ese no es el punto.

El punto es que la diferencia entre un empresario medianamente exitoso y un empresario realmente rico es cuánta atención le prestan a quedarse con más de lo que se ganan. Y los impuestos son una de aquellas áreas.

Puede tener muchísimas ganancias y mantener bajos sus gastos para ser rentable. Y entonces piensa: «¡soy rico!». Pero... ¿adivine qué? No lo será a menos que sea inteligente con respecto a sus impuestos.

La ignorancia sobre los impuestos es una de las maneras en las que veo cómo unos empresarios, que de otra manera serían exitosos, dejan que se les escape el dinero.

Junto a las deudas malas, los impuestos pueden ser otra puñalada directo al corazón de su riqueza.

¿Cómo demonios empezó todo esto y por qué no sabemos más al respecto?

Lo que sigue es una mirada rápida a la historia de los impuestos en los Estados Unidos.

Una historia breve

Durante la Guerra Civil de Estados Unidos, en 1861, se creó el primer impuesto a la renta como una manera de financiar la guerra. Subsecuentemente, en 1862, el Congreso aprobó la Ley de Impuestos Internos, la cual creó la Oficina de Impuestos Internos (que hoy se conoce como el Servicio de Impuestos Internos). Después del final de la Guerra Civil, el impuesto a la renta no tuvo un apoyo sustancial y se derogó solo diez años después, en 1872. Unos veinte años después de eso, empezaron a darse los siguientes pasos en la historia cambiante de los impuestos federales sobre la renta de la siguiente manera:

- En 1894: el Congreso estableció una tasa del impuesto a la renta del 2%, pero después fue revocado por la Corte Suprema.

- En febrero de 1913, los estados ratificaron la Decimosexta Enmienda a la Constitución, la cual le daba al Congreso el poder de fiscalizar la renta. Este nuevo sistema recolectaba impuestos sobre la renta en la fuente, tal como se hace hoy en día, pues los impuestos se retienen inicialmente del sueldo de una persona antes de que esos ingresos le lleguen al recipiente.

- En 1914: la Oficina de Impuestos Internos publicó el primer formato de impuesto a la renta (el Formato 1040). Aunque ha tenido modificaciones casi cada año desde 1914, el Formato 1040 aún es el formato del impuesto sobre la renta que más se usa hoy en día.

- En 1915: los miembros del Congreso y el público expresaron preocupaciones sobre la complejidad del formato del impuesto sobre la renta, pues decían que era difícil preparar y presentar las declaraciones.

- En 1916: la Ley de Impuestos Internos (de 1916) inició la práctica de ajustar las tasas de fiscalización y las escalas de ingresos. Originalmente, el impuesto sobre la renta era del 1% para la escala más baja (ingresos anuales de hasta 20.000 dólares) y del 7% para la escala más alta (ingresos anuales por encima de 500.000 dólares).

Marginal superior histórico de las tasas del impuesto sobre la renta

Año	Tasa del marginal superior	Año	Tasa del marginal superior	Año	Tasa del marginal superior	Año	Tasa del marginal superior
1913	7.00%	1948	82.13%	1983	50.00%	2018	37.00%
1914	7.00%	1949	82.13%	1984	50.00%	2019	37.00%
1915	7.00%	1950	84.36%	1985	50.00%	2020	37.00%
1916	15.00%	1951	91.00%	1986	50.00%	2021	37.00%
1917	67.00%	1952	92.00%	1987	38.50%	2022	37.00%
1918	77.00%	1953	92.00%	1988	28.00%		
1919	73.00%	1954	91.00%	1989	28.00%		
1920	73.00%	1955	91.00%	1990	28.00%		
1921	73.00%	1956	91.00%	1991	31.00%		
1922	58.00%	1957	91.00%	1992	31.00%		
1923	43.50%	1958	91.00%	1993	39.60%		
1924	46.00%	1959	91.00%	1994	39.60%		
1925	25.00%	1960	91.00%	1995	39.60%		
1926	25.00%	1961	91.00%	1996	39.60%		
1927	25.00%	1962	91.00%	1997	39.60%		
1928	25.00%	1963	91.00%	1998	39.60%		
1929	24.00%	1964	77.00%	1999	39.60%		
1930	25.00%	1965	70.00%	2000	39.60%		
1931	25.00%	1966	70.00%	2001	39.10%		
1932	63.00%	1967	70.00%	2002	38.60%		
1933	63.00%	1968	75.25%	2003	35.00%		
1934	63.00%	1969	77.00%	2004	35.00%		
1935	63.00%	1970	71.75%	2005	35.00%		
1936	79.00%	1971	79.00%	2006	35.00%		
1937	79.00%	1972	70.00%	2007	35.00%		
1938	79.00%	1973	70.00%	2008	35.00%		
1939	79.00%	1974	70.00%	2009	35.00%		
1940	81.00%	1975	70.00%	2010	35.00%		
1941	81.00%	1976	70.00%	2011	35.00%		
1942	88.00%	1977	70.00%	2012	35.00%		
1943	88.00%	1978	70.00%	2013	39.60%		
1944	94.00%	1979	70.00%	2014	39.60%		
1945	94.00%	1980	70.00%	2015	39.60%		
1946	86.45%	1981	69.13%	2016	39.60%		
1947	86.45%	1982	50.00%	2017	39.60%		

Nota: esta tabla contiene cierta cantidad de simplificaciones e ignora ciertos factores, como la cantidad de ingresos o los tipos de ingresos sujetos a las tasas más altas, así como el valor de las deducciones estandarizadas y desglosadas.

Fuentes: procedimientos de recaudación del Servicio de Impuestos Internos de Estados Unidos, varios años. También Eugene Steuerle, del instituto Urbano; Joseph

Pechman, *Federal Tax Policy*; Comité Conjunto de Recaudación, Resumen del acuerdo de la Conferencia sobre Trabajos y la Ley de Crecimiento Fiscal del 2003, JCX-54-03, mayo 22 del 2003.

Proporcionado por el Centro de Política Fiscal.

Las políticas fiscales, así como muchas otras políticas gubernamentales, son un terreno resbaladizo. La idea que empezó como una manera de financiar la guerra se ha convertido en parte del día a día de nuestras vidas. El código fiscal está cambiando todo el tiempo y ha sido enmendado o revisado más de 4.000 veces (un estimado) en los últimos 10 años. En 1913 era posible imprimir el Código Fiscal de Estados Unidos en una sola página. Hoy en día se necesitarían más de 6.871 páginas porque contiene más de 4,12 millones de palabras. ¡Un adulto promedio necesitaría casi dos semanas para leerlo!

Los impuestos son personales

La razón por la que es importante para mí enseñarle de este tema y ayudarlo a que lo entienda es porque el estadounidense promedio, o incluso un dueño de empresa, no tiene los recursos para contratar a un estratega o regulador fiscal de tiempo completo. Y tampoco tiene tiempo para investigar y digerir todas esas páginas del código del Servicio de Impuestos Internos, pero las corporaciones enormes sí lo tienen.

Las corporaciones tienen el tiempo y el dinero no sólo para aprovecharse de cada deducción y vacío legal, sino que tienen el poder de usar a su favor la ley fiscal y crear exenciones porque contratan lobistas para meterse en el bolsillo de quienes hacen las leyes.

Lo que la mayoría de los dueños de negocios no reconocen es que somos capaces de usar todas esas mismas deducciones y de reducir nuestros propios impuestos, pero la mayor parte del tiempo ni siquiera sabemos que esas opciones existen.

Podría escribir un libro entero sobre impuestos, pero este no es un libro sobre cómo planear esas fiscalizaciones. Mi meta es sencillamente ser de ayuda al explicarle las reglas de una manera muy fácil y desmenuzarle los temas más complicados para que sean muy básicos de entender. Porque cuanto más sepa sobre impuestos, más entenderá sobre cómo le aplican a usted y a su negocio, lo cual le significará más dinero que podrá ahorrar, cosa que, a su vez, le generará más riqueza.

Estos principios no le quitan importancia al rol tan vital que un estratega fiscal o un contador podrán desempeñar en su negocio. El código fiscal o las leyes fiscales cambian constantemente y la situación de cada persona es diferente y única.

Sin embargo, mi meta es ayudarlo a educarse sobre este tema, de modo que pueda hacer las preguntas apropiadas y tomar las decisiones más inteligentes a la hora de planear su estrategia fiscal.

Cuanto más sepa, menos terminará pagando

Si no está trabajando con alguien que sea muy hábil y se esté educando constantemente con respecto al código fiscal, en especial para empresas, eso le terminará costando mucho dinero.

Los estadounidenses pagan muchas clases de impuestos. Todos caen en dos categorías fiscales: directos e indirectos. Los impuestos directos incluyen los impuestos a la renta, los impuestos a las propiedades, los impuestos sobre las plusvalías y los impuestos sobre el patrimonio. Los impuestos indirectos son los impuestos recaudados por el consumo de bienes y servicios como el impuesto sobre las ventas, el impuesto a la gasolina, el impuesto sobre los cigarrillos y el alcohol y el IVA.

Pero, por cómo está diseñado el sistema de impuestos, la mayor cantidad de impuestos que usted pagará será sobre su renta: su trabajo (el formato W2).

Cuanto más rápido pueda tomar el dinero que se gana e invertirlo para crear ingresos pasivos o una cartera de ingresos (inversiones o propiedades para alquilar), menos impuestos tendrá que pagar y podrá quedarse con más en el bolsillo.

Hay tres cosas básicas más que nunca nos enseñan en la secundaria (o en la universidad, de hecho) y que necesitará saber:

1. Cómo funcionan las deducciones.

2. Por qué llevar una contabilidad adecuada es importante para su factura de impuestos.

3. Las banderas rojas y auditorías que nadie quiere.

Hablemos de cada cosa.

1. Cómo funcionan las deducciones

Una deducción fiscal reduce su ingresos imponibles y, por consecuente, la cantidad de impuestos que debe.

Cuanto más alta sea su categoría impositiva (el porcentaje de sus ingresos que debe en impuestos), más beneficiosa será la deducción fiscal.

Por ejemplo, si está en la categoría impositiva del 35%, una deducción de 1.000 dólares le ahorra 350. Pero si está en la categoría impositiva del 15%, solo le ahorrará 150 dólares.

Le explicaré esto.

Las condonaciones empresariales son deducciones fiscales. Escuchará que se intercambian los términos, pero se refiere a compras que se hacen y que son esenciales para mantener un negocio.

Estos gastos se restan de los ingresos para obtener el total de ingresos imponibles de una compañía. Cuantas más condonaciones haya, menos serán los ingresos que están sujetos a impuestos, lo cual reduce la cantidad de impuestos que se deben.

Los individuos autónomos incurren en muchos gastos cuando están creando un negocio y el Servicio de Impuestos Internos les permite condonar esos gastos, pues eran necesarios para que el negocio generara ingresos. Para que estos gastos puedan contarse como deducciones, deben ser «ordinarios y necesarios» para el negocio. Puede restar un dólar de sus ingresos empresariales imponibles por cada dólar que gaste cuando dichos gastos sean completamente deducibles.

¿Qué significa «ordinario y necesario»?

El Servicio de Impuestos Internos afirma que un gasto ordinario es uno que sea común y aceptado en su industria. Un gasto necesario es uno que es útil y apropiado para su profesión o negocio.

Los gastos ordinarios y necesarios pueden incluir cualquier cosa desde suministros para la oficina y seguros de responsabilidad civil hasta botas de trabajo y computadores.

Si alguna vez lo auditan, la categoría de «ordinario y necesario» es algo en lo que el Servicio de Impuestos Internos se fijará para determinar si puede acceder a deducciones. Será su responsabilidad demostrar las entradas, deducciones y declaraciones que hizo en sus formatos fiscales.

Esto se considera la carga de la prueba.

Recuerde: si lo auditan, debe ser capaz de probar (substanciar) ciertos elementos de los gastos para poder deducirlos.

Los seis puntos de una deducción de impuestos apropiada:

- **Lugar:** en dónde compró el objeto.

- **Momento del tiempo:** la fecha en la que compró el objeto.

- **Costo de la compra:** costo total de la compra para probar el gasto.

- **Presentar los documentos:** la versión digital o física de la factura.

- **Persona:** para quién fue el gasto (comidas, reuniones, eventos).

- **Propósito:** la razón de la compra.

La mayoría de las facturas tienen automáticamente los tres primeros puntos (lugar, fecha y costo), pero para que las deducciones sean legítimas (si lo auditan), especialmente para cosas como comidas y entretenimiento, necesitará el propósito y la persona para que su deducción sea válida.

Mi amigo Pat es un abogado fiscal y, entre sus muchas historias, tiene una sobre este tema específico.

Pat tenía un cliente que se encontraba en medio de una auditoría terrible, la cual resultó en que tuvo que ir a un tribunal tributario (un lugar en el que nunca queremos estar). Para prepararse para el tribunal, revisaron un grupo de facturas para ver si la documentación era suficiente para soportar esas deducciones. Mientras las revisaban, él se dio cuenta de que no estaban marcadas de una manera apropiada, lo cual pudo haber creado un resultado negativo en el tribunal tributario. Tener la documentación apropiada es crítico y no saber este tipo de información puede terminar costándole un *montón* de dinero.

Gastos que se deducen comúnmente

A continuación le dejaré una lista de los gastos empresariales más comunes, completamente deducibles y que son bastante estándar sin importar qué clase de negocio tenga:

- Tarifas de contabilidad.

- Publicidad y *marketing*.

- Cargos bancarios.

- Entretenimiento empresarial.

- Seguros empresariales.

- Comisiones y costos de ventas.

- Gastos de consultoría.

- Costos de continuar la educación profesional.

- Costos laborales contractuales.

- Tarifas de crédito y de cobro.

- Costos de envío.

- Cuotas y suscripciones.

- Electricidad.

- Programas de beneficios para los empleados.

- Alquiler de equipos.

- Seguros.

- Intereses pagados.

- Suscripciones de internet, nombre de los dominios, alojamiento web.

- Tarifas legales.

- Licencias.

- Mantenimientos y reparaciones.

- Muebles de la oficina.

- Planes de pensiones y de reparto de los beneficios.

- Servicios postales.

- Gastos de impresión y copias.

- Alquiler.

- Salarios, pagos y otras compensaciones.

- Seguridad.

- *Software*.

- Impuestos.
- Teléfonos.
- Viajes.
- Costos de indemnización laboral.

Gastos empresariales no deducibles

Algunos gastos empresariales están directamente relacionados con operar un negocio, pero no son deducibles bajo ninguna circunstancia. Son cosas como:

- Pagos ilegales (sobornos o comisiones clandestinas).
- Multas y penalidades.
- Costos lobistas o contribuciones políticas.
- Cuotas o tarifas de membrecías que pague por clubes sociales que no estén relacionados con su tipo de negocio.

Revise la Publicación 535 sobre Gastos Empresariales en la página web del Servicio de Impuestos Internos (www.irs.gov) para obtener información más profunda sobre los gastos no deducibles.

Ahora que es autónomo, conozca a su némesis: el señor Impuesto de Autónomo

El impuesto para los autónomos se refiere al Medicare y los impuestos de Seguridad Social que los autónomos deben pagar. Eso incluye a los *freelancers,* a los contratistas independientes y a los dueños de pequeños negocios.

La tasa actual del impuesto de autónomos es del 15,3%, que incluye un 12,4% por la Seguridad Social y un 2,9% por el Medicare. Se le suma un 0,9% adicional a la tasa de impuesto por el Medicare si sus ingresos netos de autónomo exceden los 250.000 dólares, si está casado y presenta una declaración conjunta o si exceden los 200.000 dólares y presenta una declaración individual.

Los empleadores y los empleados comparten el impuesto sobre los autónomos y cada uno paga el 7,65%. Las personas que son completamente autónomas o que son dueñas de un negocio deben pagar ellas mismas todo el 15,3% (esto depende de cómo está estructurado su negocio; consulte el capítulo 9 para saber más sobre cómo reducir esto).

Cómo evitar la doble fiscalización: una explicación

Hablamos bastante de esto en el capítulo 9, en la sección de estructuras de negocios, así que devuélvase y revise esas páginas si necesita un recordatorio de los términos.

La razón por la que necesito añadir esto aquí es por las implicaciones fiscales y cómo se aplican a los dueños de pequeños negocios.

Las corporaciones siempre van a pagar la mayor cantidad de impuestos, por eso se conocen como las corporaciones con doble fiscalización. Les cobran los impuestos corporativos y los impuestos personales. Impuestos dobles.

Sin embargo, una corporación de tipo S no tiene que pagar impuestos corporativos y sólo paga impuestos de autónomos sobre sus salarios.

Por ejemplo, digamos que actualmente se gana 100.000 dólares en su negocio (como propietario único). Si está operando como un propietario único o como una empresa individual, todas esas ganancias de 100.000 dólares están sujetas al impuesto de autónomo, que actualmente es del 15,3%. Es decir, terminaría pagando 15.300 dólares sólo por ese impuesto.

Entonces digamos que eligió declarar como una corporación de tipo S y que se paga a usted mismo un salario que es normal y corriente en su industria: 40.000 dólares. Su *salario* está sujeto a ese impuesto de autónomos del 15,3%, lo cual resultarán siendo 6.120 dólares, los cuales pagará como impuesto de autónomos. Pero los 60.000 dólares restantes no estarían sujetos a ese impuesto de autónomos. ¡Este cambio en su estructura empresarial le acaba de ahorrar más de 9.000 dólares en impuestos!

Hay mucho que rastrear cuando se trata de sus impuestos. Por eso mantener una contabilidad apropiada es crítico. Y es la razón por la que la contabilidad es una de las cosas más importantes que debe tener en su negocio, pues, sin ella, ¡no será capaz de aprovecharse de las deducciones que le he estado mencionando en este libro! Esto resulta en que usted deja miles de dólares sobre la mesa y paga más impuestos de los que necesita pagar.

2. Por qué llevar una contabilidad adecuada es importante para su factura de impuestos

Llevar una contabilidad adecuada es el alma de su negocio. Es esencial por cinco razones:

1. Hace que sus deducciones sean más defendibles frente al Servicio de Impuestos Internos y, por lo tanto, lo ayuda a aprovecharse de más deducciones.

2. Le permite tomarle siempre el pulso a su negocio e identificar áreas problemáticas antes de que se salgan de control.

3. Le permite prevenir desastres de flujo de cartera que podrían hundir su negocio.

4. Es esencial para vender su negocio, atraer inversiones o atraer a un socio.

5. Le puede ayudar a identificar malversaciones u otros problemas en su negocio, como gastos descuidados por parte de sus empleados.

Como alguien a quien sus empleados le han malversado los fondos en más de una ocasión en los últimos 25 años, no puedo dejarle más claro cuán importante es ese último punto. *No* piense que eso no le puede pasar a usted. Incluso cuando maneja constantemente sus finanzas, puede pasarle. Pero si no entiende los números o no los monitorea de manera regular, será incluso más fácil que aparezcan los problemas.

Convierta su miedo de conocer los números en algo divertido.

Lo que voy a compartirle es una cosa pequeña que he hecho, y que casi no me ha fallado, durante más de 20 años.

Conocer sus números y desarrollar sabiduría financiera no tiene que ser terrible y aburrido. Puede ser sexy, divertido y algo que anhele hacer (*e, incluso si no tiene un negocio, ¡puede hacer eso con sus certificados financieros personales!*).

Haga una reunión sobre el estado de las cosas

Es parte de la naturaleza humana el ignorar lo que no entendemos o lo que no disfrutamos.

Hacer una reunión sobre el estado de las cosas es algo que comencé a implementar hace décadas y que cambió radicalmente mi negocio y mi riqueza personal.

Mantenerse al día y tener una imagen financiera actual de sus finanzas es esencial tanto para su negocio como para sus finanzas personales. Lo ayuda a tomar decisiones informadas que tienen el potencial de crear un gran impacto sobre su negocio, su crecimiento y su balance final. Lo ayuda a saber qué está funcionando, en qué está gastando demasiado y en qué áreas puede recortar gastos.

El corazón de los negocios son los números y esos números le cuentan una historia. Si quiere estar en un negocio o construir una riqueza personal duradera, tendrá que entender esa historia financiera.

Tómese el tiempo de invertir en las habilidades que todo el mundo necesita para construir una riqueza duradera.

Y si le parece que la información financiera es intimidante o lo asusta, no está solo. La mayoría de los emprendedores con los que trabajo solían evitar sus números como si fueran la peste. Pero una vez que empezaron a aprender sobre ellos y a hacer las reuniones sobre el estado de las cosas, se dieron cuenta de que no era tan atemorizante, sino algo que anhelaban. ¡Y la única manera de aprender algo nuevo es empezar a hacerlo!

Lo importante aquí es que usted se merece lo mejor. Se merece volverse rico. Y conocer sus números lo ayudará a llegar allí más rápido. Invertir en este conocimiento le creará una confianza inamovible en su negocio y sus finanzas personales.

Hay cuatro pasos para que pueda organizar su propia reunión del estado de las cosas:

1. Agende una reunión con usted mismo una vez al mes. Idealmente debería ser antes del día 10 y no más allá del día 15 de cada mes (de esa manera le dará tiempo suficiente a su contador para que incluya sus movimientos bancarios del mes anterior).

2. Prepare e imprima sus tres certificados empresariales financieros más críticos (o cuatro si tiene inversionistas), así como sus conciliaciones bancarias (si aún no tiene un negocio, revise los reportes financieros y cualquier gasto, como tarjetas de crédito o pagos de préstamos, de sus cuentas personales).

3. Prepare e imprima sus reportes de puntos de venta y/o los informes de gestión de la relación con los clientes (los puede sacar del sistema o *software* en el que procesa y registra las compras), así como los datos correspondientes a las ventas, los clientes o los empleados. La meta es obtener todos los reportes necesarios para crear una imagen completa de su negocio.

4. La mejor parte. Mi parte favorita. Vaya a un restaurante, un complejo hotelero, una cafetería o bébase una copa de vino frente a un paisaje y llévese todos los documentos consigo. Salga de la oficina. Haga que esta sea una cita recurrente de dos horas con usted mismo cada mes. Ponga el celular en silencio y déjelo bocabajo. Revise todos los datos y empiece a escuchar lo que los números tienen por decirle.

Tip profesional: este es un gran momento para también registrar las actas en su libro corporativo.

La mayoría de los estados requieren que las corporaciones de tipo S mantengan actas de reuniones. Dependiendo del estado en el que viva, es probable que le pidan que haga reuniones regulares con los accionistas y que haga actas de esas reuniones. Si alguna vez lo demandan o lo involucran en una demanda, cualquier abogado corporativo bueno le pedirá que le deje ver su libro empresarial en un esfuerzo por desacreditar su negocio y levantar el velo de cualquier corporación o empresa de responsabilidad limitada que pueda tener.

Levantar el velo

Levantar el velo corporativo (rodear la entidad empresarial diseñada para protegerlo y perseguir a los dueños mismos del negocio) es lo que todos los abogados intentarán hacer y aquello de lo que todos los dueños de negocios tienen que protegerse. Si logran hacer esto, lo dejarán expuesto a responsabilidades personales y la corte podrá responsabilizarlo a usted (y a cualquier otro dueño o accionista) por las acciones o deudas de la corporación.

Mi amigo Cody es un abogado empresarial y un litigante con la actitud de un *pit bull*. Es un tipo al que querrá protegiéndolo, pero no alguien que quiera tener en contra en una corte. Ha atravesado empresas de responsabilidad limitada y corporaciones en incontables ocasiones y ha sido capaz de ir contra los dueños personalmente.

Cody y yo estábamos hablando sobre un caso en el que el velo corporativo se levantó con éxito porque el dueño no fue cuidadoso con sus finanzas.

El dueño del negocio había estado en la industria durante 20 años. Su corporación accedió a prestarle un servicio a un cliente, que era una compañía de construcción. La compañía de construcción obtuvo una sentencia de 400.000 dólares contra la corporación por un incumplimiento de contrato, pero fue incapaz de cobrar el dinero. Entonces la compañía de construcción interpuso un nuevo recurso para levantar el velo de la corporación y poder cobrarle personalmente al dueño.

Las cortes pueden trabajar para saltarse esa protección contra la responsabilidad «si la corporación está subcapitalizada, si carece de libros contables individuales, si sus finanzas no se mantienen separadas de las finanzas individuales o las obligaciones individuales son pagadas por la corporación, si la corporación se usa para promover fraudes o ilegalidades o si no se siguen las formalidades corporativas» (Tidgren, 2018) (por eso hago énfasis en la importancia de llevar contabilidades y finanzas separadas).

En este caso, la corte revisó cada formalidad y cada cuenta. No encontró evidencia suficiente que pudiera establecer el negocio como uno subcapitalizado o como uno infrafinanciado a propósito por el demandado. El negocio había operado durante 20 años. No encontraron que hubiera ocurrido ningún fraude porque el dueño y la corporación se reconocieron como legítimos. Pero encontraron evidencia que demostró que el dueño no mantenía una *entidad separada* de los negocios y, por lo tanto, la decisión de la corte fue que el velo corporativo debía levantarse.

Desafortunadamente, aunque el dueño del negocio mantenía una cuenta bancaria separada para la empresa, también mezclaba esos fondos con sus finanzas personales. El dueño usaba las cuentas de manera intercambiable para las transacciones de la corporación en cuestión y para sus otros negocios.

El demandado no llevaba registros claros de sus libros de contabilidad y tampoco seguía las formalidades corporativas requeridas. No pudo presentar un registro de los estatutos, de las minutas corporativas o un libro de los accionistas, ni documentación alguna de una reunión de accionistas de la corporación.

El dueño sí presentó reportes bianuales después del 2000, pero a menudo los reportes fueron registrados después de la fecha límite. Como resultado, la corporación se reinstauró administrativamente tres veces. El no seguir las formalidades corporativas no fue bueno para el caso del dueño y le dio más peso a los otros factores.

Los detalles de este caso demuestran con claridad que las protecciones corporativas aplican solo para los negocios que sigan las leyes existentes. Recuerde que proteger la responsabilidad del dueño requiere que las finanzas empresariales y personales (incluyendo los libros contables específicos de cada entidad) se mantengan separadas. La ley es clara sobre este tema. Esto es lo más importante: adhiérase a las formalidades de ser dueño de una corporación, incluyendo la presentación de los reportes requeridos, hacer las reuniones pertinentes y mantener los libros contables adecuados (de accionistas, finanzas y demás) a la fecha y con precisión. En general, las compañías de responsabilidad limitada requieren de menos formalidades. En este caso, no obstante, los resultados habrían sido los mismos incluso si la corporación hubiera sido una compañía de responsabilidad limitada. Nunca mezcle los gastos empresariales y personales. La manera más rápida de perder la protección contra las responsabilidades es pagar cosas personales con las cuentas empresariales y no mantener libros contables separados. Si esto sucede, los activos personales de los accionistas (casas, carros, ahorros personales) pueden estar expuestos a esas responsabilidades y a las deudas de la corporación.

Tener que llevar actas puede parecer algo trivial, particularmente para corporaciones pequeñas de tipo S, pero no hacer actas de reuniones, según las leyes de su Estado, puede conllevarle consecuencias serias.

Puede que las compañías de responsabilidad limitada no se vean obligadas a llevar actas, pero es posible que, dependiendo del estado en el que se encuentre, deba tener reportes anuales y otro tipo de documentación. Use su reunión sobre el estado de las cosas para revisar esos temas. Además, las actas registradas lo ayudarán a ser disciplinado y le servirán como protección si alguna vez se ve expuesto a una demanda. Puede encontrar libros buenos sobre compañías de responsabilidad limitada o corporaciones en Amazon. Mis favoritos los tengo recopilados en: www.candyvalentino. com/shop.

Los negocios siempre se reducen a los números y los datos

Manténgase al día con sus números, pero recuerde que no tiene que hacer el trabajo duro de registrar los datos y la contabilidad usted mismo. La contabilidad es un ejemplo perfecto de algo que debería externalizar hacia profesionales para liberar algo de su tiempo.

Pero a menos que sea capaz y tenga muchos sistemas en pie, el único rol que jamás querrá externalizar es el de «mantenerse al día con sus números». Es una manera fácil de alejarse del negocio mientras deja que los gastos se salgan de control o tenga problemas con robos o malversaciones. Los malversadores, los ladrones y la gente deshonesta en general *aman* a los dueños de los negocios que ignoran sus números y externalizan el esfuerzo de mantener un ojo de águila sobre el panorama de su negocio.

Un contador es diferente a un estratega fiscal o un preparador fiscal.

Por ejemplo, un estratega fiscal me contó por primera vez sobre la «Regla Augusta», que me permite alquilarle mi propia casa a mi negocio sin incurrir en impuestos. Y la Sección 179 es una estrategia para deducir una gran porción de los vehículos, incluyendo algunas camionetas de lujo.

A diferencia de un preparador fiscal, un consejero y estratega fiscal hará que su trabajo valga cada centavo que le paga.

¿Cuál es la diferencia? Si le están preparando sus impuestos, está operando de una manera reactiva *después* de que su año empresarial ha acabado. Si no está planeando sus impuestos proactivamente con reuniones mensuales, trimestrales o semianuales, va a perderse la oportunidad de usar unas estrategias de reducción de impuestos masivas y meterá cientos, miles o incluso cientos de miles de dólares en los bolsillos del Servicio de Impuestos Internos en lugar de mantenerlos en los suyos.

Contratar a alguien que se enfoque en estrategias fiscales y que lo mantenga al día con los impuestos empresariales es una de las inversiones más importantes que puede hacer. Vaya a www.candyvalentino.com para encontrar ayuda con respecto a estrategias fiscales empresariales.

3. Las banderas rojas y las auditorías que nadie quiere

Una de las ideas erróneas más comunes sobre las auditorías es cuán a menudo suceden y cuáles son *sus* posibilidades de recibir esa temida carta por parte del Servicio de Impuestos Internos. Tantas personas se preocupan por la posibilidad de enfrentarse a una auditoría que dejan miles de dólares en la mesa y pagan impuestos de más.

Sin embargo, en el 2021, el Servicio de Impuestos Internos auditó menos de la mitad del 1% de las declaraciones. Solo el 0.4% de todas las declaraciones fueron auditadas.

Este porcentaje sube a medida que gane más dinero; sin embargo, la tasa de auditoría siguió siendo de menos del 1% para aquellos que tuvieron hasta un millón de dólares de ingresos.

En promedio, el 1 o el 2% de los negocios es auditado cada año (la probabilidad puede ser un poco mayor o menor dependiendo del valor de su declaración). Mi punto es que la posibilidad de enfrentarse a una auditoría para la mayoría de la gente es baja. No obstante, si está en un negocio durante 10 o 20 años o si tiene un salario alto, la probabilidad acumulada de que lo auditen es más alta, obviamente.

El Servicio de Impuestos Internos usa un sistema computarizado, llamado Función para el Inventario Discriminante, para monitorear los pagos de impuestos.

Una de las maneras más comunes para desencadenar una auditoría es tener una cantidad desproporcionada de contratistas (formato 1099) en contraste con los empleados (formato W2). Por supuesto, esta puede ser la realidad legítima de su negocio y, si es así, puede defenderse.

Sin embargo, si tiende a ser «liberal» con respecto a quién clasifica como un contratista para evitar impuestos de nómina, no lo haga. Lo último que quiere es desencadenar una auditoría por razones que no puede defender. Aclaremos las principales distinciones entre un contratista y un empleado.

Aunque la determinación a menudo depende de una serie de factores (y ningún aspecto individual puede ser decisivo), algunos de los factores principales que sugieren que su trabajador es un empleado, y no un contratista, son los siguientes:

1. Usted ejerce control sobre cómo se comporta el trabajador. Esto significa que generalmente les dice qué hacer («por favor, diséñeme un logo»), pero también cómo, cuándo y dónde hacerlo («por favor, diséñeme un logo. Y debe usar estos pasos específicos, estas herramientas específicas y tiene que hacerlo en su escritorio, en su oficina, entre estas horas específicas»).

2. Usted ejerce control financiero sobre el trabajador. Usted es su fuente principal de ingresos e impide (por cláusulas de no competencia) que busquen un trabajo similar dentro de su industria. Usted le pide (y le garantiza) un número específico de horas de trabajo por semana).

3. Su acuerdo tiene otros elementos que hacen que esa parezca una relación de empleo: beneficios de salud, días de vacaciones pagados, días de permiso por enfermedad, beneficios de retiro. El trabajo no tiene fecha de caducidad y se espera que la duración vaya más allá de proyectos específicos. El trabajador está llevando a cabo una función

central en su negocio. Por ejemplo, si usted es una firma legal y el trabajador está laborando directamente con los clientes de su firma y bajo la marca y logo de su firma.

Deducciones que hacen que el Servicio de Impuestos Internos examine su declaración un poco más de cerca

Aunque el Servicio de Impuestos Internos solo auditó el 0,4% de las declaraciones del 2021, muchas personas viven con miedo de recibir una carta por parte de ellos en la que cuestionen algún ítem de su declaración. Por la posibilidad de enfrentarse a una auditoría por parte del Servicio de Impuestos Internos, muchas personas dudan sobre si reclamar todas las deducciones fiscales a las que tienen derecho. Al hacer eso, están dejando su dinero sobre la mesa (U.S. News y World Report, 2022).

Sí, usted debería deducir todos los gastos legítimos, pero el *software* tipo Gran Hermano del Servicio de Impuestos Internos vigila de cerca los negocios que reclaman grandes deducciones.

Mantenga registros meticulosos para cada gasto relacionado con lo siguiente:

Trabajo en casa: una de las deducciones de impuestos más comunes que la gente deja sobre la mesa es la deducción por el trabajo en casa.

Puede deducir sus gastos reales, incluyendo una porción de los intereses hipotecarios, los seguros de propiedad o de alquiler y los servicios (gas, electricidad, recolección de basuras, internet, etc.) dependiendo del área de su casa que use como oficina. Mantenga registros de todos esos gastos. Se ha sabido que el Servicio de Impuestos Internos monitorea esos *muy de cerca*. Nunca haga deducciones que no sean legítimas.

La alternativa es esta opción simplificada: 5 dólares por pie cuadrado de su lugar de trabajo en casa, hasta 300 pies cuadrados, para una deducción máxima de 1.500 dólares.

Ejemplo de la vida real: digamos que tiene una casa de 3.000 pies cuadrados y una oficina de 300 pies cuadrados (un 10% del tamaño total). Podría deducir el 10% de todas las facturas correspondientes, lo cual le permitiría quedarse con unos 1.500 o 2.000 dólares en su bolsillo, en lugar de dárselos al Tío Sam.

Es importante que trabaje con un profesional de impuestos sabio y que entienda los impuestos empresariales. Esto solía ser una bandera roja común que los contadores notaban, pero en la era moderna en la que todo el mundo trabaja desde casa puede ser una deducción real y muy válida para quienes son dueños de un negocio.

Para calificar, usted debe usar parte de su casa «regular y exclusivamente» para su negocio. No tiene que ser una habitación separada, pero tiene que ser un espacio que no use para nada más que para ser su oficina.

Comidas y entretenimiento: ya pasaron los días en los que se llevaba a los clientes a clubes de *striptease* porque en el 2018 el Gobierno notó este abuso y las deducciones por entretenimiento se desaprobaron por completo. Sin embargo, en el 2022, usted puede deducir el 100% de las comidas (platos y bebidas) que hayan sido compradas en un restaurante. El 100% de esta deducción expirará el 31 de diciembre del 2022 y volverá a la cantidad prepandemia del 50%. El Servicio de Impuestos Internos cree que las deducciones para las comidas empresariales son particularmente propensas a usarse mal, de manera que debe documentar estas deducciones de una forma meticulosa usando los seis puntos para hacer deducciones apropiadas que le mencioné antes en el capítulo. Además, documente cada una con el propósito y la persona que la consumió (puntos que no estarán incluidos en la factura).

Muchas transacciones en efectivo o grandes transacciones en efectivo: si tiene un negocio basado en el efectivo, las transacciones en efectivo son inevitables, pero mantenga unos registros meticulosos. Y si tiene un maletín con cientos de dólares y quiere comprar algo que luego vaya a deducir con eso, ¡probablemente será mejor que lo deposite primero en el banco y use un cheque!

Los auditores del Servicio de Impuestos Internos vigilan de cerca los negocios que reciben pagos en efectivo: supermercados, restaurantes, camiones de comida rápida, concesionarios y talleres de carros, peluquerías y *spas*, empresas de paisajismo y estaciones de gasolina. Están interesados particularmente en ingresos no reportados y en la contabilidad incorrecta del costo de los bienes vendidos. Si está en uno de esos negocios, sea muy cuidadoso.

Y recuerde que se requiere que cualquier transacción de efectivo de más de 10.000 dólares hecha en un banco, concesionario de carros, profesión o negocio se reporte al Servicio de Impuestos Internos usando el Formato 8300. Querrá evitar eso a toda costa.

Declaraciones modificadas: el Servicio de Impuestos Internos ve de manera sospechosa las declaraciones modificadas (porque indican que no fue cuidadoso con su contabilidad), las declaraciones tardías y los impuestos sobre las nóminas atrasados (que indican desorganización) y las declaraciones en papel (pues es más probable que contengan errores). Si la cantidad que va a ganar por la modificación es trivial, quizás sea mejor que evite ese riesgo adicional. Además, en estos días, ¡no hay ninguna razón para presentar una declaración en papel!

Donaciones caritativas: todos amamos las grandes caridades que hacen un muy buen trabajo en el mundo. Y donar a causas caritativas que significan mucho para usted es un hábito de riqueza importante. Sin embargo, si es más generoso de lo normal con sus donaciones empresariales, el Servicio de Impuestos Internos puede sentir escepticismo. Asegúrese de obtener una carta de reconocimiento del 501c3 por cualquier donación de efectivo o incluso donaciones sustanciales en especie (no efectivo).

Pérdidas empresariales: puede deducir un montón de gastos de su negocio. Sin embargo, el Sistema de Impuestos Internos quiere asegurarse de que no creó un negocio sólo con el propósito de obtener deducciones. Si demuestra pérdidas netas año tras año o ganancias que apenas se acercan al nivel de la rentabilidad, eso puede crear dudas y propiciar una auditoría. La regla general aquí es que reportar pérdidas en más de dos años, cada cinco, es una bandera roja. Si la pérdida no es tan grande, quizás quiera considerar no deducirlas y reportar unas pequeñas ganancias. También renunciará a la pérdida de arrastre del año siguiente, pero de esa manera evitará una de las grandes banderas rojas para las auditorías.

No reportar las operaciones bursátiles: a menos que las inversiones estén en una cuenta de impuestos diferidos, las operaciones son fiscalizables cuando vende las acciones. La mayoría de las firmas le enviarán un formato 1099B y tendrá que reportar las plusvalías y minusvalías.

Criptomonedas: el Servicio de Impuestos Internos ve cada vez más las criptomonedas como un foco de evasión de impuestos. Si hace transacciones, ventas o gasta en criptomonedas, asegúrese de llenar el Formato 8949 de Ventas y Otras Disposiciones de Activos de Capital. Desafortunadamente, incluso si usa una criptomoneda para comprar algo, eso se considera un evento fiscalizable que está sujeto a plusvalías y minusvalías. Descifrar el costo base de cada venta en las diferentes plataformas que quizás use puede ser difícil. Afortunadamente, hay muchos programas que pueden calcular y llenar sus impuestos por las criptomonedas de una manera fácil.

Errores matemáticos y generales: si está usando muchos números redondeados, seguro está haciendo estimaciones con sus números y el Servicio de Impuestos Internos puede sentir escepticismo. Siempre asegúrese de revisar todo dos veces y de buscar errores simples, como errores matemáticos, números redondeados, su nombre en la línea equivocada o un error en su número de Seguridad Social. Recuerde que siempre debe reportar todos sus ingresos. Los ingresos de los formatos 1099 o W2 siempre se reportarán frente al Servicio de Impuestos Internos. Ellos pueden revisar con facilidad los ingresos reportados de empleadores, bancos y corredores de bolsa y compararlos con su declaración. Revise siempre que todo sea exacto y trabaje con un profesional.

Uso empresarial de un carro personal: si está haciendo esto, tendrá que documentar las millas y el propósito empresarial de cada trayecto empresarial que haga. Puede usar la tasa estándar de millaje o la tasa real de gastos para determinar la cantidad que podrá deducir. Si tiene un carro que *sólo* usa para propósitos empresariales, puede que sea capaz de deducir su costo completo. El tema número 510 en irs.gov tiene más detalles al respecto.

Uso empresarial de un celular personal: tiene que documentar el *porcentaje* del uso del celular que le corresponde al negocio, lo que significa que literalmente debe registrar los minutos de cada llamada, tanto empresarial como personal, para sacar el porcentaje. De nuevo, ¿quién tiene tiempo para eso? Es mucho más fácil tener un celular diferente para los negocios que intentar rastrear el porcentaje en el que usa su celular personal para su empresa.

Salario de corporación de tipo S: si usted es una corporación de tipo S, tendrá que pagarse a sí mismo un «salario razonable» para su campo. Si se da un salario inusualmente bajo para evitar la Seguridad Social u otros impuestos, el Servicio de Impuestos Internos lo notará y este comportamiento ciertamente aumentará las posibilidades de una auditoría.

Actividades que se salgan de lo ordinario: si ha estado presentando declaraciones empresariales por algún tiempo y de repente tiene un gran aumento en las deducciones, eso puede verse sospechoso. Si de un momento a otro descubrió una categoría enorme de deducciones y quiere priorizar el evitar el dolor de cabeza que implica una auditoría, probablemente lo más sabio sea usarlas gradualmente con los años y no deducir todo de golpe de un año a otro. Pero si son deducciones legítimas, si tiene sentido para usted reducir sus ingresos fiscalizables en este momento y si puede sustanciar esas deducciones, asegúrese de que tenga todos los documentos necesarios en caso de que le pidan pruebas. El Servicio de Impuestos Internos comparará sus deducciones con las de otros en su categoría impositiva y su tipo de industria. Tener libros contables que estén al día es crucial para su negocio si alguna vez debe probar que sus deducciones son legítimas.

Mi punto es este: no deje dinero en la mesa cuando se trata de reclamar deducciones. Aprovéchese de las que pueda tomar legalmente. Tenga registros claros, prepare toda la documentación y trabaje con un estratega fiscal profesional. Nadie quiere pagar un brazo y una pierna para que le hagan sus impuestos, pero nadie quiere pagar más impuestos de los que se supone que tiene que pagar. Y un atajo que *no* querrá tomar es intentar ahorrarse unos cuantos dólares al hacer su declaración usted mismo.

Recuerde que cada dólar que pueda deducir de sus ingresos imponibles es un dólar que puede usar para seguir invirtiendo, contratar más personal, desarrollar más productos y servicios y continuar construyendo su negocio. Esa es la razón por la que reducir sus impuestos y quedarse con más del dinero que se gana es un *hábito de riqueza* que no puede ignorar.

CAPÍTULO 13

Tres estrategias secretas sobre impuestos que parecen ilegales (pero que, de hecho, ¡son completamente legales!)

S oy una ciudadana que cumple las leyes.

También adoro usar estrategias sobre impuestos y vacíos perfectamente legales que me hacen pensar: «¿cómo demonios es que esto es legal?».

Bueno, yo no hago las reglas. El Servicio de Impuestos Internos las crea. Pero si van a hacer reglas que suenen demasiado buenas como para ser ciertas (pero que son, de hecho, ciertas), puede apostar a que yo me voy a aprovechar de ellas. ¡Y usted también puede hacerlo!

Entiendo que estos secretos sobre los impuestos (como deducir una camioneta de lujo o unas casas vacacionales) no son para todo el mundo si usted apenas está empezando su negocio. Son más útiles para aquellas personas que ya hayan avanzado con sus ganancias empresariales.

Pero si usted sigue los otros pasos que están en este libro y construye su negocio de la manera correcta, podrían ser relevantes para usted también muy pronto.

Estos secretos sobre los impuestos no sólo lo emocionan por mostrarle lo que es posible, sino que también le enseñan una lección importante: el código de impuestos está escrito para ayudar a los dueños de negocios y a la gente rica.

Quizás piense «¡eso no es justo!», pero es una buena razón para convertirse en dueño de un negocio y para empezar a construir los *hábitos de riqueza*, de modo que pueda hacer que el código funcione para usted también.

Por favor, tenga en cuenta que todos estos dependerán de que usted sea dueño de un negocio. Y, como siempre, no soy una profesional de los impuestos. Soy una mujer de negocios que llegó a donde está por mérito propio, que se dedicó a investigar (muchísimo) y que ha usado estas estrategias una y otra vez. Pero siempre debería consultar a su profesional de los impuestos antes de usar cualquiera de estos secretos. Muy bien, ahora que ya he puesto los avisos legales para los abogados, empecemos con esto.

1. Una deducción de impuestos en la sala de juegos: contrate a sus hijos por 12.000 dólares al año. Cada uno será deducible de sus impuestos y no implicará impuestos para ellos

Mi clienta Caroline tiene tres hijos: una niña de 9 años y dos niños, uno de 11 y otro de 13 años. Estaba tomando la desgravación actual por hijos de 2.000 dólares por cada uno, lo cual le implicaba una exención fiscal de 6.000 dólares al año.

Caroline tenía un pequeño negocio en el que vendía tazas, camisetas y otros objetos con mensajes y bromas graciosas y sarcásticas en ellos. Estaba vendiendo su mercancía en Amazon, en su propia tienda de Shopify y con otras páginas de ventas en línea.

Le pregunté: «¿hay alguna razón por la que no tengas a tus hijos en la nómina?».

Caroline dijo: «¿a qué te refieres? ¡Nunca he escuchado de esa posibilidad!».

Los niños ya estaban trabajando en el negocio y hacían cosas variadas. La niña de 9 años era más madura (tal como las niñas suelen serlo a esa edad… Yo lo dejo ahí) 😌. Entonces la mamá le dio trabajos más «prestigiosos», como ordenar el inventario cuando llegaba, llenar paquetes o marcar los envíos.

Los niños hacían trabajos más «pesados», como empacar las cajas más grandes que se iban para los vendedores, limpiar la oficina y barrer las aceras de afuera de la casa.

Por mi sugerencia, Caroline incluyó a sus tres hijos en la nómina, cada uno con una descripción de trabajo y les pagó 1.000 dólares al mes. Esa fue una deducción de 36.000 dólares para su negocio (si tienen menos de 12.000 dólares de ingresos cada uno, sus hijos no deben pagar impuestos por eso).

Pero aún más importantes que la deducción de impuestos eran todas las cosas que sus hijos estaban aprendiendo. Es lo que yo llamo la **regla del 50/25/25.**

Caroline amó este concepto e hizo el siguiente trato con sus hijos: la mitad de lo que se ganaban, el 50%, lo ahorraron y lo invirtieron a través de una cuenta de retiro individual tipo Roth custodiada que ella creó para ellos. Eso fue suficiente para encaminarlos hacia el éxito.

Invertir 500 dólares al mes puede resultar en algo cercano a los 200.000 dólares en su cuenta de retiro individual tipo Roth (dependiendo de cuándo se empezó) cuando tengan 18 años. Esta les da un retorno de solo el 7%, el cual es más bajo que las tasas de crecimiento histórico de la bolsa de valores. E incluso si no añaden otro centavo a la cuenta, esa misma cantidad se convertirá en *millones* para cuando tengan 65 años y sea momento de retirarse. Ese es el poder de los intereses compuestos. Son pasos como estos los que no sólo encaminan a sus hijos hacia el éxito, sino que ¡les enseñan las habilidades y la importancia de entender las finanzas y de invertir!

1. Una deducción de impuestos en la sala de juegos: contrate a sus hijos por $12,000 al año

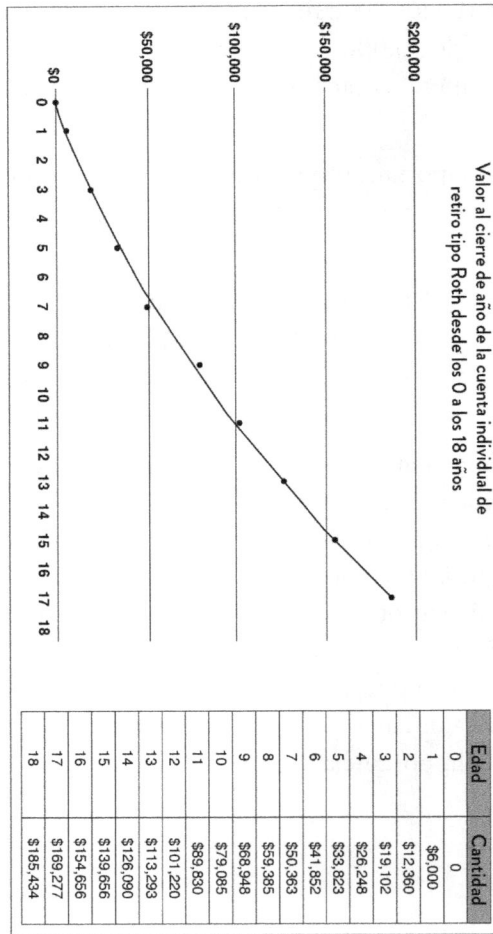

Valor al cierre de año de la cuenta individual de retiro tipo Roth desde los 0 a los 18 años

Edad	Cantidad
0	0
1	$6,000
2	$12,360
3	$19,102
4	$26,248
5	$33,823
6	$41,852
7	$50,363
8	$59,385
9	$68,948
10	$79,085
11	$89,830
12	$101,220
13	$113,293
14	$126,090
15	$139,656
16	$154,656
17	$169,277
18	$185,434

Con el tiempo, esta aproximación también les muestra incluso más maneras de construir riqueza. Por ejemplo: cómo el comprar acciones en las compañías que hacen las cosas interesantes que quieren es mucho mejor que comprar esas cosas interesantes.

Muéstrele esto a sus hijos: el iPhone original se vendió por 499 a 599 dólares, según la cantidad de almacenamiento que tenía, el 29 de junio del 2007. Si hubiera invertido en una acción de Apple, en lugar de comprar el iPhone, debido a las divisiones de las acciones que sucedieron, ahora tendría una avaluada en 510.720 dólares. ¡Medio millón de dólares! Mientras que el primer iPhone ahora es tan caro como un pisapapeles en el mejor de los casos.

Pueden tener los mismos resultados invirtiendo en compañías que creen el aparato tecnológico más reciente que quieran.

Apple Inc

$160.56 ☒321,020.00% +160.51 MAX

Ago 2, 2:12:02 PM UTC·4 · USD · NASDAQ · Aviso legal

1D 5D 1M 6M YTD 1Y 5Y MAX

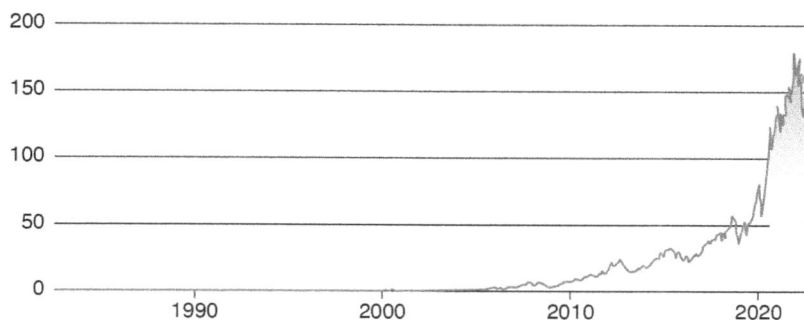

Mucho antes de los iPhones, me eduqué en esta clase de pensamiento. Cada año por mi cumpleaños, mi tía abuela Betty me regalaba un bono de ahorro de 50 dólares. Ni siquiera sabía qué era un bono de ahorro y tampoco lo entendía entonces. Pero ¿adivine qué? Recuerdo más esos bonos de ahorro de mi infancia que cualquier juguete que me pudieran haber regalado.

Continuando con mi regla del 50/25/25, el 25% de lo que los hijos de Caroline se ganaban lo podían gastar en lo que quisieran. ¿Querían ese nuevo juego genial de Xbox o un par de tenis caros? Muy bien, ¡a empacar cajas! Esto les enseña a los niños a valorar más las cosas: hacen una conexión directa entre lo que quieren y cuánto deben trabajar para obtenerlo. Esto los hace trabajar más duro y también querer comprar menos basura que de todas maneras no los hace feliz (en un mundo ideal también querrán comprar menos basura e invertir más cuando vean la diferencia a largo plazo entre el valor de la basura misma y las acciones de las compañías que producen esa basura).

Finalmente, la última parte del 50/25/25 implica que deben donar el 25% de lo que se ganan. Esto les enseña el poder de la contribución y a ser agradecidos por las bendiciones de las que disfrutan en la vida.

En cada época de Navidad, mi mamá y yo íbamos a la tienda departamental Hill's, la cual tenía un árbol de Navidad con unas listas de regalos colgadas de él. Esas las habían escrito algunos niños de las familias más pobres de esa área.

Le pedí que me dejara escoger un nombre y un regalo del árbol. Sabía que eso significaba un juguete menos para mí, pero se convirtió en un ritual de Navidad muy significativo y en un recordatorio de que siempre hay alguien allí afuera que está peor que uno mismo. A veces la familia enviaba una foto del niño o niña con el regalo que le habíamos comprado y eso siempre significó mucho más para mí que cualquier juguete que pudiera haber recibido yo misma.

Esas lecciones de la infancia me enseñaron el valor de la generosidad. Y creo que fueron una parte importante de mis propias donaciones y de mi filantropía una vez que tuve una riqueza significativa propia. Y esa es la razón por la que es una parte vital de mi regla del 50/25/25.

Le recomiendo que anime a sus hijos a donar a causas con las que tengan una conexión directa, como de animales, del medio ambiente, de bienestar infantil o de problemas de justicia social sobre los que sean conscientes. Ayúdelos a entrar en contacto con caridades que afecten a su comunidad local, de modo que puedan ver los frutos de donar directamente y puedan involucrarse de otras maneras. Esto les enseña a sus hijos que su trabajo duro puede tener un impacto tangible en las vidas de quienes los rodean.

Otro beneficio importante de esta aproximación del 50/25/25: cuando invierte 500 dólares al mes por hijo en cuentas de retiro individuales custodiadas de tipo Roth, puede deducir eso de su negocio. Esta es otra manera de ayudarse con los impuestos, de apoyar a sus hijos y de enseñarles el valor de ser dueño de un negocio y de invertir.

2. Usar el «vacío legal Hummer» para deducir camionetas de lujo

Después de un par de años en los negocios, estaba ganándome más dinero del que me hubiera imaginado. Decidí que era hora de comprar mi carro favorito: un Jeep. Esto fue en el 2001 y el carro costó 28.000 dólares. Cuando estaba buscando cuál comprar, mi amiga Kelly (que estaba estudiando Contaduría en la universidad) me dijo que podía deducir eso de mis ingresos empresariales si la usaba para propósitos de mi negocio.

La idea de deducir una camioneta de lujo me parecía una locura. Pero investigué al respecto… ¡y por supuesto que ella estaba en lo correcto! ¡Me prometí a mí misma que jamás dejaría que una deducción tan grande se me pasara de nuevo!

En las últimas décadas, he pagado *muy poco* por ser dueña de y manejar múltiples camionetas de lujo.

¿Cómo funciona esto?

Es algo a lo que se le ha llamado «el vacío legal de Hummer». Básicamente significa que puede obtener una desgravación fiscal para el primer año de los vehículos que tengan un peso bruto igual o superior a 6.000 libras, siempre proporcional a cuánto los usa para su negocio. Puede acelerar la depreciación de su vehículo y deducir hasta el precio total de compra en un año si usa las Secciones 179 y 168. La clave es que debe usar el carro para un mínimo de 50% de propósitos empresariales para aprovecharse de esta deducción. Su deducción es proporcional a su uso empresarial y puede llegar al 100%.

Por ejemplo, si se compra una Chevy Tahoe de 50.000 dólares y el 80% del uso es empresarial, puede deducir 40.000 dólares de ese vehículo en el primer año. Algunas camionetas populares que cumplen con el requerimiento del peso son las Chevy Suburban, las Navigator, las Escalade, las Land Rover, las Porsche Cayenne y, por supuesto, las que le dieron el nombre al vacío legal, las Hummer.

Usando este método, a lo largo de las décadas he manejado y sido dueña de Escalades, Range Rovers e Infinity QX80s, las cuales prácticamente no me costaron nada en términos netos. ¿Cómo?

Primero dejo que alguien más sufra por la depreciación que ocurre cuando se saca el carro del concesionario. Yo compro mis carros cuando ya tienen algunos años, después de que la depreciación más aguda ha pasado, pero antes de que se envejezcan mucho o los hayan usado demasiado (las reglas actuales le permiten comprar vehículos usados para esta deducción mientras que sean «nuevos para usted», lo que quiere decir que no fue dueño de ese carro antes).

Luego opto por esa deducción del primer año que equivale casi al 80% del precio de compra.

Dado que estoy en una categoría fiscal alta, la deducción que obtengo vale más para mí que la depreciación del vehículo en los años siguientes. Una vez que la depreciación del vehículo empieza a acercarse a la cantidad que me ahorré en impuestos, lo vendo. Luego hago todo de nuevo: prácticamente no pago nada por conducir algunas de las camionetas más lindas del mundo (si decide aprovecharse de esto, asegúrese de hablar con su contador antes de negociarla o venderla para evitar pagar impuestos de readquisición). Y recuerde que las reglas cambian constantemente, así que, aunque esta ha existido durante años, es bueno que siempre la discuta con su estratega de impuestos.

Aquí le dejo un gran consejo adicional: si su negocio tiene una ubicación física a la que tiene que ir desde su casa, es posible que pueda aprovecharse de algo llamado Plan Contable Cualificado. Usando esta estrategia, puede reclamar legalmente parte de su residencia primaria como su oficina en casa y puede deducir el millaje entre su oficina en casa y su locación física como parte del uso empresarial de su carro. *Hable con un profesional con experiencia sobre esto.*

3. La Regla Augusta: arriéndele su casa personal a su negocio, deduzca el valor y no pague impuestos sobre la renta de alquiler

Cada año, decenas de miles de aficionados al golf llegaban a la pequeña ciudad de Augusta, en Georgia, para el torneo de Golf Masters. Todos los hoteles y los moteles quedaban reservados con mucho tiempo de antelación. Porque la demanda por los alojamientos es tan grande, durante décadas un montón de gente local ha puesto sus casas en alquiler durante esa semana por precios exorbitantes (llegando incluso a 10.000 dólares el día). Eso sucedió mucho antes de que existiera Airbnb.

El Congreso se dio cuenta de eso y quiso cobrarles impuestos elevados a todos los dueños de casas que estaban obteniendo beneficios inesperados durante esa semana.

En la década de 1970, un grupo de propietarios presionó al Congreso. El resultado fue que se les permitió a los propietarios rentar sus viviendas personales por hasta 14 días sin tener que pagar impuestos. Esto quedó consagrado en la Sección 280A del Servicio de Impuestos Internos y se conoce más como la «Regla Augusta».

Esto es lo interesante. Si usted es un propietario, no tiene que vivir en Augusta para aprovecharse de esto ¡y tampoco tiene que alquilarle su casa a unos desconocidos durante eventos deportivos!

En su lugar, puede alquilarle su casa a *su propio negocio* ¡por hasta 14 días!

¿Está buscando una locación diferente para su próximo evento corporativo, un retiro o una reunión multitudinaria? Este es un gran lugar:

¡Su propia casa!

Puede alquilarle su residencia principal a su compañía de responsabilidad limitada o corporación de tipo S durante 14 días no consecutivos de cualquier año y deducir el costo del alquiler de su negocio (no puede hacer esto si es un propietario único o si tiene una compañía de responsabilidad limitada unipersonal). Necesita un contrato de alquiler y debe cobrar las tasas normales del mercado por el espacio para el evento. Llame a los hoteles locales de su alrededor y averigüe cuánto le cobrarían por un espacio para un evento con un número similar de personas.

Digamos que tiene 10 empleados y una vez al mes hace una reunión de estrategia y una sesión de planeación de todo el día con ellos. Y digamos que el Marriott más cercano le dice que un salón de eventos para diez personas le costaría 2.000 dólares al día. Eso significa que puede pagarse a usted mismo 2.000 dólares por día (en este caso, 28.000 dólares al año), deducirlo de su negocio y no pagar nada de impuestos personales por eso.

Esta es otra ventaja fiscal enorme a la que puede acceder por ser dueño de su propio negocio.

¿Empieza a ver un patrón en todo esto?

Ahora, antes de que cerremos esta sección de impuestos, quiero hablar de tres temas más:

- Impuesto sobre la renta vs. impuesto sobre las plusvalías.
- El refugio seguro de la mínima cuantía.
- Impuesto mínimo alternativo.

Hablemos un poco más de cada uno.

Impuesto sobre la renta vs. impuesto sobre las plusvalías

Si no entiende por completo la diferencia entre el impuesto sobre la renta y sobre las plusvalías, no está solo. Cada año, millones de personas se preguntan exactamente lo mismo.

Y no es raro, pues la diferencia entre el impuesto sobre las plusvalías y sobre la renta ordinaria no siempre es obvio, pero sí puede tener un impacto *significativo* en la cantidad de dinero que debe pagar de impuestos cada año.

Veamos las diferencias entre estos impuestos y su impacto potencial sobre sus finanzas.

La manera más fácil de pensar en la diferencia entre los impuestos sobre las plusvalías y sobre la renta es ver el impuesto sobre la renta como una tarifa de mandato federal que se cobra sobre el dinero que se ha ganado gracias al trabajo y a esfuerzos personales (salarios).

Los impuestos sobre las plusvalías se cobran por sumas que se ha ganado como un beneficio por la compra de un activo (como una casa vacacional o acciones) y la subsecuente venta de dicho activo por un precio mayor. Una plusvalía realizada es el dinero de la venta del activo a un precio mayor que el que pagó por él. Si su activo sube de precio pero no lo vende, no ha «realizado» su plusvalía y, por lo tanto, no debe impuestos.

Y, para ir un poco más allá, los impuestos sobre las plusvalías caen en dos categorías: a largo y a corto plazo.

Las plusvalías a largo plazo (que se fiscalizan a una tasa más favorable) se cobran sobre activos que haya vendido después de tenerlos durante al menos un año. En cambio, las plusvalías a corto plazo se cobran según la tasa de impuesto sobre la renta ordinaria más alta y estándar. Los inversionistas tienen un gran incentivo para aferrarse a los activos apreciados durante al menos un año y un día, pues eso los clasifica como activos a largo plazo. A las plusvalías a largo plazo se les dan tasas fiscales preferenciales más bajas del 10, 15 o 20% dependiendo de su nivel de ingresos.

Para el 2022, si está declarando de manera individual, las categorías son las siguientes:

- 10% si sus ingresos son menos de 41.675 dólares.
- 15% si sus ingresos son de 459.750 dólares o menos.

- 20% si sus ingresos exceden el monto anterior.

Por otra parte, el sistema fiscal de Estados Unidos tiene tasas que van del 10 al 37% sobre los ingresos anuales. Las tasas también aumentan a medida que aumentan los ingresos, así que los individuos que tienen menos ingresos tributan con tasas menores a quienes ganan más dinero.

Las categorías de ingresos para el 2022 son:

- 10% para ingresos de hasta 10.275 dólares.

- 12% para ingresos que estén por encima de los 10.275 dólares.

- 22% para ingresos que estén por encima de los 41.775 dólares.

- 24% para ingresos que estén por encima de los 89.075 dólares.

- 32% para ingresos que estén por encima de los 170.050 dólares.

- 35% para ingresos que estén por encima de los 215.950 dólares.

- 37% para ingresos que están por encima de los 539.900 dólares.

Aquí está la razón por la que es importante saber sobre esto.

El Servicio de Impuestos Internos fiscaliza las plusvalías a largo plazo para quienes tienen ingresos altos (así es como la gente rica obtiene la mayoría de su dinero) al 20%.

Esto quiere decir que alguien que se gane 459.750 dólares en plusvalías va a tener que pagar un 20% en impuestos. Pero si se están ganando los mismos 459.750 dólares como renta, pagarán un 35% de impuestos. Esa es una diferencia de 68.962,50 dólares solo en impuestos federales.

Otra manera de ver esto es que puede ganarse 1.000.000 de dólares en la bolsa o en finca raíz y tendría que pagar el 20% en impuestos, la cual es una tasa impositiva menor que la de alguien que se gana 41.775 dólares en su trabajo de nueve a cinco y que debe pagar el 22%.

Nadie le dice esto cuando empieza a invertir, así que yo lo aprendí de la manera más dura. Había comprado una casa que pretendía tener en alquiler, pero mis primeras experiencias como arrendadora me hicieron entender que eso no era para mí. Decidí renovar la propiedad y la puse a la venta. Se vendió en menos de un mes y yo, por supuesto, estaba encantada. Sin embargo, cuando empecé a presentar la declaración de impuestos ese año y mi contador me dijo la cantidad de dinero que debía, me quedé sorprendida. No sólo la venta de la casa se fiscalizó con las tasas impositivas de la renta regular (y *no* con la tasa de plusvalías del 20%), sino que la venta de la casa me dejó en la categoría impositiva más alta y me costó aún más.

Por eso invertir es tan importante para usted y para su capacidad de crear riqueza.

Le explicaré en detalle las maneras de evitar y reducir los impuestos sobre las plusvalías (incluyendo cómo usar el intercambio 1031 y la exclusión de la residencia principal) en el capítulo 17.

La elección del refugio seguro de la mínima cuantía y el temido impuesto mínimo alternativo

Un área del código fiscal que crea muchas preguntas es la elección del refugio seguro de la mínima cuantía. Esta elección es importante porque les permite a los propietarios, los arrendadores y los dueños de negocios deducir el costo de los ítems usados de la propiedad sin importar si son reparaciones o mejoras de capital, lo cual puede resultar en un ahorro inmediato de impuestos.

El refugio seguro de la mínima cuantía le permite a la mayoría de los negocios deducir costos de los ítems menos caros. No quiero entrar en muchos detalles con respecto a esto, así que lo explicaré superficialmente.

Si su negocio tiene registros financieros (que debería), la elección del refugio seguro de la mínima cuantía va hasta los 5.000 dólares por ítem o por factura. Esto significa que si compra un computador por 3.800 dólares y una impresora por 1.000, podrá deducir el 100% de esas cosas en el año en el que las compró sin importar si las usó o no.

Si no tiene registros financieros apropiados, la elección del refugio seguro de la mínima cuantía va hasta un máximo de 2.500 dólares por ítem.

No puede usarse para cosas como tierras, inventario, ciertos tipos de equipamiento y otras exclusiones.

El refugio seguro de la mínima cuantía es un término que debe conocer y debe discutir con su profesional de los impuestos.

Y no pretendo confundir a nadie al entrar en esto, pues el código fiscal y la ley fiscal ya son terriblemente confusos en sí mismos, pero, para hacer esto peor, hay algo llamado impuesto mínimo alternativo (o AMT por sus siglas en inglés).

Puede ser agresivo con toda su estrategia fiscal y puede aprovecharse de todas las deducciones que le he mencionado en este libro; sin embargo, el Servicio de Impuestos Internos ha creado algo específico para nosotros. Se llama el impuesto mínimo alternativo.

En pocas palabras, el impuesto mínimo alternativo requiere que usted pague una cantidad mínima de impuestos sin importar las deducciones o los créditos que tenga permitidos en su declaración. El impuesto mínimo alternativo es un sistema fiscal individual que requiere que algunos contribuyentes calculen su responsabilidad fiscal dos veces (primero bajo las reglas tributarias de los ingresos ordinarios y luego según el impuesto mínimo alternativo) y paguen el valor que sea más alto.

En mi opinión, es una de las peores partes del código fiscal y puede activarse por cosas como plusvalías altas, grandes deducciones, registrar pérdidas netas de operación en un negocio, ciertos tipos de ventas a plazos, ganancias de intereses por ciertos bonos o por tener ingresos familiares elevados.

Es una razón más por la que querrá aprovecharse de cada deducción, exención y vacío legal fiscal posible y emplear a un estratega fiscal cuando se esté preparando para pagar sus impuestos.

Como dueño de negocio, usted contribuye de muchas maneras. Crea productos y servicios para mejorar las vidas de las personas. Crea oportunidades para sus empleados y los ayuda a mantener a sus familias. Y, sí, paga impuestos.

Pero una manera en la que *no* tiene que contribuir es pagando *más* impuestos de los que debe pagar porque no sabe cómo minimizar legalmente su carga fiscal. Pero eso acaba ahora.

Los capítulos anteriores le enseñaron *hábitos de riqueza* enfocados en cómo *ganar más* dinero. Este capítulo se centró en el hermano olvidado de ganar más dinero: *quedarse* con más dinero.

Como espero que lo vea ahora, ganar más no es tan valioso si está dándole grandes sumas innecesarias de dinero al Servicio de Impuestos Internos.

Recuerde, el Servicio de Impuestos Internos tiene una función fundamental: tomar tanto como sea posible de su dinero ganado con trabajo duro. El Gobierno después destina ese dinero a una cantidad de usos y causas, algunas de las cuales usted apoya y algunas de las cuales usted odia.

Yo apoyo mucho el ser generosos con el dinero. De hecho, es algo fundamental en mi aproximación a lo que es construir riqueza real y felicidad verdadera (aprenderá más de esto en el último capítulo).

Pero es mucho más fácil darles más a las personas y a las causas que le importan si no le ha «dado» gran parte de su dinero innecesariamente al Servicio de Impuestos Internos porque no conocía todas las reglas (y parte de la razón por la que no conocía las reglas es porque el Servicio de Impuestos Internos no *quiere* que usted conozca las reglas).

¿Por qué más crearían un código fiscal con millones de palabras que requiere que usted contrate a un profesional de los impuestos para entenderlo?

La estrategia fiscal es importante para construir *hábitos de riqueza* porque la riqueza no se trata de cuánto dinero se gana, sino también de con cuánto dinero se *queda*.

CAPÍTULO 14

Los fideicomisos ya no son sólo para los niños ricos

«Se piensa generalmente que los fideicomisos son sólo para los ricos; sin embargo, son vehículos muy personalizables que cualquiera puede usar dependiendo de las metas que tenga».

Cuando escucha la palabra «fideicomiso», puede que piense en unos padres ricos que les están dando a sus hijos malcriados una cantidad absurda de dinero y una casa en Dorado en su cumpleaños número 18. Pero los fideicomisos no son sólo para los ricos.

Un fideicomiso es una herramienta de planeación del patrimonio que sirve para más propósitos de los que la mayoría se imagina. Cualquiera puede usarlos para asegurar que sus activos se hereden como lo desean a sus amigos, familia o a la caridad.

Voy a explicarle esto y se lo simplificaré en este capítulo.

Puede que no necesite esto ahora mismo, *sino* a medida que practique los hábitos de riqueza de este libro y encuentre el camino adecuado para hacer crecer su riqueza, así que quiero que marque esta sección del libro sobre los fideicomisos porque puede que la necesite más adelante.

Los fideicomisos caen en dos categorías: irrevocables y revocables.

¿Cuál es la diferencia entre ellos?

- Un **fideicomiso revocable** es un fideicomiso en vida en el que usted todavía tiene control de sus activos.

- Un **fideicomiso irrevocable** es uno en el que nombra a un fideicomisario que controla los activos, así que usted mismo ya no tiene el control de ellos.

Hablando de manera general, si usted no es rico en este momento, es probable que no quiera un fideicomiso irrevocable.

Pero incluso si no se encuentra allí ahora mismo, sé que está de camino. Entonces, examinemos las dos opciones.

Hay tres roles (personas) involucradas en los fideicomisos:

1. El fideicomitente: la persona que crea el fideicomiso y pone los activos (seguros de vida, propiedades, cuentas de banco y de retiro) en el fideicomiso.

2. El fideicomisario: la persona que sigue las reglas del fideicomiso, maneja la administración del fideicomiso y supervisa las indicaciones o instrucciones.

3. El beneficiario: la persona (u organización) que recibe los activos o las ganancias del fideicomiso.

¿Una sola persona puede tener estos tres roles?

En un fideicomiso revocable, sí, pero no en uno irrevocable.

Diez beneficios de los fideicomisos que lo ayudarán a usted y a su familia

Estos son algunos de los beneficios que tener un fideicomiso le puede dar:

- Evitar sucesiones.
- Transferir sus negocios sin interrupciones.
- Transferir bienes de finca raíz sin problemas a sus herederos.
- Protegerlos de acreedores y demandas.
- Controlar los importes de las herencias.
- Proveer para niños con necesidades especiales.
- Regalar dinero a la caridad.
- Proveer privacidad ante documentos públicos de un tribunal.
- Proveer protección en momentos de enfermedad o discapacidad.

Un fideicomiso, cuando se crea con ayuda profesional, puede ser una herramienta de planeación financiera muy útil en cada una de esas situaciones. Examinemos cada una con más detalles.

Cuando vemos los fideicomisos en general, tanto los revocables como los irrevocables pueden ofrecerle muchas de las mismas cosas:

1. Evitar sucesiones (que pueden ser largas y costosas)

Cuando usa un testamento para transferir los activos de su patrimonio, se involucra a un tribunal para su cumplimiento y distribución. El proceso se llama sucesión, el cual se encarga de dejar en orden todo el patrimonio.

Completar todo el proceso puede tomar seis, ocho, doce o incluso más meses. También puede involucrar muchísimos documentos, audiencias y tarifas de abogados. Es decir, mucho tiempo y dinero.

Además, como los documentos de un tribunal se vuelven púbicos, las sucesiones hacen que los asuntos financieros privados de una familia se vuelvan públicos. Poner sus activos en un fideicomiso mientras aún está con vida no sólo reduce los gastos administrativos y de abogados, sino que le permitirá mantener su privacidad.

2. Transferir sus negocios sin interrupciones

Poner su negocio en un fideicomiso le permitirá continuar operando. Sin eso, su negocio puede quedarse estancado en la sucesión, interrumpiendo o incluso cesando las actividades comerciales. Asegurarse de tener un seguro que cubra lo suficiente las deudas personales y/o los impuestos de su patrimonio cuando muera evitará que los acreedores vayan detrás de sus activos comerciales. Lo último que un dueño de negocio quiere es que sus herederos deban vender la empresa para tener que pagar los últimos gastos.

Si tiene un negocio actualmente, ¿cuál es su plan de sucesión?

3. Transferir bienes de finca raíz sin problemas a sus herederos

Transferir bienes de finca raíz a un fideicomiso no los mantendrá fuera de la sucesión, sino que podrá ayudar a que no se reevalúen en cuanto a impuestos sobre la propiedad porque la propiedad de la finca raíz no cambiará de manos.

Por otra parte, transferir bienes de finca raíz a un fideicomiso irrevocable puede propiciar reevaluaciones porque se da un cambio en la propiedad y eso puede resultar en impuestos más altos sobre la propiedad. Algunas consideraciones adicionales se aplican para las propiedades con hipotecas.

Porque las leyes varían mucho en cada estado, es importante contar con los consejos de un profesional antes de transferir un bien de finca raíz a un fideicomiso.

El proceso en sí mismo es bastante sencillo. Se puede usar una renuncia a la propiedad o una escritura de concesión para transferir la propiedad de un bien de finca raíz de un individuo a un fideicomiso. Un notario actúa como testigo de la firma de los documentos y el gobierno local registra el cambio de propiedad después de recibir la documentación. Los seguros de finca raíz deben actualizarse con el nombre del fideicomiso como beneficiario. Hable antes con su profesional financiero para asegurarse de que eso no sea un problema y que tiene la cobertura necesaria. Recuerde que también puede haber implicaciones en el impuesto sobre donaciones cuando transfiere un bien de finca raíz a un fideicomiso, pero mucho de eso varía de estado a estado. Siempre consulte con un abogado patrimonial o de fideicomisos de su área para saber más al respecto.

4. Protegerlos de acreedores y demandas (a sus activos)

Mientras que un fideicomiso revocable en vida, la clase que quizás usaría para evitar sucesiones, típicamente no protegerá los activos de acreedores y demandas, un fideicomiso que esté bien estructurado sí lo hará. Cuando usa esta clase de fideicomiso, no obstante, debe renunciar de forma permanente a la propiedad de los intereses de los activos que ponga adentro, así como a su control sobre esos activos.

Llevándolo un paso más lejos, un fideicomiso irrevocable de seguro de vida puede ser una herramienta de planeación útil para individuos con grandes patrimonios y para parejas que buscan mitigar los impuestos sobre el patrimonio y maximizar la transferencia de riqueza a sus herederos. La mayoría de las personas consultan a un profesional de las finanzas cuando están considerando esta opción.

5. Dejarle activos a un hijo menor de edad

Una opción para darle activos a un menor es un fideicomiso 2503(c), nombrado por la misma sección relevante del código fiscal. Este fideicomiso le permite a un adulto controlar el uso de las propiedades del fideicomiso hasta que el beneficiario cumpla 21 años. Puede reducir los impuestos sobre el patrimonio del fideicomitente y pasarle los ingresos imponibles a un menor, que tiene una tasa impositiva más pequeña que la del fideicomitente. Una desventaja de esto es que el fideicomitente pierde el control de los activos cuando el beneficiario cumple 21 años.

Un fideicomiso creado para beneficiar a un niño puede ser un fideicomiso simple o un fideicomiso complejo. Estos son términos legales para determinar si el fideicomiso debe distribuir todos sus ingresos cada año (simple) o no (complejo).

Un fideicomiso complejo puede proveer más protección en caso de que el menor presente problemas conductuales o de abuso de sustancias. Siempre es aconsejable que se busque la ayuda de un abogado para crear un fideicomiso de esta clase.

6. Controlar los importes de las herencias

Con un fideicomiso protector de deudas puede asegurarse de que sus beneficiarios no malgasten la herencia o que caiga en manos de acreedores. Un fideicomisario controla los activos del fideicomiso y se los da gradualmente al beneficiario de acuerdo con los términos del fideicomiso.

Por ejemplo, este tipo de fideicomiso puede usarse para ayudar a mantener y a proteger a un adulto joven que no es bueno con el dinero, que sufre de una adicción a las drogas o a las apuestas o que después se divorcia. El fideicomitente puede pedirle al fideicomisario que le dé al beneficiario cierta cantidad de dinero del fideicomiso cada mes o puede dejar a discreción del fideicomisario el retener los beneficios bajo ciertas circunstancias, entre otras posibilidades.

7. Proveer para niños con necesidades especiales

Los niños y los adultos con necesidades especiales pueden ser elegibles para el Ingreso de Seguridad Suplementario y el Medicaid, dos beneficios federales que ayudan con los gastos de vida y médicos de los individuos que no pueden encargarse de ellos mismos por completo o para nada.

Dejarles activos directamente a niños con necesidades especiales puede quitarles la elegibilidad para acceder a esos beneficios. En su lugar, crear un fideicomiso de necesidades especiales que esté controlado por alguien que no sea el beneficiario puede mantener esa elegibilidad y sostener a su hijo en caso de que usted falte.

8. Regalar dinero a la caridad

Hay dos tipos de fideicomisos que pueden facilitar los regalos a la caridad: fideicomisos caritativos y fideicomisos benéficos principales. Los dos son fideicomisos irrevocables, lo cual implica que debe ceder el control de los activos que se pongan en el fideicomiso, y los dos pueden darle deducciones fiscales y reducciones de impuestos sobre el patrimonio.

El fideicomiso caritativo le proporciona pagos de ingresos actuales al fideicomitente, seguidos por pagos del balance restante del fideicomiso a una caridad, mientras que el fideicomiso benéfico principal le proporciona pagos de ingresos actuales a una caridad, seguidos por pagos de los intereses restantes a un beneficiario no caritativo.

Las complejidades que rodean qué tipos de activos meter en un fideicomiso caritativo, las deducciones fiscales que se desprenden de cada uno y otros asuntos hacen que la ayuda de un profesional sea invaluable en estos casos.

9. Proveer privacidad ante documentos públicos de un tribunal

Un fideicomiso es capaz de proteger su privacidad y la de su familia al mantener los activos fuera de sucesiones. Una vez que sus documentos legales van a una sucesión, se convierten en archivos públicos y cualquiera puede acceder a esos archivos públicos. Le añade una capa extra de protección. Si el fideicomiso es dueño de su casa o de otros activos que están en los registros del condado y alguien intentara buscarlos para obtener más información sobre usted, en dónde vive o qué activos tiene, es menos probable que esas búsquedas le revelen su nombre y su información privada en la primera página de Google.

10. Proveer protección en momentos de enfermedad o discapacidad

Los testamentos sólo entran en efecto cuando alguien muere, pero un fideicomiso establecido en vida también puede ayudar a su familia si usted se enferma o es incapaz de manejar sus activos. Aunque a nadie le gusta pensar en esos escenarios, crear provisiones como estas puede proteger a su familia de tener que tomar decisiones sin conocer sus deseos durante tiempos difíciles.

Cómo es diferente un fideicomiso irrevocable

Hay tres razones principales por las que quizás quiera renunciar al control de sus activos y crear un fideicomiso irrevocable:

1. Minimizar los impuestos sobre el patrimonio (sus herederos, hijos, familia y caridades pagan menos cuando usted muere).

2. Elegibilidad para programas gubernamentales (Medicare).

3. Protección contra acreedores.

Si no tiene una cantidad de riqueza significativa *todavía*, es probable que no tenga ninguna razón buena para crear un fideicomiso irrevocable. En el 2022, no existen impuestos federales sobre el patrimonio por debajo de los 12,06 millones de dólares por cónyuge o de los 24,12 millones de dólares por pareja, lo que quiere decir que la razón principal para tener un fideicomiso irrevocable sería para proteger los activos (que estén por encima de estos montos) de las sucias manos del Servicio de Impuestos Internos (los impuestos sobre el patrimonio pueden ser mucho menores, así que asegúrese de revisar cómo son en su estado).

Y, recuerde, si decide que un fideicomiso irrevocable es lo mejor para usted, sea cuidadoso con quién elige como el fideicomisario y el beneficiario, pues ese documento no puede modificarse. Si su hijo de en medio es nombrado como beneficiario y empieza a tomar malas decisiones en la vida, no puede tomar la decisión de quitarlo de allí. Un fideicomiso irrevocable no puede terminarse o cambiarse a menos que los beneficiarios estén de acuerdo.

Si quiere algo que lo ayude a evitar la sucesión, que le ahorre costos de administración del patrimonio (tarifas de abogados) y que le proteja su privacidad, quizás un fideicomiso irrevocable le funcione bien para todo eso. Ya sea que use un fideicomiso revocable o irrevocable, considere a un protector del fideicomiso. Un protector del fideicomiso puede ser una tercera parte que tome una decisión o que le haga un cambio al fideicomiso cuando se necesite un propósito primario o una interpretación.

Yo soy muy fanática de las soluciones simples, pero cuando tiene que ver con temas legales (especialmente al navegar las complejidades de un fideicomiso), le recomiendo que se reúna con un abogado que tenga experiencia en planeación del patrimonio. Escoger a un abogado de planeación del patrimonio que tenga suficiente conocimiento y experiencia y que trabaje según sus necesidades, metas y la situación de su familia será invaluable para organizar esto correctamente. Asegúrese de contarle también a su abogado sobre todos los activos digitales que pueda tener. Estos pueden ser NFTs, páginas web, pódcasts, cursos u otros activos digitales. Querrá añadir provisiones dentro del testamento o fideicomiso que lo ayuden a cubrir estos tipos de activos también.

Para muchas familias, tener una casa o tener ahorros para el retiro son puntos clave para construir riqueza generacional. Asegurarse de que esos activos estén protegidos y puedan pasarse a sus herederos sin perder una cantidad significativa de cada uno es esencial para cuidar a su familia.

La riqueza no se trata de comprar carros elegantes, casas vacacionales y hacer unos viajes sorprendentes. Aunque pueda permitirle hacer esas cosas, lo que es más importante, si se hace de la manera correcta, es que le permitirá cuidar a las personas que ama incluso después de que ya se haya ido.

CAPÍTULO 15

Los camiones de transporte de valores de sus finanzas: seguridad y protección

¿Conoce esos camiones de transporte de valores que entregan efectivo en los bancos y las grandes tiendas? Piense en la *seguridad* como en uno de esos camiones para su vida financiera.

La seguridad lo protege a usted y a su familia contra los eventos vitales inesperados y no deseados (la muerte de un ser amado, una emergencia médica, la pérdida de un trabajo), así como de las dificultades financieras inesperadas.

El vehículo de seguridad le da un *airbag* financiero que suaviza el golpe de una crisis. Esto lo protege si o, más bien, cuando aparezca un reto financiero inesperado o no deseado y le permite tener más tiempo para recuperarse o tener algo más de paz mental en medio de todo eso.

Puede que este no sea el capítulo más sexy de este libro, pero es uno importante y uno con el que podrá actuar de inmediato.

Cuatro maneras para obtener la seguridad y la protección que necesita

Nunca se sabe cuándo estará sentado disfrutando de una taza de café, caminando al atardecer con su perro o teniendo un día aparentemente normal y usual en el trabajo… y reciba la llamada que nadie quiere o espera recibir.

Su padre estuvo en un accidente de moto, su negocio se incendió, le acaban de decir que perdió su trabajo o recibió la devastadora noticia de que un ser querido falleció.

Los *hábitos de riqueza* no se tratan sólo de gastar menos y ganar más, sino también de ahorrar más. Ahondemos en las cuatro maneras en las que puede salvarse *a usted mismo* de un desastre financiero y crear un camión protector de valores para su vida.

1. Proteja su vida con un ahorro acumulado de 6 o 12 meses de ingresos

Tener un fondo de emergencias hace parte de las lecciones básicas de finanzas. Sin importar a quién le hable en el mundo de las finanzas y las inversiones, esta es una regla principal. A menos que ya tenga un gran patrimonio neto y activos numerosos (que puedan liquidarse fácilmente), este es un paso crítico para crear seguridad y estabilidad financiera.

Si examina décadas y décadas de datos financieros, verá que ningún mercado ha crecido infinitamente jamás. Siempre hay caídas y contracciones, así como retos y temporadas malas. Siempre sucederá algo inesperado. La única manera en la que puede intentar evitar eso es tener un plan en caso de que suceda, de manera que pueda salirse de cualquier situación negativa con la menor cantidad de daños.

Por eso es crucial tener de 6 a 12 meses de efectivo a la mano.

Esta es la única cantidad de dinero que realmente querrá tener líquida. Este dinero debe dejarse a un lado y ahorrado dentro de una cuenta de ahorro de alto rendimiento o en una cuenta de corretaje de tipo mercado monetario (no en su cuenta corriente principal o en su cuenta empresarial).

Aquí tiene la fórmula para el mínimo de seis meses:

Si se gana aproximadamente 5.000 dólares al mes y quiere empezar con el mínimo de seis meses para fondos de emergencia, necesitará tener al menos 30.000 dólares ahorrados (6 x 5.000).

Si está soltero y nadie depende de usted o si está soltero y tiene dependientes, quizás quiera asegurarse de tener al menos 12 meses de ingresos como fondo de emergencia. La meta es que este fondo (si se enfrenta a la pérdida de un trabajo, a una herida física o si está en un accidente y no es capaz de trabajar por un tiempo) lo ayude a seguir adelante. Este fondo necesita ser líquido y fácil de acceder en caso de que lo necesite. No lo toque para otras inversiones o compras.

Una forma de calcular cuántos meses necesita es ver cuántos meses, aproximadamente, le tomaría encontrar otro trabajo si perdiera el que tiene o si no pudiera trabajar.

Si piensa que puede encontrar otro trabajo rápidamente, entonces quizás seis meses sean suficientes para usted. Pero si no se encuentra en un mercado con alta demanda o en un negocio que es cíclico y que puede cambiar con facilidad según las tendencias, entonces quizás quiera considerar tener más de 12 meses ahorrados en caso de una emergencia.

Recuerde que este dinero no debería estar relacionado con su cuenta corriente principal, la cual no le da intereses. Lo mejor será que esté en una cuenta aparte que le dé intereses. La mayoría de las firmas de corretaje y de fondos de inversión tendrán cuentas del mercado monetario que le paguen un poco más de intereses que su cuenta de ahorros típica o su cuenta corriente con intereses. No será mucho, basándonos en las tasas actuales de intereses, pero algo es mejor que nada. Para conocer sus tasas, puede revisar páginas como www.bankrate.com y www.nerdwallet.com.

2. Proteja sus negocios con políticas fundamentales

Los seguros no son un tema emocionante, lo sé.

Pero si se ha quedado conmigo tanto tiempo en este capítulo, quiero felicitarlo por su dedicación para construir *hábitos de riqueza*. Ya puedo ver que le irá increíblemente bien en este camino para crear su libertad financiera.

Debo confesarle que estoy respirando hondo antes de empezar a escribir esto. Este tema específico me toca muy de cerca.

Era octubre del 2018. Justo un mes antes me había asegurado un comprador para uno de mis negocios y todo iba sobre ruedas para que yo me retirara de allí al final de ese año.

Como una mujer empresaria, sabiendo que sólo el 2% de los negocios que les pertenecen a mujeres superan la marca del millón de dólares y menos del 0.5% de las mujeres en los negocios *venden* sus compañías, esos logros significaban mucho para mí.

A las 4 de esa mañana de otoño de octubre, escuché gritos y que alguien golpeaba con fuerza la puerta de mi casa. Me tomó un minuto despertarme por completo e intentar entender qué estaba sucediendo.

«¡Un incendio! ¡Se está incendiando!». Abrí la puerta y se me enfocó la vista. Vi a mi mamá y le pregunté: «Mamá, ¿qué pasa? ¿Qué incendio?». Estaba intentando entender qué pasaba. Ella me respondió: «¡El *spa*! ¡Se está incendiando!».

Agarré mis zapatos y me metí al carro. Cuando subimos la colina, pude ver la columna de humo que se alzaba por encima de la ciudad. En ese momento lo supe. Ya no había nada que hacer.

En un instante todo me pasó frente a los ojos: el negocio multimillonario que había trabajado tan duro por construir, el primer local comercial que fui capaz de erigir con mi papá, las docenas de empleados que iban a trabajar ese día, los miles de clientes leales, el comprador que estaba a punto de adquirir el negocio, otro comprador que iba a adquirir el local comercial que tenía justo al lado… Más de 20 años de trabajo duro y de recuerdos se perdieron entre las llamas.

Nadie piensa que eso les pueda pasar… *hasta que les pasa*.

Y, sí, lo reconstruí todo. Me aseguré de que mis empleados no se quedaran sin trabajo, que mis clientes estuvieran bien cuidados y, sí, conseguí otro comprador… pero no fue fácil. De hecho, fue todo un infierno. Y no quiero que usted tenga que pasar alguna vez por lo mismo. Y *especialmente* no quiero que le pase si no tiene los seguros adecuados.

Le ahorraré la historia de la sangre, el sudor y las lágrimas interminables de ese período de tiempo, pero es importante que diga esto: por favor, tómeselo en serio. Puede no ser una lectura divertida e impactante, pero le prometo que es vital que la lea y al menos considere qué necesita para crear su propio camión protector de valores y qué necesita para conseguir esa seguridad esencial en la vida.

Póliza para propietarios de empresas

Una póliza para propietarios de empresas es una forma asequible de comprar un pequeño seguro empresarial.

Generalmente mezcla un seguro de responsabilidad civil general, un seguro de inmuebles comerciales y un seguro de interrupción de la actividad empresarial (Lazarony, 2021).

El seguro de responsabilidad civil general puede pagar por sus costos legales, así como por acuerdos y sentencias. También puede ayudarle a su negocio pequeño a mantener la estabilidad financiera si lo demandan. Si es responsable por las heridas de alguien más (no las heridas de un empleado), el seguro paga las cuentas médicas y los salarios perdidos también. También cubre otros reclamos, como los del daño a la reputación, los perjuicios publicitarios y las violaciones de los derechos de autor.

El seguro de interrupción de la actividad es uno que es muy importante tener, pues reemplaza los ingresos perdidos si necesita cerrar temporalmente debido a una pérdida que cubra la póliza, como robos, caídas de rayos o mercancía dañada.

El seguro de inmuebles comerciales cubre tanto los equipos comerciales propios o alquilados como los registros de la oficina, los accesorios externos como carteles y las pérdidas debido a vandalismo, entre otras cosas.

Puede pensar que nunca los usará, pero confíe en mí cuando le digo que nadie lo piensa. Yo tampoco pensé que los usaría. Pero, por favor, sea más inteligente de lo que yo lo fui. Programe una reunión con su agente de seguros para tener certeza de que los límites de cobertura que tiene son lo suficientemente grandes para el estado actual de su negocio. Es una de las cosas que yo no hice. No tenía la cobertura suficiente y eso me terminó costando cientos de miles, sino millones, de dólares.

Póliza de seguro de persona clave

El seguro para una persona clave es una póliza de vida que una compañía compra para cubrir la vida de un dueño, ejecutivo principal o empleado clave que se considera crítico para el negocio.

La compañía es la beneficiaria de la póliza y quien paga las cuotas. El seguro de persona clave ofrece un colchón financiero si la pérdida repentina de cierto individuo tuviera un efecto negativo profundo en las operaciones de la compañía.

Este tipo de póliza a menudo se pasa por alto aunque puede ser crítica para su negocio. Una póliza de seguro de persona clave le provee una indemnización por fallecimiento que básicamente le da tiempo a la compañía de encontrar a una nueva persona, compensa los ingresos perdidos por la cancelación de un proyecto empresarial que involucraba a la persona clave y le permite a los accionistas supervivientes comprar los activos empresariales del fallecido. El seguro de persona clave le puede dar a una compañía algunas opciones durante un momento que, de otra manera, sería bastante difícil.

Cobertura de responsabilidad civil personal (PLU por sus siglas en inglés)

Si tiene activos o cualquier clase de riqueza, esta es una póliza que no querrá ignorar.

Si alguna vez lo demandaran por un valor que superara el que su seguro de hogar, carro o empresa pudiera pagar, podría perder todos sus activos. Los seguros de responsabilidad civil están diseñados para protegerlo.

Digamos que su perro se le escapa de la casa, muerde a un vecino y a usted lo demandan para pagar las cuentas médicas. O que manda sándwiches para la salida escolar de su hijo, todo el mundo se intoxica y lo demandan. O que su adolescente hace una fiesta en su casa y alguien lleva alcohol. Arrestan a uno de los jóvenes por manejar bajo los efectos del alcohol y lo demandan a usted (Fontinelle, 2021).

Los seguros de responsabilidad civil cubren ciertas reclamaciones por responsabilidad que sus otras pólizas quizás no cubran, como calumnias, encarcelamiento ilegal, enjuiciamiento abusivo, allanamiento, invasión de la privacidad y otros riesgos. Los seguros de responsabilidad civil no son tan caros y pueden protegerlo cuando otras pólizas no lo hacen.

Seguro de directores y altos ejecutivos

Este tipo de póliza de seguro de responsabilidad civil cubre las decisiones tomadas por directivos, altos ejecutivos y miembros de la junta directiva en nombre de la compañía. Si los demandan, el seguro de directores y altos ejecutivos puede pagar por los costos de la defensa o de los acuerdos. Las acusaciones pueden incluir mal manejo de fondos, demandas por discriminación, calumnias y robos de propiedad intelectual, por nombrar algunas cosas (Metz, 2022). Si hace parte de alguna junta directiva o es un alto ejecutivo de alguna organización sin ánimo de lucro, asegúrese de tener una póliza de seguro de directores y altos ejecutivos para que no recaiga sobre usted ninguna responsabilidad innecesaria.

Existen otras pólizas que los dueños de los negocios quizás quieran conocer (seguros de compensación laboral, póliza de responsabilidad cibernética, póliza de errores y omisiones). Su necesidad, si la tiene, dependerá de la variables y el riesgo de su negocio. Puede encontrar más información sobre esto en mi página web www.candyvalentino.com.

3. Proteja a su familia con un seguro de vida

Aunque el tema de los seguros de vida puede ser el más aburrido, es importante, especialmente si alguien depende de usted y/o de sus ingresos. Si está casado, si tiene hijos, si es un padre soltero, si es responsable por un hijo o hermano con necesidades especiales, este es un paso que no puede saltarse.

Nadie quiere estar sobreasegurado y pagar más de lo necesario, pero los seguros de vida no son algo con lo que tomar atajos, en especial si hay gente que depende de usted.

La cuestión es: ¿cuánto necesita realmente?

Revise todos los préstamos grandes y las deudas financieras que tiene:

¿Cuánto le costaría pagar por completo su casa? ————————————

¿Y sus préstamos del carro o personales? ————————————

¿Tiene una segunda hipoteca? ————————————

¿Hipotecas de alguna casa vacacional o segunda vivienda? ————————————

¿Tiene deudas comerciales? ¿Préstamos comerciales? ————————————

También es necesario que piense en gastos funerarios, impuestos sobre el patrimonio y cualquier tipo de costo de sucesión (estos pueden sumar decenas de miles de dólares si no tiene el plan patrimonial correcto listo):

——

Total: ————————————

Esto es un punto de partida, pues, según el número de personas que dependan de usted, la situación de vivienda de su familia y las edades de sus hijos, puede que necesite un seguro que le dé una cantidad significativa de dinero para poder protegerlos.

Suponga que no tiene dependientes. En ese caso, puede limitar su seguro de vida a uno que sencillamente cubra los gastos funerarios, los impuestos sobre el patrimonio y la sucesión. O puede contratar una póliza más grande y donar los beneficios por fallecimiento a una caridad que sea importante para usted, tal como lo haré yo.

Los seguros de vida en general son extremadamente confusos porque hay muchísimos tipos diferentes de pólizas... cientos. Por esas complejidades, los seguros en general son un tema que se malentiende bastante. ¡Y las personas que más saben al respecto son quienes los venden!

Quiero mantener el tema de los seguros bastante simple y clasificarlos en dos tipos diferentes: **temporales y permanentes.**

Seguros temporales

El seguro conocido como seguro de vida temporal es una opción popular con características que son fáciles de entender.

Se llama temporal porque la póliza tiene un plazo (usualmente de 10, 20 o 30 años) y una cuota mensual. Los seguros temporales proveen un beneficio por fallecimiento, pero no tienen ninguna «prestación económica».

Mientras usted siga pagando la cuota durante el plazo de la póliza y si resulta que se muere durante ese tiempo, el beneficiario recibirá la cantidad predeterminada después de su fallecimiento.

Estas cuotas son mucho menores a las de cualquier otra póliza. Sin embargo, es posible que viva más allá del plazo y que necesite una nueva. El costo de la cuota de una póliza temporal se calcula con la edad que tiene cuando aplica para el nuevo plan. Cuanto más viejo sea, mayor será la cuota.

Los seguros temporales no son una inversión. Tiene una cobertura poco cara y paga cuotas cada mes durante un número específico de años. Si no ha muerto antes de que se acabe el plazo, no obtiene nada. Si muere, sus dependientes reciben la indemnización por su fallecimiento.

Se lo simplificaré incluso más: si no ha construido riqueza, debe escoger un seguro temporal.

Una vez que haya construido riqueza, hay ciertos tipos de pólizas de seguros que pueden tener beneficios fiscales y que pueden darle ventajas cuando esté construyendo activos, lo cual nos lleva a los seguros de vida permanentes.

Seguros de vida permanentes

Las pólizas de vida permanentes son más complicadas que las pólizas temporales, pero potencialmente pueden ofrecerle beneficios fiscales y de inversión.

Con una póliza de seguro de vida con valor en efectivo, una porción de cada cuota que pague va a asegurar su vida, otra porción va para la compañía de seguros y el resto se va para crear su valor en efectivo.

Dependiendo del tipo de póliza, puede ganar intereses o ser invertida. Y esos ingresos crecen sin que el Servicio de Impuestos Internos les ponga sus sucias manos encima.

Si más adelante quiere retirar una parte de ese valor en efectivo, pagará impuestos sobre las plusvalías en ese momento. Pero ya ha tenido el beneficio de unos años o décadas de crecimiento con aplazamiento fiscal antes de ese momento.

Adicionalmente, puede pedir un préstamo de este valor en efectivo y, como con todos los préstamos, no paga impuestos por eso. Puede pagar el préstamo mientras está vivo o puede sustraerse de su indemnización por fallecimiento.

Los seguros de vida con valor en efectivo no están limitados a un tipo de seguro de vida y pueden volverse *realmente* complicados. Eso sucede en parte porque sirven para dos propósitos diferentes. Este seguro no sólo le da el beneficio usual de un pago a sus beneficiarios si o cuando usted muera, sino que también actúa como una especie de cuenta de inversión.

No quiero profundizar demasiado en esto porque es bastante tedioso (¡y aburrido!), pero quiero darle la información general para que lo conozca y lo entienda un poco más.

De nuevo, voy a hacer una afirmación general: si no ha construido riqueza aún, quédese con una póliza temporal. Concéntrese en construir su conocimiento sobre las inversiones y en crear riqueza a través de las inversiones en bolsa, no comprando pólizas de seguros.

En la categoría de seguros de vida permanente hay varios tipos, pero cubramos un par de los más comunes.

Vida entera

En pocas palabras, paga una cuota mensual como con una póliza temporal, aunque las tasas son mucho más altas porque una porción de esa tarifa mensual se «invierte», de modo que puede acumular y ganarse dividendos. Como resultado, el valor de su póliza se hace más grande y puede pedir un préstamo por ese valor o cobrarlo en efectivo al cancelar la cobertura.

La razón por la que escuchará que esta es una mala inversión es porque el retorno de su dinero es tan bajo que ni siquiera está al día con la inflación.

Ahora, asumamos que tiene 40 años y está buscando cobertura. Sus opciones hipotéticas son una póliza de seguro de vida a 30 años con una cuota anual de 500 dólares *vs.* una póliza de seguro de vida completa con una cuota anual de 3.000 dólares, ambas con la misma indemnización por fallecimiento. Si escoge la póliza de seguro de vida temporal (lo cual le ahorra 2.500 dólares al año en cuotas), invierte constantemente en acciones con un retorno anual promedio del 7% (en realidad esto está unos pocos puntos por debajo del promedio) y sigue invirtiendo esa cantidad, tendrá casi 250.000 dólares en 30 años.

Incluso si invirtiera esos ahorros anuales de 2.500 dólares de una manera más conservadora, con un retorno anual del 3%, tendría alrededor de 119.000 dólares. Y si invierte ese dinero en una cuenta de retiro o 401(k), obtendrá ese mismo crecimiento con diferimiento fiscal que le promete la póliza de vida entera. Y en algunos casos, como en las cuentas de retiro individuales tipo Roth, ese crecimiento estará libre de impuestos.

Hablando en general, si tiene la capacidad de pagar las cuotas de la póliza de vida entera, tiene los medios para poner esos mismos fondos en planes de retiro o en otras inversiones que le darán mejores retornos.

Vida universal

El seguro de vida universal es similar al de vida entera por el hecho de que provee una indemnización por fallecimiento y tiene un valor en efectivo. En pocas palabras, el seguro de vida universal está intentando actuar como un seguro temporal y una cuenta de inversión.

La cuota mensual básicamente se divide. Parte de la cuota apoya la indemnización por fallecimiento, mientras que la otra parte se convierte en su inversión de «ahorros». Con una póliza de vida universal, puede esperar que esa inversión crezca con el tiempo, pero, en realidad, las tarifas son bastante elevadas y los retornos de su inversión no lo son. Le irá mejor siguiendo mi consejo de antes, consiguiendo una póliza temporal e invirtiendo el resto.

Vida universal variable

Las pólizas de seguro de vida entera y las de vida universal pueden tener dos propósitos claros, pero ¡las de vida universal variable tienen tres! Actúan como un seguro de vida normal (con indemnización por fallecimiento) y una cuenta de ahorros, pero también le añaden los aspectos de un fondo de inversión. #SuperaLasExpectativas

Los seguros de vida variables tienen cuentas separadas que contienen fondos de inversión como acciones, bonos, fondos de acciones, fondos de mercado monetario y fondos de bonos. Estas pólizas tienen beneficios fiscales específicos, como la acumulación de ganancias con impuestos diferidos. Además, quienes tienen la póliza pueden acceder al valor en efectivo a través de un préstamo libre de impuestos. Los préstamos no pagados, incluyendo los principales y los intereses, reducen la indemnización por fallecimiento.

Con la póliza de seguro de vida universal variable, usted puede decidir *cómo* la póliza invierte su valor en efectivo. Esa es la parte «variable». Las subcuentas de inversión le permiten invertir el valor en efectivo y funcionan de una manera similar a un fondo de inversión. Como eso está invertido en la bolsa, tiene más riesgos, pero también tiene más potencial si le va bien.

Recuerde que *usted* puede controlar cómo y dónde invierte la póliza su dinero, pero el punto es que *usted* (en lugar de la compañía de seguros) es quien lidia con el riesgo de las inversiones que escoge.

Vida universal indexada

Justo como la póliza de seguro de vida entera o de vida universal, que están haciendo dos cosas al tiempo, la póliza de vida universal indexada hace lo mismo, sólo que la porción del valor en efectivo se invierte en un fondo indexado.

Ata su valor en efectivo al rendimiento de un índice, tal como el S&P 500.

Este tipo de póliza tiende a tener cuotas más bajas que otras formas de seguro de vida entera, *pero* viene con unas tarifas bastante altas. Estas tarifas pueden drenar su valor en efectivo de la póliza durante un caída del mercado.

Las pólizas de seguro de vida universal indexadas están exentas de regulaciones federales, así que no están reguladas por la Comisión de Valores y Bolsa de los Estados Unidos, a diferencia de las acciones y las opciones.

Incluso cuando haya construido su riqueza, es importante que investigue al respecto. Las pólizas de seguro de vida universal indexadas son definitivamente más avanzadas y más complicadas. Querrá evaluar la indemnización por fallecimiento, el índice subyacente, la tasa de capitalización, la tasa de participación, la tasa de expansión, los bonos, el costo del seguro, los cargos y las capacidades de flujo de efectivo a través de las políticas de retiro y los préstamos libres de impuestos.

4. Proteja sus ingresos con un seguro por discapacidad

Finalmente tenemos el seguro por discapacidad.

Debo admitir que solía pensar que un seguro por discapacidad era un desperdicio.

La mayoría de los estadounidenses tienen seguro de vida, pero un porcentaje mucho más pequeño tiene un seguro por discapacidad. Hasta hace poco cambié de opinión con respecto a esto.

Estaba en Cabo escribiendo el libro que usted tiene en las manos cuando recibí una llamada que nadie quiere recibir. «Tu papá estuvo en un accidente de moto». La conductora de otro vehículo se saltó una señal de «pare».

Su carro impactó con la moto de mi papá, propulsándolos a él y a su novia en el aire y haciendo que cayeran luego en el pavimento. A los dos se los llevaron por aire a un hospital que estaba ubicado en la ciudad, a casi 50 kilómetros de distancia.

Él sufrió heridas en la parte derecha de su cuerpo: siete costillas rotas, cinco huesos rotos en el hombro, una clavícula rota, dedos rotos, un pulmón colapsado, hemorragia interna y quedó con moretones por todas partes. Fue un milagro absoluto que sobreviviera.

Su novia sufrió de una costilla rota, un tobillo roto que requirió de cirugía y heridas en el hombro, por nombrar unas cuantas cosas.

Mi papá ha estado montando motos durante más de 25 años y casi nunca usa casco, pero su decisión de ponerse uno ese día le salvó la vida.

Incluso mientras escribo esto, siento aún frescas las emociones de ese día. Pero le estoy contando esta historia porque cambió mi opinión sobre este tema.

Después de que colgué esa llamada, me subí de inmediato a un avión y fui al hospital. Estuve con mi papá en la Unidad de Cuidados Intensivos de Trauma durante los siguientes 10 días.

Aunque mi papá tenía seguro para la moto y seguro de salud, no tenía un seguro por discapacidad o incapacidad. Las heridas que sufrió fueron extensas, así como las cuentas médicas. Y aunque la otra conductora tenía seguro, no fue suficiente ni de lejos.

Le pusieron un tubo toráxico durante esos 10 días para intentar controlar la hemorragia interna y los fluidos que se le acumulaban alrededor del corazón y el pulmón. Incluso después de que le dieron el alta, necesitó de cuidados durante meses y varios meses más de terapia, citas médicas, exámenes y escaneos para quizás poder usar el hombro de nuevo. La gravedad de sus heridas y el dolor lo mantuvieron alejado del trabajo durante meses… sin ningún seguro por incapacidad que le cubriera los gastos.

En el lado opuesto del espectro, su novia tenía un seguro de incapacidad a largo y corto plazo a través de su empleador. Con su cobertura de corto plazo fue capaz de cobrar sus ingresos completos y los salarios de tres meses mientras se recuperaba. Luego, si necesitaba más tiempo, tenía una póliza a largo plazo que entraría en efecto.

Esas pólizas le significaron una diferencia de decenas de miles de dólares.

Nunca pensamos que algo tan drástico nos sucederá.

En el 2020, El Centro Nacional de Estadísticas Vitales reportó **3,4 millones** de muertes; sin embargo, de acuerdo con el Instituto de Información de Seguros, aproximadamente el 54% de los estadounidenses están cubiertos por algún tipo de seguro de vida, lo cual equivale a **179,2 millones.**

Por el contrario, el Centro para el Control y la Prevención de Enfermedades reporta **39,5 millones** de consultas médicas por heridas anualmente en los Estados Unidos y **241 millones** de accidentes automovilísticos al año. Pero de acuerdo con el Concejo para la Concientización de las Discapacidades, solo **89,9 millones** de estadounidenses tienen un seguro por discapacidad. Es menos de la mitad de aquellos que tienen un seguro de vida, ¡aunque sus posibilidades de quedar seriamente heridos son 10 veces más grandes que la de morir!

Si mi papá hubiera tenido un seguro por discapacidad o incapacidad, sus gastos de vida habrían quedado cubiertos mientras se recuperaba en esos meses que casi nunca acaban.

Es una lección para todos nosotros que, sin un seguro por discapacidad, nos enfrentamos al riesgo de una herida o enfermedad grave que nos quitará un gran trozo de la riqueza que estamos intentando crear, razón por la cual también es tan crítico tener un fondo de emergencia.

El seguro por discapacidad no es un vehículo para crear riqueza. En su lugar, es sencillamente un plan de protección para sus ganancias actuales. Esta es una de esas cosas que dejamos para después, y yo también lo hice, hasta que algo como esto nos pasa. No espere a que algo salga mal. Para ese momento ya será muy tarde.

Con tantas opciones de pólizas diferentes, puede ser difícil saber qué es necesario y qué no lo es. Las cuotas estarán basadas en una cantidad de factores como la edad, la salud y la ocupación. Sea cual sea la póliza que consiga, considere una que tenga una renovación garantizada y que no sea cancelable. Por supuesto, hay otras cosas más en las que fijarse, pero estas dos son muy significativas.

Protegerse a usted mismo y a su familia no debe ser algo que deje al azar y tampoco es algo que pueda ignorar. Es un paso intencional e importante no sólo para construir su riqueza, sino para construir y proteger su vida.

CAPÍTULO 16

Dese la oportunidad de retirarse pronto... y siendo rico

¿**R**ecuerda la razón por la que la mayoría de los negocios fracasan? Falta de planeación.

¿Conoce la razón por la que la mayoría de la gente no se retira con el nivel de riqueza que quieren o por qué no se retira en absoluto? Falta de planeación.

Muy pocas personas se suben a sus carros y sencillamente empiezan a manejar sin tener idea de a dónde van o cómo van a llegar allí.

Sin embargo, la mayoría de las personas creen que se van a retirar con éxito... *¡sin tener un plan de cómo van a llegar allí!*

Tal como necesita un plan si va a empezar un negocio y justo como necesita un mapa si va a hacer un viaje largo por carretera hacia un lugar en el que nunca ha estado, este capítulo lo ayudará a crear el plan y el mapa hacia su propio retiro.

La mayoría de las personas asumen que planear para el retiro es complicado y difícil y quizás eso se debe a que algunos planeadores financieros y otros profesionales de esa área nos hablan con términos demasiado especializados, cosa que nos obliga a apoyarnos en ellos... y por supuesto que debemos pagarles por eso.

Pero el hecho es que si lo mantengo simple y aprende unos cuantos fundamentos, este libro valdrá cada centavo que pagó por él.

Planes de retiro para dueños de negocios

Si no lo ha descifrado ya, quiero que se haga tan rico como lo desee y quiero que el Servicio de Impuestos Internos se quede con tan poco de su dinero como sea posible.

Una de las grandes ventajas de ser dueño de un negocio es que puede usar los planes de retiro empresariales para quedarse con más dinero, en lugar de dárselo al Servicio de Impuestos Internos, si se compara con un empleado regular.

Quiero mencionar los cinco planes de retiro más comunes y cómo aplican para usted. Son el Individual 401(k) (más conocido como el 401(k) de autónomo), el Plan de Pensión Simplificado para Empleados, el Plan de Ahorro con Incentivos para la Igualación de Aportaciones de los Empleados con Cuenta Individual de Retiro (SIMPLE IRA por sus siglas en inglés), el Plan de Ahorro con Inventivos para la Igualación de Aportaciones de los Empleados 401(k) (SIMPLE 401(k) por sus siglas en inglés) y la Cuenta Individual de Retiro tipo Roth.

Individual 401(k) o 401(k) de autónomo

El mejor plan de retiro para un dueño de negocio que quiere optimizar las contribuciones es un 401(k) individual o de autónomo.

Este plan ofrece **crecimiento fiscalmente aplazado**, lo que significa que usted puede reducir sus ingresos imponibles ahora (cuando contribuye al fondo) y pagar los impuestos después, cuando se retire.

Cuando usted es autónomo o es dueño de un negocio que no emplea a nadie más (con la excepción de su cónyuge) y quiere maximizar las contribuciones hacia el retiro, esta es la mejor opción.

Este plan reconoce a los dueños de negocios que participan tanto como empleadores y como empleados. Ya sea que usted sea el único dueño, esté en una sociedad o en una corporación de tipo C o S, obtiene la contribución más grande posible para su plan de retiro (Baldridge, 2022).

Si se pone su «sombrero» de empleado, puede contribuir con hasta el 100% de su salario (si recibe un W2 de su corporación) o hasta el 100% de sus ingresos netos empresariales ajustados, llegando a un máximo de 20.000 o 27.000 dólares si tiene al menos 50 años.

Luego lo cambiamos de «empleado» a «dueño de negocio». Los propietarios únicos o las empresas de responsabilidad limitada con un único integrante disfrutan de una contribución del empleador a la participación en las ganancias de (máximo) un 20%. La contribución más alta del empleador a la participación para una corporación de tipo C o de tipo S, ganándose un W2, es del 25%.

La página web irafinancialgroup.com indica que, en 2022, las contribuciones del plan individual 401(k) (incluyendo aquellas para el aplazamiento de los empleados y la participación en los beneficios) llegaron hasta los 61.000 dólares para quienes tenían menos de 50 años y hasta los 67.500 para quienes tenían 50 o más años.

Una diferencia clave con el 401(k) individual es que usted puede hacer contribuciones más grandes con menores niveles de ingresos gracias a la contribución del «empleado». Y una de las ventajas de tener un 401(k) individual es que su contribución de «empleado» puede ser fiscalizada como una cuenta de retiro individual de tipo Roth, lo que quiere decir que paga impuestos por ella ahora, pero estará libre de impuestos cuando se distribuya.

Con un 401(k) individual, a diferencia de con el Plan de Pensión Simplificado para Empleados, usted puede pedir un préstamo igual o menor al 50% del balance del plan o de 50.000 dólares.

Dependiendo de la estructura de su negocio, sus contribuciones serán consideradas un gasto empresarial (si está incorporado) o serán una deducción de sus ingresos personales (si no está incorporado).

Actualmente, un 401(k) individual es el mejor plan de retiro que puede elegir cuando es autónomo. Un beneficio clave del plan 401(k) es su alto límite de contribución, el cual subió significativamente en el 2022. Además, cuando considera la opción tipo Roth, las características de los préstamos y el potencial de inversiones alternativas, el 401(k) individual es un gran plan para cualquiera que sea elegible.

Considere hablar seriamente con su planeador financiero o con otro profesional para que lo ayuden a establecer un plan 401(k) si tiene algún tipo de ingresos de autónomo.

Plan de pensión simplificado para empleados con una cuenta de retiro individual (SEP IRA por sus siglas en inglés)

Un SEP IRA se diferencia de un 401(k) para autónomos en la manera en la que puede cubrir a los empleados y darle más flexibilidad a medida que crece su negocio. Este tipo de plan está disponible para una gran variedad de estructuras de negocios pequeños, incluyendo a las empresas individuales, las sociedades, las empresas de responsabilidad limitada, las corporaciones de tipo S y de tipo C y puede ser una opción atractiva para negocios pequeños con pocos empleados.

Puede establecer y mantener con facilidad un SEP IRA y típicamente no hay costos de creación u otras tarifas anuales o permanentes. Los planes SEP IRA están financiados por completo por el empleador y ninguna contribución viene de los empleados.

Puede contribuir con hasta el 25% de sus ganancias a una cuenta de retiro SEP. La máxima cantidad con la que puede contribuir es de 61.000 dólares por participante en 2022.

Debe saber que un inconveniente es que los planes SEP pueden hacerse caros si su meta es ahorrar agresivamente.

A diferencia de otros planes de retiro, un SEP IRA se crea principalmente como un vehículo para las contribuciones de los empleados y no para las deducciones de los sueldos. Y, a diferencia de los planes 401(k), los fondos de un SEP IRA no pueden usarse como respaldos para préstamos.

Como otras cuentas individuales de retiro, estas contribuciones son deducibles de los impuestos. Pero se requiere que las tasas de contribución sean uniformes para todos los empleados de una compañía que tenga un plan SEP IRA, incluyendo al dueño. Esto significa que el porcentaje de contribución que usted (como dueño) use, debe ser el mismo porcentaje de contribución que esté disponible para sus empleados.

Estos planes les ofrecen a los dueños de pequeños negocios una oportunidad para ahorrar mucho más para su propio retiro de lo que podrían hacerlo con una cuenta de retiro individual tradicional, pero, de nuevo, debe contribuir con fondos para todos los empleados elegibles.

Plan de ahorro con incentivos para la igualación de aportaciones de los empleados con una cuenta de retiro individual (SIMPLE IRA por sus siglas en inglés)

El SIMPLE IRA es una gran opción si es dueño de un negocio que tiene menos de 100 empleados y su meta es crear una cuenta de retiro individual para cada empleado.

Con un SIMPLE IRA, la contribución anual para el 2022 está limitada a 14.000 dólares y quienes tienen 50 años o más pueden contribuir con fondos adicionales de hasta 17.000 dólares para compensar potencialmente las contribuciones más bajas de años anteriores.

Los empleadores generalmente igualan las contribuciones dólar-por-dólar (hasta el 3% de la compensación del empleado) o pueden escoger contribuir con el 3% sin importar si el empleado decide añadir su propio dinero y contribuir con el plan.

Los empleados hacen contribuciones a un SIMPLE IRA con los salarios antes de los impuestos, lo cual baja sus ingresos imponibles actuales. El dinero invertido crece sin que se fiscalice hasta que ese dinero se saque durante el retiro. En ese momento, esos retiros de dinero están sujetos a ser fiscalizados como ingresos ordinarios.

Adicional a eso, los límites de contribución son más altos que los límites permitidos en las cuentas de retiro tradicionales o las de tipo Roth.

A los participantes de un SIMPLE IRA se les permite duplicar sus esfuerzos de inversión con una cuenta de retiro individual, lo que hace posibles las contribuciones máximas. Y si quiere ahorrar más dinero para su retiro, puede abrir otra cuenta de retiro individual tradicional o una de tipo Roth.

Mientras que el 401(k) de autónomo, el SEP IRA y el SIMPLE IRA representan tres planes que son bastante efectivos para negocios pequeños, tiene otras dos opciones que también puede examinar.

Plan de ahorro con inventivos para la igualación de aportaciones de los empleados 401(k) (SIMPLE 401(k) por sus siglas en inglés)

Los planes de ahorro con incentivos para la igualación de aportaciones de los empleados pueden venir en la forma de un SIMPLE IRA o de un SIMPLE 401(k).

Si usted es dueño de un negocio pequeño que tiene menos de 100 empleados, quizás quiera considerar un SIMPLE 401(k) para su compañía.

Lo más importante aquí es esto. Usted, el empleador, *debe hacer* una de estas dos cosas:

1. Una contribución que iguale hasta el 3% del salario del empleado.

2. Una contribución no electiva del 2% de cada salario de un empleado elegible.

Los empleados pueden contribuir con hasta 14.000 dólares en 2022. Si tiene 50 años o más, se le permite una contribución adicional de 3.000 dólares por año.

Los empleados tienen derechos totales sobre todas las contribuciones, así que un plan de adquisición de derechos escalonados para la retención de los empleados es completamente inútil.

Los SIMPLE 401(k) también permiten préstamos.

Con un plan 401(k) normal, una compañía debe llevar a cabo pruebas costosas de no discriminación. Esto no sucede con un SIMPLE 401(k), lo que hace que el peso administrativo sea considerablemente menor.

Asegúrese de discutir con su profesional financiero y fiscal cuáles son sus opciones y qué plan es mejor para su negocio basándose en sus variables empresariales (empleados, montos de contribución y el objetivo del plan).

Cuenta de retiro individual de tipo Roth (Roth IRA por su nombre en inglés)

Una Roth IRA está disponible para cualquier persona que tenga ingresos (no sólo para dueños de negocios), siempre y cuando sus ingresos se encuentren dentro del margen de elegibilidad. Si está empezando en su camino de inversiones y es elegible para una Roth IRA, este es un gran lugar para comenzar. La Roth IRA puede ser una de las mejores cuentas de inversión a largo plazo que puede tener.

Recuerde siempre este dato sobre las contribuciones a una Roth IRA: aunque vienen de los *ingresos ya fiscalizados*, estos fondos *crecen libres de impuestos* dentro de la cuenta y *sus distribuciones están libres de impuestos* también.

Pero también encontrará un lado no tan bueno de las Roth IRA. El acceso a este plan está restringido en función de los ingresos del contribuyente, así que quienes tienen salarios altos están excluidos.

Para ser elegible para contribuir a una Roth IRA, según las reglas del 2022, usted debe tener unos ingresos netos ajustados y modificados que sean menores a 129.000 dólares (si está soltero) o 204.000 dólares (si está casado y declara conjuntamente). Adicional a eso, una vez que sus ingresos suban a 144.000 dólares (si está soltero) o 214.000 dólares (si está casado y declara conjuntamente), queda restringido y no puede contribuir con nada de dinero a una Roth IRA (Stewart, 2022).

La contribución máxima para una Roth IRA en el 2022 es de 6.000 dólares. Y cuando tiene 50 años o más, puede añadir 1.000 dólares extra por año para «reponer» contribuciones, así que las contribuciones totales pueden llegar a los 7.000 dólares (Stewart, 2022).

Puede retirar contribuciones de una cuenta tipo Roth en cualquier momento, pero si quiere retirar sus ganancias libres de impuestos, debe tener al menos 59 años y medio y haber tenido la cuenta tipo Roth durante al menos 5 años.

Las Roth IRA pueden abrirse a través de un banco, una firma de corretaje, un fondo de inversión o una compañía de seguros. Puede invertir dinero en acciones, bonos, fondos de inversión, fondos cotizados en bolsa y otras inversiones aprobadas (pero no le recomiendo tenerlo en un banco o unión crediticia porque sus retornos serán mucho más bajos y no crecerá como usted quiere).

En resumen, ser dueño de y operar un negocio pequeño, una familia o ambas cosas puede sentirse como una hazaña a tiempo completo. Y lo entiendo, pues a veces lo es.

A menudo postergamos las cosas con la esperanza de hacerlas después, pero cuando no encuentra tiempo para hacerlas ahora, es posible que nunca las haga.

Contribuir para el retiro no es una opción, es algo que debe hacer. Y si actualmente no tiene lo suficiente como para empezar, no está aplicando los *hábitos de riqueza* y está gastando de más. Tómese el tiempo y reúna la disciplina para invertir en usted mismo y en su futuro.

Invertir en su retiro es un *hábito de riqueza* que tiene que empezar a aplicar ahora para terminar siendo rico. Dese la oportunidad de retirarse pronto… y siendo rico.

HÁBITO DE RIQUEZA

5

Invertir en el camino hacia la riqueza

CAPÍTULO 17

Inversiones de finca raíz: el *hat-trick* para construir riqueza

N o sé mucho de deportes, pero sí conozco sobre algo llamado «*hat-trick*».

En hockey, un *hat-trick* es cuando un jugador marca tres goles en un partido. Pero, en la finca raíz, un *hat-trick* se refiere a su habilidad de obtener tres beneficios diferentes de una misma inversión.

Usa su dinero para comprar un activo de finca raíz y, mientras ese activo crece en valor, la propiedad se **valoriza**. Ese es el primer gol.

Mientras está rentando esa propiedad, tiene un negocio y ahora es capaz de aprovecharse del **ahorro fiscal**. Ese es el segundo gol.

Además, ahora puede usarla como respaldo para comprar otros activos, recuperar algo de su dinero si le hace renovaciones o conseguirle inquilinos que le aumenten el valor, lo cual nos lleva a otra cosa fantástica: apalancamiento.

El apalancamiento es una estrategia de finca raíz muy simple en la que los inversionistas piden prestado dinero para comprar la propiedad con la meta de aumentar la rentabilidad y apalancar la deuda para obtener retornos más grandes. El apalancamiento aumenta sus ganancias cuando el interés que usted paga es menor que el retorno de la inversión.

Pero aún no hemos mencionado la parte más importante, las tres palabras mágicas: **flujo de efectivo**. Ese es el tercer gol.

Además del *hat-trick*, la finca raíz también tiene flexibilidad diversa y algunos beneficios fiscales muy buenos (de los cuales hablaremos más adelante).

Pero primero, más allá de todas estas razones (como si no fueran suficientes), el porqué me gusta invertir en finca raíz, más que en cualquier otra clase de inversión, es por estas cuatro palabras: obtener más por menos.

Con la finca raíz puedo tomar 1 millón de dólares de mi propio dinero y comprar 4, 5 o incluso 10 millones de dólares en activos.

Para invertir en acciones, mi millón de dólares me va a comprar un millón de dólares de Tesla, Apple o algún fondo indexado.

Pero, incluso en un contexto muy tradicional de tener que pagar el 25% primero para comprar una propiedad de inversión, necesito 250.000 dólares de mi propio dinero para comprar 1 millón de dólares en activos.

Touchdown. Bueno, ahora estoy combinando deportes, pero usted me entiende.

Hace más de 20 años, cuando compré mi primera propiedad, no tenía cientos de miles de dólares, ¡ni siquiera decenas de miles de dólares! Pero fui capaz de comprar una propiedad con el poco dinero que tenía y convertirla en mucho más de lo que jamás me habría imaginado.

Ahora, antes de que me desvíe, hablemos de esto en términos sencillos.

Compartí con usted el *hat-trick* de las inversiones en finca raíz (IFR), pero hay más con respecto a eso. Aquí tiene *«los cinco caminos hacia la riqueza»* y cómo construir riqueza a través de las IFR.

Camino a la riqueza a través de las IFR #1: valorización de la propiedad

La valorización de una propiedad es el aumento del valor de la finca raíz a lo largo del tiempo.

Esto ocurre porque existe un incremento en la demanda por esa propiedad. A medida que la propiedad se hace más escasa, pero aún es deseable, el precio de esta sube.

A diferencia de los activos que se deprecian, como los carros, los botes, los computadores, los celulares y los muebles, las propiedades de finca raíz tiene una fuerte tendencia hacia la valorización, lo que quiere decir que, con el tiempo, el valor de la propiedad aumenta. ¿Por qué?

En parte es por la inflación, pero el otro factor es la demanda. Un principio simple de oferta y demanda aplica bastante con respecto a la finca raíz. No podemos crear mágicamente más espacio en la Tierra, así que, a medida que se usan y desarrollan los espacios vacíos, los terrenos ocupados se hacen más deseables. Cuando las casas disponibles o los terrenos vacíos para construir viviendas son escasos en cualquier área del país, eso crea una demanda fuerte, lo que hace que el valor suba.

De acuerdo con la Oficina de Estadísticas Laborales de Estados Unidos, los precios de las viviendas son 857,74% más altos en el 2022 que en 1967. Los valores de las viviendas bajaron durante la recesión del 2008, pero desde entonces han repuntado y han llegado a su punto más alto en el 2021. En otras palabras, una vivienda que costaba 100.000 dólares en 1967, costaría casi 1 millón en el 2022. O 957.742 dólares, para ser exacta.

Entre 1967 y el 2002, las viviendas experimentaron una tasa de inflación promedio del 4,19% cada año. Esta tasa de cambio indica una inflación significativa.

Sin embargo, un hecho muy importante de la finca raíz es que los valores de finca raíz son todos locales para un área específica. Ciudades como Detroit o Flint, en Michigan, han experimentado pérdidas económicas significativas (y aún no se han recuperado), mientras que los valores de las propiedades en Phoenix, en Arizona, o en Austin, en Texas, son absurdamente altos.

¿Por qué? Porque más personas quieren vivir en Phoenix que en Detroit, razón por la cual las propiedades en Detroit tienen un valor significativamente menor. Entonces, para tener una buena idea de cómo se están valorizando las viviendas en su área, necesitamos obtener información específica sobre esa ciudad y, si es posible, incluso de un barrio específico.

Los agentes de finca raíz (aunque su incentivo es venderle una propiedad) son un buen recurso, pero yo prefiero examinar los datos. Haga su investigación sobre finca raíz en páginas web como **realtor. com**, **redfin.com** y **zillow.com**. Allí encontrará esa clase de información histórica que necesita.

Camino a la riqueza a través de las IFR #2: apalancamiento del activo

El apalancamiento es una estrategia de inversión que consiste en usar dinero prestado (específicamente el uso de varias herramientas financieras de capital prestado) para incrementar los retornos potenciales de una inversión.

El apalancamiento en la finca raíz consiste en usar el dinero de otras personas para incrementar sus ganancias sin tener que poner mucho de su propio capital a trabajar.

El apalancamiento de la finca raíz es una de las grandes ventajas de las inversiones en finca raíz si se las compara con otras clases de activos. Pero viene con algunos riesgos, así que asegúrese de entender cómo usar el recurso antes de incurrir en deudas serias.

En pocas palabras, el apalancamiento en finca raíz es el DOP, el «dinero de otras personas».

Use el DOP para comprar sus propios activos, los cuales le generarán ingresos y, ojalá, se valorizarán con el tiempo y le darán otros beneficios, tal como lo discutiremos en este capítulo.

Los bancos aman prestar dinero para activos reales como los de finca raíz. Y aunque los bancos hacen muchas cosas, su rol principal es recibir depósitos (de aquellos con dinero) y hacer préstamos a quienes necesitan fondos. Los bancos son intermediarios entre los depositantes (quienes le prestan dinero al banco) y los prestatarios (a quienes el banco les presta dinero).

Si quiere comprar una propiedad para alquilar, a menudo podrá pedirle prestado el 75% del precio de compra a un prestamista hipotecario. Solo necesita reunir el 25% del precio por sus propios medios.

Compare eso con comprar acciones. Las empresas de corretaje no le permiten el mismo porcentaje ni de cerca. Incluso si le permiten comprar con margen (obteniendo un préstamo de la empresa de corretaje), a menudo sólo le prestarán hasta el 50% del balance de su cartera y, encima, con unas tasas de interés altas. Lo peor de todo es que pueden «recapturar» las acciones apalancadas que usted compró con margen si las acciones bajan de valor. En otras palabras, pueden forzarlo a vender con pérdidas (lo conocido como una llamada de margen).

Eso no sucede con las inversiones en finca raíz. El banco no va a enviarle una «llamada del préstamo» para que les pague su dinero si el mercado se cae. Bueno, no lo harán siempre y cuando usted esté haciendo sus pagos ☺.

El apalancamiento de finca raíz les ayuda a los inversionistas de finca raíz porque reduce la cantidad de dinero que necesitan para comprar una propiedad.

El precio promedio de una vivienda en Estados Unidos es de 428.700 dólares. Imagine si tuviera que conseguir todo ese dinero desde el inicio sólo para comprar una propiedad que luego alquilará. Únicamente las personas muy adineradas podrían ser dueñas de propiedades para rentar. La buena noticia es que usted no tiene que serlo. Pero (aquí es cuando entra la voz de los infomerciales de los 90)... «espere, ¡hay más!».

Aquí le contaré cómo yo (así como muchos otros inversionistas ricos a largo plazo) he apalancado mi camino hacia la compra de propiedades multimillonarias y lujosas. Lo he estado haciendo desde el 2000, pero hace poco le asigné un acrónimo muy *cool*.

CRRRR sencillamente significa comprar, renovar, rentar, refinanciar, repetir. Dependiendo de lo que vaya a hacer con la propiedad, puede que pierda alguna R, pero de todas maneras esos principios han sido comprobados y son verdaderos.

A través del método CRRRR, comprará una propiedad desgastada o menos deseable, le añadirá valor con una rehabilitación, construirá un flujo de efectivo al rentarla, la refinanciará para que esté en una mejor posición financiera y luego hará todo de nuevo. Con el tiempo construirá un portafolio de finca raíz que será la envidia de sus compañeros inversionistas.

Veamos este método paso a paso.

1. Comprar

Tiene varias opciones para comprar: efectivo, financiamiento para compradores, préstamo con garantía real, préstamo bancario o un préstamo privado. Estas diferentes opciones de financiamiento tendrán diferentes costos tanto de adquisición como de mantenimiento.

Esto requerirá que analice con mucho cuidado el trato, lo cual incluye calcular el costo de las renovaciones, estimar los gastos mensuales de la propiedad de alquiler y confirmar que el ingreso final por el alquiler le dará un margen suficiente de ganancias. Es un punto crítico que determina el resultado de la inversión.

Cuando está comprando una propiedad en malas condiciones, es importante que calcule el valor después de las reparaciones (VDP). El VDP es el valor estimado de la vivienda después de que renueva o rehabilita la propiedad. Para determinar el VDP, compara la renovación final de la vivienda con casas similares que se hayan vendido recientemente en el área.

Recuerde que la mayoría de los prestamistas financiarán el 75% del valor de la propiedad en la que está invirtiendo. Si usted es nuevo en esto, yo usaría la regla del 70% para estimar el costo de las reparaciones y el valor después de las reparaciones, la cual lo ayudará a determinar la máxima oferta que debe hacer por una propiedad.

Use esta ecuación para aplicarle la regla del 70% a su propiedad:

VALOR DESPUÉS DE LAS REPARACIONES (VDP) x 0.70 – COSTO ESTIMADO DE LA REPARACIÓN = PRECIO MÁXIMO DE COMPRA

Al usar esta regla general puede asegurarse mejor de que seguirá existiendo un margen de ganancia incluso después de renovar la propiedad.

Calcular el precio máximo de compra le dará una idea de la cantidad de dinero que debería invertir en la propiedad. La única variable aquí es si está rentando (la R típica de CRRRR) o revendiendo, pero la regla es útil en ambos casos porque se apoya en los costos y gastos de rehabilitación.

Dependiendo del mercado en el que se encuentre, la regla del 70% no *siempre* funciona, pero, hasta que haya desarrollado el conocimiento para entender mejor este método, es un buen lugar para empezar. También es bueno tener amigos dentro de la industria (un agente experimentado, un prestamista a largo plazo o un círculo de amigos inversionistas) para que le den un estimado de lo que ellos creen que valdrá la propiedad una vez que haya sido renovada.

Pero, sin importar qué pase, ¡siempre haga sus cálculos y revise los números!

2. Rehabilitar/renovar

Hay dos cuestiones claves que recordar cuando se está renovando algo.

1. ¿Qué necesito hacer para que se pueda vivir en esta casa y sea funcional?

2. ¿Qué renovaciones puedo hacer que le añadirán más valor de lo que cuesten?

Si hace una renovación de la forma correcta y añade valor, está prácticamente garantizado que recuperará su inversión y que, además, tendrá ganancias, que es lo más importante de todo esto.

A menos que esté en el mercado de lujo, hablando de forma general, «mejoras» como conversiones de garajes, cocinas ultramodernas, lámparas colgantes caras y áticos y sótanos finalizados no le significarán un gran retorno de su dinero. Haga que todo sea modesto y sencillo.

De acuerdo con el reporte de «costo *vs.* valor» de la *Remodeling Magazine* del 2022, una remodelación general de la cocina sólo recupera el 56% de los costos, lo cual es significativamente menos que una remodelación moderada de la cocina, que recupera en promedio el 71% de los costos (Kalfrin y Rogacz, 2022).

A menudo no vale la pena meterle mucho dinero a mejoras de lujo para una propiedad que se rentará. En su lugar, considere hacer cambios de pintura, pisos nuevos, baldosas nuevas, grifos nuevos y luces brillantes. Realmente recuperará su dinero con esta clase de mejoras y su propiedad se verá mejor que el resto.

Asegúrese de que todo funcione y esté en perfecto estado porque ser un casero del bajo mundo o un renovador barato solo le costará más dinero a largo plazo. Una renovación bien hecha también le da flexibilidad en caso de que necesite o quiera desprenderse de una propiedad.

Yo busco intencionalmente las peores propiedades y las que necesitan reparaciones masivas porque sé que es probable que otros inversionistas y compradores las ignoren. La falta de demanda y la cantidad de tiempo que llevan en el mercado son las cosas que motivan a los vendedores a bajar sus precios.

Una de las muchas veces que compré una casa fea, la cual no era la peor de la calle, sino de muchas alrededor, supe que había estado disponible en el mercado… ¡durante más de un año! El precio por pie cuadrado era mucho más bajo que en cualquier otra casa del área porque esa vivienda requería de una renovación masiva. La mayoría de las personas no podían mirar más allá de que se había quedado estancada en 1995 y que necesitaba de muchísimo trabajo, pero yo todo lo que vi fue una oportunidad.

Ahora, no le recomiendo que haga eso si es su primer o segundo proyecto. Pero, dado que no era mi primera vez, sabía que: **cuanto más grande fuera la renovación, más grande sería la recompensa**.

Algunos de los «mejores» problemas que puede buscar son los siguientes:

- Techos. El dinero que gaste al reemplazar un techo tiende a regresar a usted en forma de una valorización más alta. Los problemas del techo pueden ahuyentar a los compradores (y a los prestamistas), lo cual le ayudará a obtener la propiedad por menos.

- Cocinas feas. Lo feo es usable incluso si está pasado de moda. Una cocina que esté parcialmente en estado de demolición hace que la casa no sea elegible para financiamiento FHA (préstamos del Gobierno para compradores primerizos de vivienda), lo cual hace que sea más fácil de comprar con efectivo. Esta es una de las muchas reglas de cualificación para el FHA. Para saber más sobre los requerimientos, los pagos iniciales pequeños y la tasa de interés del programa FHA, vaya a www.fha.com.

- Baños horribles. La mayoría de los baños no son enormes, así que no son necesarios muchos materiales ni trabajo para actualizarlos. Renovar baños normalmente es un arreglo rápido y que le significará un valor más alto después de la reparación.

- Problemas en las paredes. Los daños en las placas de yeso también pueden hacer que una propiedad no sea elegible para financiamiento, pero las paredes son relativamente sencillas y fáciles de reparar.

- Jardines descontrolados. Los arbustos, árboles y otro tipo de vegetación sin control son cosas que alejan a los compradores, pero que son muy baratas de arreglar. No necesita una compañía o un permiso para hacer paisajismo, así que no es difícil mejorar aquello, que además le pagará dividendos por el atractivo exterior que le dará a la casa.

Identificar las propiedades en las que puede hacer estos tipos de reparaciones (y que puede comprar por debajo del valor del mercado) puede añadirle equidad a sus acuerdos y resultar en que le llegue más dinero a sus bolsillos.

3. Rentar

Los bancos casi nunca quieren refinanciar una propiedad para alquiler que no está ocupada, así que conseguir un inquilino es un buen primer paso.

Es crítico analizar a los aplicantes para que termine con buenos inquilinos que le pagarán mes a mes. Esto también lo ayuda cuando vaya a financiar. Mientras que los peritos bancarios no deberían darle mucho valor a cuán limpia o bien mantenida está la propiedad, todo el mundo es humano y las primeras impresiones sí hacen la diferencia.

4. Refinanciar

Si no tiene una relación con un banco o un prestamista, aquí tiene dos cosas que necesitará preguntar:

1. ¿Le ofrecen refinanciamientos con retiro o sencillamente pagan la deuda? Si no le ofrecen refinanciamientos con retiro, pase al siguiente. El refinanciamiento con retiro es clave en este método. El refinanciamiento con retiro es cuando usted reemplaza su hipoteca actual con una nueva que tiene un balance pendiente principal más grande y se puede quedar con la diferencia en efectivo. Recibe de vuelta el dinero que usó en la propiedad y, *además*, obtiene dinero libre de impuestos por el aumento de la valorización que le dio a la propiedad por el valor que le agregó.

2. ¿Qué «período de maduración» requieren? Esto se refiere a cuánto tiene que haber sido dueño de la propiedad antes de que el banco le preste el valor avaluado en lugar de cuánto ha invertido. A veces los prestamistas quieren que la propiedad se «madure» durante 6 o 12 meses antes de refinanciarla. En vez de eso, busque prestamistas que estén dispuestos a prestar de acuerdo con el valor avaluado tan pronto como la propiedad haya sido renovada y alquilada.

Para encontrar los mejores bancos, pregúnteles al respecto a otros inversionistas que conozca. Páginas web como ListSource (www.listsource. com) o CoreLogic (www.corelogic.com) le permiten buscar cada préstamo que se les hizo a ocupantes no propietarios de su ciudad y el rango de precio durante el último año. Esta búsqueda le costará un par de cientos de dólares, pero es dinero bien gastado porque le ahorrará *tiempo*. Comprar tiempo al adquirir conocimiento para poder ir más rápido *siempre* es una buena inversión.

5. Repetir

Ahora que lo ha hecho todo una vez, vuelva al principio y repítalo de nuevo. Tome todo lo que aprendió, vea qué le salió bien y qué podría haber sido mejor. Encuentre áreas de mejora y use ese conocimiento para hacerlo todo incluso mejor la próxima vez.

Y, tal como en los negocios, los procesos y los sistemas lo ayudan a lograr todo más rápido y le evitan errores… y estrés. Cuanto más documentados estén sus procesos, menos tendrá que preocuparse por saltarse algo.

CRRRR en la vida real

Aquí le daré un ejemplo de la vida real sobre cómo descubrí este proceso y cómo lo he usado una y otra vez a lo largo de estas dos últimas décadas, mucho antes de que se creara el acrónimo de CRRRR.

Devolvámonos al 2001 y a la Casa de Piedra (siempre les pongo nombre a mis propiedades para recordarlas), una vivienda de 4 habitaciones y 1 baño, ubicada en un pequeño pueblo al oeste de Pensilvania.

Compré la Casa de Piedra en un embargo hipotecario por un precio increíble de 23.000 dólares. Las casas de esa área de un tamaño similar a la que compré se estaban vendiendo entre 82.000 y 85.000 dólares. También comparé los valores de alquiler del área y las casas de ese tamaño se estaban rentando por 700 u 800 dólares al mes, aunque había pocas disponibles y no eran muy bonitas.

Ahora, esta casa necesitaba trabajo. Tenía más de 80 años y no la habían renovado en los últimos 40. Las vigas del piso estaban rotas. La cocina era pequeña, tenía pisos de linóleo cafés y blancos y electrodomésticos amarillos. Las habitaciones tenían paneles de madera. ¡El baño era tan pequeño que se podía abrir la llave de la tina aun estando sentado en el inodoro! Pero el problema principal era que la casa se había asentado tanto que, al caminar, se podía sentir una inclinación de cinco centímetros por todas partes. Podía poner una canica en el piso y ver cómo se iba rápidamente a la esquina de la cocina. ¡Felicitaciones! Acababa de comprar un gran problema.

Este era un proyecto de renovación enorme. Y era el segundo hasta ese momento.

Tenía que poner un techo nuevo, revestimientos adecuados y mejorar todo el piso. Creé un nuevo espacio de cocina con alacenas renovadas, abrí un clóset para hacer que el baño fuera más grande, reemplacé todas las vigas del piso e instalé un soporte secundario en el sótano para levantar la casa medio centímetro cada semana (para nivelar esa caída que tenía).

Pedí cotizaciones y encontré a unos contratistas buenos y razonables para las cosas más grandes y, además, mi papá me ayudó y yo también hice lo que pude. Mi renovación completa costó 18.000 dólares (recuerde que esto pasó hace más de 20 años).

Aquí le diré cómo funcionan los números. No se vaya. Le prometo que este principio, cuando se usa de manera correcta, le cambiará su futuro financiero.

Casa comprada con «efectivo»: 23.000 dólares (13.000 de mi propio dinero + 10.000 de una línea de crédito).

Costo de la renovación: 18.000 dólares pagados con una línea de crédito.

Después de que se terminó la renovación, hice un refinanciamiento con retiro de efectivo en la propiedad.

Con un valor de tasación de 120.000 dólares, el refinanciamiento con retiro de efectivo me dio 96.000 dólares.

Pagué los 28.000 de la línea de crédito, ¡lo cual me dejó con 68.000 dólares!

Pero, recuerde, ¡yo sólo puse 13.000 dólares de mi propio dinero en esto!

Luego alquilé la casa por 750 dólares al mes (flujo de efectivo).

Después de un par de años, me di cuenta de que, en lo personal, no me gustaba ser arrendadora, pero sí me encantaba renovar y revender casas. Aunque recibí 14.000 dólares en flujo de efectivo por la renta, después vendí la casa por 129.000 dólares (valorización de la propiedad).

Este no es el método tradicional de CRRRR porque vendí la casa después de un par de años, pero revisemos los cálculos y veamos en qué se convirtieron mis 13.000 dólares iniciales:

13.000 dólares de mi propio dinero + 28.000 dólares de una línea de crédito. La valorización fue de 120.000 dólares. El banco me dio 96.000 por un refinanciamiento con retiro de efectivo. Después de pagar la línea de crédito, quedé con 68.000 dólares.	$68.000
Luego vendí la propiedad por 129.000 dólares. Pagué los 96.000 dólares del refinanciamiento hipotecario. Después de las tarifas de cierre, me quedé con otros 24.000 dólares.	$24.000
Esto es:	¡$92.000!

Pero no hemos terminado aún.

¡Ni siquiera sumamos los alquileres que me pagaron! Una vez que se suma todo, ¡da un aproximado de 106.000 dólares en total! Todo a partir de mi inversión inicial de 13.000 dólares.

Si pone las ganancias de la venta de una propiedad en una cuenta bancaria en custodia para usar el intercambio de la sección 1031, estas pueden estar libres de impuestos (lea más al respecto en el capítulo 13). Tiene seis meses para encontrar otra propiedad de finca raíz para comprar y evitar pagar impuestos sobre sus ganancias por la venta.

En lugar de tener un pasatiempo que le *cueste*, encuentre un pasatiempo que le *dé ganancias*.

Ahora, algunas personas dirán que debería haberme quedado un poco más con esa casa porque habría ganado más dinero… y no estarían equivocadas. Sin embargo, usted puede escoger qué clase de inversionista quiere ser. Las inversiones en finca raíz fueron y todavía son algo que amo hacer. Algunas personas exitosas escogen ir a jugar golf o de compras. Pero yo amo esto. Cuanto más grande sea el proyecto, más difícil sea la renovación y más partes tenga que mover, más amo hacerlo.

Así es como lo veo yo: ¿esto me da la oportunidad de mejorar mi salud, incrementar mi riqueza, darme alegría o crear la posibilidad de contribuir? Si alguna de esas cuatro cosas no está allí, entonces no tengo tiempo para aquello.

Camino a la riqueza a través de las IFR #3: ventajas fiscales y ahorros

Otra gran ventaja financiera son las deducciones fiscales de las que puede aprovecharse por las inversiones en finca raíz. Hablo en detalle de los impuestos en el capítulo 12, pero quiero mencionar ciertos específicos de la finca raíz en este. Y como sólo retenemos un pequeño porcentaje de lo que escuchamos o leemos, si ve esto dos veces, tendrá mayores posibilidades de recordarlo.

Los gastos directos en los que incurra por la administración y el mantenimiento de propiedades son deducibles. Se incluye lo siguiente:

- Impuestos y seguros relacionados.

- Intereses sobre su hipoteca.

- Tarifas pagadas por la administración de la propiedad.

- Mantenimiento de la edificación.

- Reparaciones a la edificación.

También puede deducir gastos empresariales típicos, tal como lo haría con cualquier otro negocio. Los gastos empresariales cualificados de inversiones en finca raíz pueden incluir:

- Publicidad y *marketing*.

- Espacio de oficina y suministros.

- Equipamiento empresarial (por ejemplo, computadores o tabletas).

- Tarifas legales y de contabilidad.

- Viajes y comidas.

- Gastos de gasolina y relacionados con el carro.

Como estas deducciones reducen sus ingresos imponibles, ahorra dinero y puede quedarse con más de lo que se gana (vea el capítulo 12 para refrescar esta información).

Suponga que los ingresos por el arriendo de su negocio de finca raíz son de 40.000 dólares y que tiene gastos cualificados de 9.000. Cuando deduce los gastos de sus impuestos, los ingresos imponibles bajan a 31.000 dólares.

Como se lo he compartido en otros capítulos, asegúrese de tener una contabilidad muy detallada de sus gastos y guarde las facturas y otros registros que puedan verificar y substanciar los gastos que alega.

Costos de depreciación a lo largo del tiempo

Esta es una de las mejores partes de ser un inversionista de finca raíz. La depreciación es un *gasto fantasma*. Es una deducción que puede reclamar sin que haya tenido que comprar nada con su chequera (como con las otras deducciones). Para aprovecharse de una deducción fiscal, usted debe *gastar* dinero (invertir en su negocio). Pero eso no pasa con la depreciación. La depreciación denota una pérdida mínima del valor del activo, usualmente debido al uso y paso del tiempo.

Por ejemplo, si usted es un inversionista que tiene finca raíz que le produce ingresos por el alquiler, la depreciación de la propiedad se convierte en un gasto que puede reclamar en sus impuestos. Esta deducción le ayuda a reducir sus ingresos imponibles, lo cual resulta en que tenga que pagar menos impuestos. Las deducciones por depreciación se toman cada año de la expectativa de vida de la propiedad. En este momento, el Servicio de Impuestos Internos dice que la expectativa de vida de una propiedad residencial es de 27,5 años y que la expectativa de vida de una propiedad comercial es de 39 años.

Suponga que compra una propiedad para rentar en donde el valor de la edificación (no el terreno) es de 350.000 dólares. Cuando divide ese valor en tramos anuales (por cada uno de los 27,5 años), verá que su deducción es de 12.727 dólares por la depreciación de la propiedad. A esta deducción se le llama gasto fantasma porque, a diferencia de con otras deducciones, usted no está gastando *más* para pagar menos en impuestos.

Sin embargo, después de que vende la propiedad, la tasa estándar de impuesto sobre la renta se aplica sobre la depreciación reclamada. Este es un impuesto formulado para obtener de vuelta algo de esa depreciación deducida, pero usted puede buscar otras estrategias fiscales, como el intercambio 1031 o una inversión en zona de oportunidad, para aliviar ese impuesto (le contaré más de eso en un momento).

Use una deducción de paso

Cuando es dueño de una propiedad para alquilar como una entidad de paso (como una empresa individual, una sociedad, una empresa de responsabilidad limitada o una corporación de tipo S), los ingresos por el alquiler recolectado se convierten en ingresos comerciales cualificados de acuerdo con la Ley fiscal de finca raíz. Como entidad de paso, puede deducir hasta el 20% del ingreso comercial cualificado de sus impuestos personales.

Suponga que su empresa de responsabilidad limitada es dueña de un complejo de edificios y sus ingresos por el alquiler suman 30.000 dólares cada año. Cuando usa una deducción de paso, puede deducir un máximo de 6.000 dólares de su declaración personal de impuestos. Recuerde que todas las deducciones y estrategias fiscales vienen con reglas y regulaciones que debe seguir. Esta ventaja particular y otras partes de la Ley de recorte de impuestos y empleos caducarán en el 2025.

Entendiendo las plusvalías

Cuando vende un activo, como una propiedad, por ganancias, puede que le apliquen un impuesto sobre las plusvalías. Sea consciente de que hay dos tipos de plusvalías: las de corto y las de largo plazo. Si planea invertir en finca raíz o empezar un negocio de finca raíz, querrá saber sobre ellas.

Aprender esta lección me salió muy caro. Cuando estaba en mis veintes, empecé a hacer muchas renovaciones y ventas, así que no me quedaba mucho tiempo con las propiedades, y no podía entender por qué me estaban cobrando tantos impuestos. En pocas palabras, si se queda con las propiedades por menos de un año, está pagando impuestos como si fueran sobre la renta. Es solo cuando se queda con las propiedades por más de un año que puede ahorrarse ciertas cosas. Permítame compartirle lo que ojalá yo hubiera sabido antes: la diferencia entre las plusvalías de corto y largo plazo.

Plusvalías a corto plazo

Obtiene plusvalías a corto plazo cuando se beneficia por vender un activo después de menos de un año de ser su propietario. Esta situación puede tener un efecto negativo en sus impuestos porque la plusvalía a corto plazo puede ser fiscalizada como un *ingreso ordinario*.

Considere este ejemplo:

Se gana 100.000 dólares en su trabajo de 9 a 5 o en su negocio.

Vende una propiedad que compró como inversión, seis meses después de la fecha de compra. Obtiene ganancias de 100.000 dólares por esta venta. Cuando se añade eso a sus ingresos de trabajo, sus ganancias esencialmente doblan sus ingresos para propósitos fiscales porque ahora ha obtenido 200.000 dólares.

Dependiendo de cómo declare sus impuestos, un ingreso adicional puede llevarlo a la siguiente categoría fiscal. En esta situación, puede terminar pagando una factura más grande de impuestos y a una tasa porcentual más alta de la que esperaba.

Plusvalías a largo plazo

Obtiene plusvalías a largo plazo por las ganancias de vender una propiedad cuando ha sido dueño de ese activo por un año o más.

Si puede esperar 12 meses para vender, hasta el aniversario de su compra (más un día, por las dudas), se quedará con más de sus ganancias. ¿Por qué?

Porque las plusvalías a largo plazo incurren en una tasa fiscal mucho más baja que sus ingresos estándar y ordinarios de renta.

Como un bono: dependiendo del monto de sus ingresos, puede que no tenga que pagar *nada* de impuestos sobre las plusvalías. Suponga que usted y su cónyuge se ganan 74.000 dólares de manera conjunta y declaran impuestos en pareja. Sus plusvalías a largo plazo estarán libres de impuestos porque la tasa fiscal para su nivel de ingresos es del 0%. En ese caso, se queda con cada centavo de las ganancias que obtuvo por vender la propiedad. Esta es una manera de ahorrar significativamente al vender activos y la razón por la que querrá considerar el quedarse con ellos por un poco más de tiempo.

Diferir impuestos

De nuevo, algo sobre lo que ojalá hubiera sabido mucho antes. Hay unas cuantas maneras en las que el Gobierno ayuda a incentivar a los inversionistas y el poder diferir los impuestos es una de ellas. Si hubiera tenido este libro hace más de 20 años, me habría ahorrado cientos de miles de dólares al hacer esto más pronto. El intercambio 1031 es una herramienta excelente para diferir los impuestos.

Intercambio 1031

Como herramienta de inversión en finca raíz, el intercambio 1031 le permite a los inversionistas cambiar una propiedad de inversión por otra. De esta manera, pueden diferir las plusvalías (o minusvalías) o los impuestos sobre las plusvalías que tendrían que pagar al momento de la venta.

Las cinco reglas principales para cualificar para un intercambio 1031 son:

- Debe ser una propiedad similar.

- Sólo puede ser una propiedad de inversión o de negocios (no puede ser la residencia principal).

- La propiedad de reemplazo debe ser de un valor igual o superior a la que se está vendiendo.

- La propiedad de reemplazo debe ser identificada en 45 días.

- La propiedad de reemplazo debe comprarse en 180 días.

Si se cumplen todas las reglas, el inversionista puede diferir el pago del impuesto sobre las plusvalías que se debe por la venta de la propiedad inicial. Sin embargo, debe organizar bien el intercambio para usarlo. Hay reglas y requerimientos, los cuales dependen de circunstancias, como el momento de las transacciones de compra y venta. Seguir el programa de intercambio 1031 puede ser complicado y siempre se recomienda contar con la ayuda de un estratega fiscal cualificado.

Recuerde: puede usar el intercambio 1031 para diferir ahora, pero cualquier impuesto que deba tendrá que pagarlo cuando eventualmente reclame las ganancias por sus transacciones.

Zonas de oportunidad

Una zona de oportunidad es una comunidad nominada por el estado y certificada por el Departamento del Tesoro de los Estados Unidos como apta para este programa. Hay aproximadamente 8.700 zonas de oportunidad en los 50 estados, Washington D.C. y los territorios estadounidenses. Puede encontrar una lista en la página web del Departamento de Vivienda y Desarrollo Urbano de los Estados Unidos.

Puede pensar en las zonas de oportunidad como terrenos usados por una comunidad de ingresos bajos o que se consideran en desventaja. La Ley de Recortes de Impuestos y Trabajos le ofrece beneficios fiscales a quienes inviertan su dinero en el desarrollo y la estimulación económica de las zonas de oportunidad.

Así es como estos créditos fiscales pueden ayudarlo:

1. Encuentre un grupo de inversionistas con los cuales trabajar y ponga todas las plusvalías no realizadas que tenga en un Fondo de Oportunidad Calificado.

2. Ayude a dirigir el dinero del Fondo de Oportunidad Calificado para que mejore la propiedad ubicada en la zona de oportunidad seleccionada.

3. Asegúrese de seguir las reglas del programa. Cuando lo haga, podrá recibir ventajas fiscales como:

   • Diferir el pago de las plusvalías hasta el 2026. Pero si vende su trozo del Fondo de Oportunidad Calificado antes del 2026, debe pagar los impuestos sobre las plusvalías en ese momento.

   • Incluso puede evitar pagar por las plusvalías al mantener su dinero en el fondo durante al menos 10 años.

Ahorrando en el impuesto FICA (o el impuesto para los autónomos)

Esta última ventaja fiscal es sobre cómo ahorrar algo en los impuestos para los autónomos. Los impuestos de autónomos se acumulan porque cualquiera que sea autónomo debe pagar ambas porciones del impuesto FICA, es decir, la Seguridad Social y el Medicare, para el empleador y el empleado.

Si usted es dueño de una propiedad de alquiler, el ingreso que recibe no se clasifica como *ingreso de trabajo*. Y, por eso, uno de los impuestos que puede evitar como inversionista de finca raíz es el impuesto FICA (conocido también como impuesto sobre la nómina).

Analicemos los números:

Suponga que usted es un consultor que se gana 60.000 dólares al año. Ese dinero es un *ingreso de trabajo* y debe impuestos de autónomo a una tasa fiscal del 15,3%, lo que significa que tendrá que pagar alrededor de 9.180 dólares.

Ahora suponga que la propiedad de alquiler de la que es dueño produce 60.000 dólares al año por dicho alquiler. Porque ese dinero son *ingresos pasivos*, puede quedarse con ese dinero en el bolsillo.

Camino a la riqueza a través de las IFR #4: flexibilidad

Ya fuera la crisis de ahorros y préstamos de las décadas de los 80 y 90, la crisis financiera del 2008 y 2009 o la pandemia del COVID-19 del 2020 y el 2021, quienes se aprovecharon de la disrupción del mercado tienen una característica en común: la flexibilidad.

Los retornos de finca raíz exitosos han favorecido a aquellos con flexibilidad. En un entorno en el que el mercado puede cambiar rápidamente y las restricciones pueden inhibir el desempeño de una inversión, aquellos que estén dispuestos a abrazar la flexibilidad como mentalidad de inversión y quienes vean la finca raíz como yo (algo que posee muchísima flexibilidad) recibirán las mejores recompensas ante cualquier clase de riesgo.

Por ejemplo, un inversionista que esté dispuesto a invertir tanto en multifamiliares como en sitios comerciales tiene la ventaja de adquirir proyectos de uso mixto frente a otros inversionistas con mentalidades estrechas que se centran sólo en una cosa. En las inversiones de finca raíz, los inversionistas con una mentalidad flexible no tienen exclusivamente una gran ventaja, sino que la finca raíz en general tiene una flexibilidad masiva.

Digamos, por ejemplo, que adquiere una casa unifamiliar y quiere vivir allí. Pero algo cambia en sus finanzas personales y ya no puede permitirse la casa. ¿Está viviendo en un área en donde la casa se alquilaría por más de lo que está pagando de hipoteca? ¿Está en un área en donde usarla de Airbnb o lugar de alquiler a corto plazo maximizaría sus ganancias?

Ciertas propiedades tienen restricciones de zonificación, de asociación de propietarios y otros tipos cláusulas, pero si ve la flexibilidad como el factor clave al momento de comprar finca raíz, será mucho más difícil perder en comparación a cuando compra una acción, pues sólo está apostando para que la acción gane.

En muchos otros mercados hay corrientes de corrupción, cambios de tecnología y competencia, pero en finca raíz la gente siempre necesita dónde vivir, ya sea comprando o alquilando una propiedad. Siempre y cuando no esté sobreapalancado, incluso si el mercado cae, tendrá la habilidad de navegarlo a través de los cambios.

El cambio en cualquier mercado es inevitable y una vez que empieza a entender los ciclos económicos, comenzará a ver los patrones y a saber cuáles se van a repetir y aproximadamente cuándo.

Los inversionistas responden al cambio en los mercados de dos maneras:

1. Temiéndole

Se niegan a cambiar, se pierden oportunidades que se les presentan, ven cómo se reducen sus ganancias y eventualmente pierden dinero.

2. Lo descifran

Aceptan la situación, modifican su estrategia de inversión y cosechan los beneficios de las oportunidades que se les presentaron.

Los inversionistas exitosos entienden que, para tener éxito, deben estar preparados y aprovecharse de las oportunidades que se les presentan. Esto puede ser durante una subida o caída, pues el mercado nunca continúa siendo igual.

Si está en un mercado en ascenso, ¿adivine qué? El invierno llegará en algún punto. Si está en un mercado en descenso o en medio de una recesión económica, lo mismo aplica. Nada durará para siempre.

Las economías y los mercados trabajan en ciclos: expansión, pico, recesión, recuperación. Luego todo se repite. Es la versión de la economía del CRRRR.

Cuando analiza la lista histórica de expansiones, así como de recesiones económicas, recuperaciones y grandes estallidos del mercado, verá el mismo patrón repetido una y otra vez.

La flexibilidad en la finca raíz es la función clave para sobrevivir a las recesiones.

Camino a la riqueza a través de las IFR #5: flujo de dinero

Existen tres palabras mágicas para cualquier inversionista de finca raíz: *flujo de dinero.*

De acuerdo con Roofstock.com, «el flujo de dinero es la cantidad de ganancias que tiene cada mes después de recolectar todos los ingresos, de pagar todos los costos operativos y de separar algo de dinero de reserva para reparaciones futuras. Para inversionistas de bienes raíces de compra y retención, el flujo de dinero es el principal mecanismo que usan para incrementar sus ingresos» (Jahnke, 2022).

El flujo de dinero compara los ingresos y los gastos en los que se incurre con respecto a la propiedad alquilada. Si los ingresos son más grandes que los gastos, entonces el flujo de dinero es **positivo**. Si los gastos son más grandes que los ingresos, el flujo de dinero es **negativo**.

La mayoría de los inversionistas de finca raíz pueden estimar los ingresos brutos por el alquiler de una propiedad. Pero es el costo real de ser dueño de y operar una propiedad en alquiler lo que las personas no anticipan.

Puede conocer su flujo de efectivo antes de los impuestos al tomar el total de su renta anual y deducir todos los gastos, como los pagos de la hipoteca, el seguro y los impuestos de la propiedad.

Básicamente los gastos pueden dividirse en:

- **Costos de compra:** impuestos de transferencia y costos notariales y de registro.

- **Costos de préstamos:** servicios de deudas (intereses y repagos).

- **Costos de mantenimiento:** reservas para mantenimiento.

- **Costos de administración.**

Cuatro ratios importantes que todos los inversionistas de finca raíz deberían conocer

No quiero decirle *cómo* construir una casa sin darle todas las herramientas para hacer que el proceso sea lo más fácil posible (dándole la mejor oportunidad para que tenga éxito), así que aquí tiene unas cuantas herramientas más para su arsenal. Estas son cosas que lo ayudarán a entender el mundo de las IFR incluso más.

1. Tasa de capitalización

La tasa de capitalización puede ser un factor importante cuando se esté analizando una propiedad de inversión. Se usa para medir el posible retorno que tenga cualquier propiedad. También arroja información sobre si la propiedad le dará buenas ganancias según el dinero que pagó por ella.

Aquí está la fórmula.

Primero tendrá que saber cuál es el Ingreso operativo neto (ION), que es similar a las ganancias netas de un negocio. Sume todos los ingresos que recolectará la propiedad y luego reste todos los gastos que tendrá la propiedad.

Luego divida ese número entre el valor de mercado de la propiedad (o puede usar el precio de compra; los inversionistas usan uno de ellos o los dos).

Aquí tiene un ejemplo: si su propiedad tiene un valor actual de 500.000 dólares y su ION es de 50.000, el resultado cuando lo divide es de 0,10. Una vez que ha convertido eso en un porcentaje, le da 10%.

Hablando en términos generales, los inversionistas buscan una tasa de capitalización del 5 al 10%.

Y aunque puede ser una herramienta rápida para evaluar una inversión, no debería usarse por sí misma. Hay variables que pueden afectar la tasa de capitalización según la ubicación de la propiedad y otros factores.

En pocas palabras: la tasa de capitalización puede ser muy útil para comparar propiedades.

2. Retorno en efectivo sobre efectivo

El retorno en efectivo sobre efectivo es lo que puede esperar recibir por el dinero que invierte en su propiedad de finca raíz. Es una fórmula importante porque le mostrará cuánto dinero es probable que gane a partir del dinero que invierte y toma en cuenta los pagos hipotecarios y el interés que les paga a los bancos o a otros prestamistas.

Para calcular la cantidad total de dinero que invirtió, querrá tomar el precio total de compra, sumar los costos de finalización, restar cualquier hipoteca que tenga la propiedad y añadir todas las mejoras que se le estén haciendo a la propiedad para incrementar su valor total. Su lista de mejoras puede incluir cosas como reemplazar el aire acondicionado, mejorar el cableado o añadir suelos de baldosa o nuevos electrodomésticos.

Aunque no existe un número perfecto, en general la mayoría de los inversionistas buscan retornos en efectivo sobre efectivo que sean mayores al 8%. Hay algunos que ni siquiera cerrarán un trato si ese retorno no es de dos dígitos y otros que se conforman con menos del 8% (dependiendo del mercado en el que se encuentren).

3. Retorno de la inversión

Es importante medir el retorno de la inversión en cualquier inversión. Ayuda a evaluar cuánto dinero o ganancias ha obtenido por una inversión, pero como un porcentaje del costo total.

El método del costo calcula el retorno de la inversión al dividir las ganancias por la inversión en una propiedad entre los costos de la propiedad.

Aquí tiene un ejemplo. Digamos que compró una propiedad por 200.000 dólares en efectivo. Después de la renovación, que costó 50.000 dólares, el valor de la propiedad subió a los 300.000 dólares. Eso hace que su ganancia sea de 50.000 dólares.

Para usar el método del costo, divida la ganancia entre todos los costos relacionados con la compra, las reparaciones y la rehabilitación de la propiedad.

El retorno de la inversión en este ejemplo es:

50.000 ÷ 250.000 = 20%.

Hay otra manera que muchos inversionistas de finca raíz usan para calcular el retorno de la inversión, la cual se conoce como «de bolsillo». Esta se utiliza comúnmente cuando usa su propio dinero como pago inicial por la propiedad y luego consigue una hipoteca para el resto.

Digamos que lo que sacó de su bolsillo fueron 50.000 dólares y se suman otros 50.000 para las renovaciones, lo que quiere decir que pagó 100.000 dólares. Con el valor de 300.000 dólares de una propiedad nueva, sus ganancias potenciales son de 200.000 dólares.

Su retorno de la inversión en este caso sería:

200.000 ÷ 300.000 = 66%.

Es una diferencia enorme porque, cuando usa apalancamientos (recuerde, nos referimos a dinero de otras personas), puede incrementar su retorno de la inversión y usar menos de su propio dinero.

Recuerde que el retorno de la inversión en finca raíz varía típicamente según el *riesgo*: cuanto más riesgo haya, mayor será el retorno de la inversión. Muchas personas se conforman con retornos de la inversión bajos para dormir mejor por las noches. Recuerde que históricamente los retornos anuales del S&P 500 son del 9,3%, así que quizás quiera tener eso en mente cuando decida a qué tipo de retornos quiere apuntar.

4. Relación préstamo-valor

Si quiere invertir en finca raíz, este es un buen ratio con el que estar familiarizado porque las relaciones préstamo-valor no sólo las usan los inversionistas, sino que también las usan los bancos y cualquier institución prestamista que vaya a darle un préstamo (incluyendo refinanciamientos).

Digamos que están vendiendo una propiedad por 400.000 dólares y un tasador independiente del banco le da un valor de 375.000 dólares. Esta tasación es crítica al momento de obtener un préstamo porque la mayoría de los prestamistas sólo le prestarán hasta el 80% de la relación préstamo-valor para propiedades que serán ocupadas por el dueño y del 75% de la relación préstamo-valor para propiedades de inversión. Si cualquiera de las dos se tasa por menos del precio de compra que está a punto de pagar, tendrá que compensar la diferencia o volver al vendedor para renegociar unos términos nuevos.

Esto lo ayudará a hacer un análisis de la propiedad para saber en qué punto se encuentra antes de comprarla. Es importante saber que estos indicadores sólo aplican para el primer año.

A medida que pasa el tiempo, su equidad en la propiedad aumentará y la inflación hará que sus costos de operación e impuestos sobre la propiedad aumenten. Todas estas variables cambiarán los ratios, así que es importante mantenerse al día con los datos y ver hacia dónde se dirige el mercado para manejar de la mejor forma su inversión para el futuro.

La regla del 1% y del 50%

Analizar los tratos es crucial para el éxito de cualquier inversionista de finca raíz, así que aquí tiene una herramienta rápida que lo ayudará. Aplicar ciertas reglas puede ayudarlo a determinar con rapidez si es probable que una inversión en finca raíz sea rentable.

La regla del 1%

Cuando invierta en finca raíz, puede usar la regla del 1% para evaluar el costo de la propiedad en la que está invirtiendo vs. las ganancias totales que espera que le dé.

Antes de que un bien de finca raíz pueda pasar la medida de la regla del 1%, la renta recibida cada mes debe ser equivalente o mayor al 1% del costo de la compra (Nowacki, 2022).

Si el costo total de adquirir la propiedad fue de 500.000 dólares y planea recibir un alquiler de 5.000 dólares al mes, ese es el 1%. Cuando está buscando comprar una propiedad de alquiler de cualquier clase, esta regla es una forma rápida de evaluar aquello, pues generalmente el 1% basta para muchos inversionistas.

Los inversionistas pueden usar la regla del 1% para dos propósitos:

- Evaluar el potencial de rentabilidad de la propiedad antes de comprarla.

- Como una guía para saber cuánto deberían cobrar por el alquiler.

Considere la regla del 1% como una guía, pero entienda que puede que no aplique en algunos casos o en ciertos mercados.

La regla del 50%

La regla del 50% se usa para determinar los gastos y la rentabilidad de una propiedad. Fue diseñada para ayudar a quienes estén buscando invertir porque uno de los errores más comunes que cometen los inversionistas es estimar rentabilidades demasiado altas y gastos reales muy bajos.

Así se ve en acción.

Digamos que compró una propiedad para alquilar que le genera 100.000 dólares de ingresos brutos. Cuando usa la regla del 50%, 50.000 de esos dólares serían sus gastos de operación para la propiedad y los otros 50.000 serían sus ingresos netos.

Al seguir examinando la regla del 50% de las inversiones de finca raíz, considere a qué gastos se aplica ese 50% y a cuáles no. Lo principal que debe recordar es que eso no incluye sus pagos hipotecarios, intereses de préstamos o tarifas de administración de la propiedad o asociaciones de vecinos.

Calcular la parte de gastos de la regla del 50% incluye cosas como los impuestos, seguro, reparaciones, mantenimiento, pagos de servicios y pérdidas por falta de ocupación. Por supuesto, si paga en efectivo por una propiedad y usted mismo se encarga de los deberes de administración, se evita esos gastos. Y también es un bono si no debe pagar por una asociación de vecinos.

Para calcular la regla del 50% para evaluar una transacción de finca raíz, empiece estimando la renta bruta (mensual o anual) y luego divídala entre dos. El escenario puede verse de esta manera:

- Espera obtener 4.000 dólares mensuales por el alquiler. Aplique la regla del 50% y piense que tendrá 2.000 dólares de gastos.

- Sume su pago hipotecario (1.400), la tarifa de la asociación de vecinos (150) y las tarifas de administración de la propiedad (0, pues usted la administra). Esa suma da 1.550 dólares.

- Reste ese resultado del 50% del alquiler que no ha apartado y tendrá 450 dólares en efectivo libres cada mes. Ese es su flujo de efectivo.

Puede usar la regla del 50% para las inversiones de finca raíz como una guía para evaluar la rentabilidad de una propiedad potencial que esté considerando. Como cualquier guía, hay situaciones en las que sencillamente no funcionará bien. Pero esta regla es un gran lugar para empezar y para ayudarle a un inversionista a entender los números y que no subestime sus costos.

Por supuesto, hay muchas cosas más que considerar además de estas. Querrá pensar en los costos con el tiempo y proyectar incrementos en los impuestos, el uso y desgaste de la propiedad y los seguros. ¿Cómo se comparan estos incrementos en los gastos con los incrementos en el alquiler? Cosas como la inflación ciertamente pueden beneficiar a los inversionistas con propiedades en alquiler porque pueden cobrar más por la renta, pero eso también puede elevar los precios de las viviendas y hacer que cueste más adquirir las mismas propiedades.

Pero, como siempre, investigue. Revise el mercado de alquiler del área que rodea su propiedad de inversión en potencia. Entérese sobre las tendencias en los precios de alquiler y el nivel de la demanda de los arriendos. Evalúe la deseabilidad general del área. Analice los valores de las propiedades del área, pida estimados de la cobertura de los seguros y entérese más acerca de los costos de los servicios asociados para determinar cuáles serían sus costos totales reales.

Use esas investigaciones adicionales para sustanciar más los cálculos rápidos que haga con las reglas del 1% y del 50%. Sus esfuerzos valdrán la pena, pues tomará decisiones más informadas sobre su potencial inversión en una propiedad.

Dejando de lado estos ratios y el *hat-trick* de las IFR, unido a estas cinco formas en las que puede ganar dinero con la finca raíz, ¿puede entender no sólo por qué me apasiona esta clase de inversión, sino, más importante aún, por qué sin duda es un *hábito de riqueza*? Hay incontables formas en las que puede usar la finca raíz para obtener riqueza. Ninguna otra área de la vida financiera le permite usar los apalancamientos tan fácil, asequible y seguramente. Junto con ser dueño de un negocio, las inversiones de finca raíz son una de las maneras principales con la que los estadounidenses se hacen ricos. ¿Será usted el siguiente?

CAPÍTULO 18

Haga que sus finanzas (y su vida) sean a prueba de recesiones

Estoy escribiendo esto a mediados del 2022 y todo el mundo está hablando sobre una recesión. Pero nadie le está diciendo exactamente lo que tiene que hacer para asegurarse de que no le caiga un golpe financiero durante un tiempo tan difícil.

Primero que nada, no actúe irracionalmente por culpa del temor.

Si reacciona antes de pensar con cuidado y de planear su siguiente movimiento financiero, es posible que empeore las cosas, no que las mejore.

Ningún mercado crecerá para siempre, así que debe estar preparado para los momentos bajos del mercado en el que se encuentra.

Vea las múltiples caídas del mercado durante los últimos 30 años. Dependiendo del año en el que estuviera, pudo haberse sentido como algo desastroso, pero cuando da unos pasos hacia atrás y analiza el paso del tiempo, se da cuenta de que los momentos bajos y de invierno terminan también.

Había tenido durante dos años mi primer negocio cuando sucedieron los ataques del 11 de septiembre. Justo siete años después, cuando me estaba enfocando más en las inversiones de finca raíz, apareció la crisis del 2008.

En el 2020, cuando el COVID-19 arrasó con el mundo entero, acababa de terminar algunos proyectos de finca raíz para rentar a corto plazo… y entonces los viajes pararon por completo.

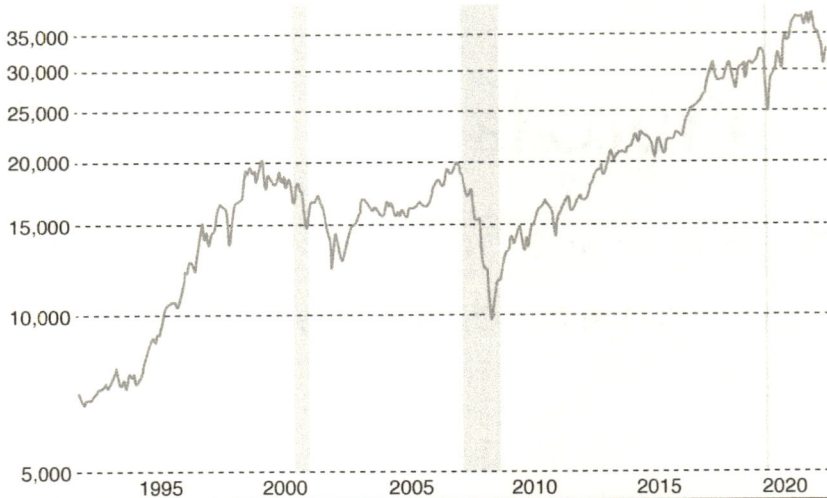

Fuente: macrotendencias de empresas de responsabilidad limitada, Dow Jones – DJIA – Gráfica histórica de 100 años. https://www.macrotrends.net/1319/dow-jones-100-year-historical-chart. Recuperada el 17 de agosto del 2022.

Gráfico histórico de los pasados 100 años del Dow Jones - DJIA

El desastre financiero inducido por la pandemia del 2020 duró meses. Aunque algunas industrias se enfrentaron a retos inmensos, otras tuvieron ganancias masivas… y más multimillonarios se crearon durante ese tiempo que en cualquier otro momento de la historia. ¿Por qué?

> **Las recesiones y las crisis del mercado pueden ser retadoras, pero la mayor amenaza para su propia economía personal es la falta de conocimiento financiero.**

Bueno, antes de que entremos a eso, expliquemos qué es una recesión y lo que puede significar para usted.

Por definición, una recesión es un «declive en la actividad económica general».

Esto suena aterrador, pero sólo significa que, cada que nuestro país tiene dos trimestres consecutivos de declive, reflejado por el producto interno bruto (PIB) y otros indicadores como el desempleo, se declara una recesión. Entonces, cuando la Oficina Nacional de Investigación Económica (básicamente nuestro Gobierno) ve un declive significativo en la actividad económica que dura más que unos pocos meses, ya sea por el PIB, los ingresos reales, el desempleo, las ventas al por mayor o al por menor o la producción, va a decir que es una recesión.

¿Y qué significa esto para *usted*?

Hay muchas cosas que puede hacer para prepararse financieramente para una recesión.

De lo que pocos se dan cuenta es que, durante tiempos de recesión, las personas que entienden los principios de este libro, que tienen un gran nivel de riqueza, un buen valor neto o inteligencia financiera se harán *más* ricas.

¿Por qué? Porque ya han desarrollado los *hábitos de riqueza* para no solo protegerse a sí mismas de cara a cualquier bajón económico potencial, sino que también están perfectamente apalancados y posicionados para capitalizar lo que está por venir. Y esa es la razón por la que más multimillonarios se crearon durante los primeros momentos de la pandemia.

La realidad es que usted no puede controlar los mercados, pero hay algunas cosas que puede hacer para reducir el impacto de una caída económica.

Un buen lugar para empezar es con las siguientes seis cosas:

1. Recuerde, siempre hay oportunidades.

2. Cuentas de ahorro de alto rendimiento y certificados de depósitos.

3. Minimizar los gastos.

4. Considerar acciones a prueba de recesiones.

5. Buscar negocios a prueba de recesiones.

6. Invertir en valores del Tesoro de los Estados Unidos.

Le explicaré cada una de estas cosas.

Recuerde, *siempre* hay una oportunidad

Siempre obtiene aquello en lo que se enfoca. Enfóquese en el problema y encontrará más problemas. Enfóquese en encontrar soluciones y encontrará una oportunidad (vea el capítulo 3 para recordarlo todo sobre el pensamiento basado en soluciones).

Por ejemplo, cuando se acaban el efectivo o los préstamos o cuando la gente pierde sus hogares durante una crisis económica, ¿qué tienen que hacer? Deben alquilar un hogar.

Habrá una cantidad de gente que necesite arrendar, pues no serán muchos los que tengan suficiente dinero líquido como para ir y comprar la casa de sus sueños. Cuando esté buscando inversiones, céntrese en propiedades para alquilar: dúplex, tríplex, cuádruplex, grandes complejos de apartamentos, casas en la ciudad o incluso terrenos para construir. Estas pueden ser grandes inversiones durante una recesión.

Cuentas de ahorro de alto rendimiento y certificados de depósitos

A duras penas tendrá retornos, pero es un lugar muy seguro para guardar dinero. También es un gran lugar para mantener su fondo de emergencias, el único dinero que alguna vez querrá líquido, y no apalancado, en un activo. Tener un buen fondo de emergencia (como lo discutimos en el capítulo 15) es crucial para tener éxito financiero a largo plazo y protección.

La disponibilidad de créditos tiende a secarse bastante rápido en tiempos de dificultades económicas, crisis del mercado o si aparece una recesión. Si es necesario, use su fondo de emergencias para cubrir los gastos críticos, pero mantenga un presupuesto ajustado con respecto a los gastos para que ese fondo de emergencia le dure.

Reducir los costos de vida y los gastos

Revise con cuidado sus costos de vida y su presupuesto mensual.

Si crea el hábito de vivir dentro de sus posibilidades todos y cada uno de los días de los buenos tiempos, es menos probable que se endeude cuando suban los precios de la gasolina o la comida.

Si tiene cónyuge y son una familia con dos ingresos, revise con cuidado cómo pueden pasar a vivir con un sólo ingreso. Eso lo ayudará durante los momentos duros, pero en los buenos tiempos económicos esta táctica también le permitirá ahorrar una cantidad increíble de dinero (The Investopedia Team, 2022). Imagine cuán rápido podría comprar otra propiedad de inversión, añadir a su cartera de inversiones y retirarse pronto si cada año tuviera 40.000 o 50.000 dólares extra para invertir.

Esta es la razón por la que tener múltiples fuentes de ingresos es uno de los *hábitos de riqueza*. Relea el capítulo 6 para recordarlo todo al respecto.

Si no tiene todo su dinero en un lugar, sus pérdidas se verán mitigadas, lo que hará que sea más fácil para usted lidiar con las crisis del mercado.

En particular, cree un portafolio de pares de inversión que no estén demasiado relacionados (es decir, que cuando una acción esté arriba, la otra esté abajo y viceversa). Esto funciona para acciones y bonos.

Esto también significa que debería considerar clases de activos y acciones de negocios que no estén relacionados con su ocupación principal, su negocio o su fuente de ingresos (The Investopedia Team, 2022).

Acciones a prueba de recesiones

Cuando las noticias se centran en la bolsa de valores cayendo, puede que usted se quede pensando si debería bajar sus inversiones o retirarse. Pero no deje de invertir porque la bolsa de valores haya caído. Históricamente, los tiempos malos no duran mucho.

Todos los expertos dicen que, a la larga, comprar acciones lenta y consistentemente es mejor que intentar predecir las caídas de la bolsa. Así que, basándome en datos y habiendo pasado por varias crisis y recesiones económicas, estas son algunas de las acciones en las que yo me fijo:

- Las acciones de las grandes farmacéuticas pueden ser una inversión ideal a prueba de recesiones. Y se ha comprobado que, durante momentos financieramente difíciles, las prescripciones de medicamentos para la salud mental llegan a sus topes más altos.

- De nuevo, cuando el dinero empieza a acabarse, todo el mundo quiere ahorrar y los lujos o los gastos opcionales de las clases medias prácticamente se detienen. ¿En dónde van a comprar cosas cuando están intentando ahorrar dinero? Tiendas de descuentos. Piense en Walmart.

- Otros ejemplos de industrias a prueba de recesiones son las del alcohol y los servicios.

En términos de inversiones, estar preparado para una recesión implica adoptar una estrategia de largo plazo para sus metas de inversión. Sea realista con respecto a su tolerancia al riesgo y mantenga una cartera diversa.

Buscar negocios a prueba de recesiones

No existe algo como un negocio a prueba de recesiones, pues cada crisis financiera es diferente. Pero ciertos tipos de negocios son más capaces de sobrevivir a tiempos económicos difíciles.

La clave es encontrar un negocio, y un modelo de negocio, que sea resiliente: cosas como lavanderías, sitios de almacenamiento, parqueaderos de camiones, rellenos sanitarios, manejo de basuras, casas funerarias, mantenimiento y reparaciones del hogar, grúas y talleres mecánicos.

Piense más en los negocios de necesidades y no en los que implican lujos o cosas «opcionales». Por ejemplo, supermercados. La gente igual necesita comer. Cuando están pensando en irse de vacaciones o en comprar una casa más grande, es posible que se olviden de esos planes durante una recesión. Pero saben que tendrán que comer. Los supermercados siempre son una gran inversión a prueba de recesiones.

Los negocios a prueba de recesiones son negocios simples, que se ha comprobado que funcionan y que han sobrevivido al paso del tiempo. Son negocios de muchos años. Tienen competencia débil o nula. Tienen un modelo de negocios muy simple y, no obstante, son muy necesarios en el mercado. Cuentan con mínimas innovaciones. Y a menudo se consideran «aburridos», pero lo aburrido es lo más cercano a algo a prueba de recesión que va a obtener.

Recuerde, lo aburrido de todas maneras puede hacerlo rico, sin mencionar que puede ser una inversión perfecta durante una crisis económica. Puede buscar negocios que estén a la venta en páginas web como www.bizbuysell.com.

Algunos otros tipos de negocios en los que no verá mucho declive durante tiempos difíciles están en industrias como las de tiendas de mejoras, contratistas de diferentes especialidades, agencias de *marketing* en línea, tiendas de *e-commerce* con precios bajos, peluquerías, casas funerarias, servicios legales, compañías de *software* en línea y compañías de inversiones de finca raíz.

> **Su mentalidad, su habilidad para adaptarse, la velocidad con la que toma decisiones y su voluntad para cambiar serán las cuatro claves para que tenga éxito en cualquier mercado, cualquier negocio o cualquier economía.**

Si decide empezar un negocio o aventurarse en otra industria para diversificar sus ingresos durante momentos de incertidumbre económica, tendrá que aprender a manejar dicho negocio, y a usted mismo, bajo presión adicional.

Valores del Tesoro de los Estados Unidos

Algunos ejemplos de activos a prueba de recesión incluyen el oro, la plata y los bonos del Tesoro de los Estados Unidos. Varias clases de fondos de inversión en bonos son particularmente populares entre los inversionistas que no quieren riesgos.

Los valores del Tesoro son compromisos de deuda emitidos y respaldados por toda la fe y el crédito del Gobierno de los Estados Unidos.

La meta principal de un fondo de inversión de bonos es, a menudo, generar un ingreso mensual para los inversionistas. También se conoce como un fondo de inversión de deuda. Un vehículo de inversión colectiva que invierte principalmente en bonos (gubernamentales o corporativos) y otros instrumentos de deuda, como los valores respaldados por hipotecas, es otra opción.

Mientras que los fondos de inversión de bonos y otras inversiones conservadoras han demostrado ser lugares seguros durante los tiempos difíciles, también debe entender que cuanto más segura parezca una inversión, menos crecimiento puede esperar.

Los fondos creados de valores del Tesoro de los Estados Unidos son los principales, pues se consideran unos de los más seguros porque la habilidad del Gobierno para cobrar impuestos e imprimir dinero prácticamente elimina el riesgo de incumplimiento y provee mucha protección (Hayes, 2022).

Todas estas son herramientas importantes que lo ayudarán a sobrevivir los momentos difíciles de la economía, de manera que al final pueda salir de una pieza y sin problemas financieros.

Eventualmente la incertidumbre económica se nivelará. Estar listo para los cambios también significa que debe estar preparado para reconocer cuándo las cosas van a empezar a cambiar para mejor.

Pero también mencioné a los multimillonarios en el inicio de este capítulo. Entonces, ¿por qué se creó un nuevo multimillonario cada 30 horas durante la pandemia?

A principios del 2020, el mundo contaba con 2.095 multimillonarios. Hoy, tan solo dos años después, tenemos 2.668.

¡La riqueza general de los multimillonarios creció tanto en dos años (del 2020 al 2022) como lo hizo en los 23 años anteriores! Ahora los multimillonarios son responsables por el 14% del PIB global, lo cual es un gran contraste con las cifras de hace solo 20 años, cuando eran responsables por el 4%.

Y adivine qué industrias crecieron más. Las mismas que le mencioné más arriba. Las mismas que *usted* tiene que buscar durante el siguiente reto económico: energía, comida e industria farmacéutica.

¿En qué áreas crecieron más las ganancias corporativas y la riqueza personal en los últimos dos años? Sí, energía, comida e industria farmacéutica.

En conjunto, ahora hay 26 multimillonarios *más* principalmente en las empresas de comida de los que había antes de la pandemia del 2020. Pero eso es un tema para otro libro. Justo ahora quiero que usted piense en acciones a prueba de recesiones.

La industria farmacéutica también creó muchos nuevos multimillonarios, quienes en su mayoría se beneficiaron del COVID-19. la empresa Moderna, por ejemplo, ha ganado hasta ahora 12 mil millones de dólares gracias a su vacuna contra el COVID-19 y cuatro individuos se hicieron multimillonarios gracias a las ganancias por esa vacuna (que, por cierto, fue desarrollada gracias a 10 mil millones de dólares de fondos del Gobierno de Estados Unidos, pagados por los contribuyentes). Analice eso. Y, mientras lo hace, me retiraré y dejaré que lo piense.

Para cualquier persona que desee seguridad y libertad financiera, crear *hábitos de riqueza* ya no es un lujo, sino que es una *necesidad*. Especialmente durante crisis económicas o recesiones.

Tener un **fondo de emergencias, construir un buen historial crediticio, tener múltiples fuentes de ingresos, diversificar sus inversiones y minimizar los costos de vida** son cuestiones críticas para protegerse contra los ciclos económicos y de la industria. Y, más importante aún, lo ayudarán a prevalecer durante los tiempos financieramente difíciles.

Estos *hábitos de riqueza* son la manera en la que los ricos se hacen y se *mantienen* siendo ricos. Cuando no se aplican, se enfrenta a los riesgos financieros que vienen de apoyarse en los hábitos que la mayoría de los estadounidenses han construido y que los mantienen en una rueda de hámster perpetua y, en últimas, quebrados.

La buena noticia es que alejarse de esos hábitos de quiebra no es magia y ni siquiera es complicado.

Empiece a aplicar los *hábitos de riqueza* en su vida y únase al movimiento de crear una verdadera libertad financiera.

HÁBITO DE RIQUEZA

6

Donar en el camino hacia la riqueza

CAPÍTULO 19

Contribución: el lugar en donde yace la verdadera riqueza

El hábito final

Tenía 25 años y acababa de comprar un local comercial. Eso no me pareció la gran cosa (pues había comprado otras propiedades antes de esa), pero a otras personas les pareció raro que mi meta fuera comprar toda la calle. Este local en particular estaba en la esquina, así que pensé que, si aseguraba las esquinas, sería más fácil comprar los locales que estaban en medio.

Compré el local sin tener un plan claro de qué hacer con él. Sabía que había sido una buena compra y también sabía que algo se me ocurriría. Avancemos a un año después… El local seguía allí, vacío.

Una noche, después de un largo día de trabajo, decidí parar e irme a casa. Cerré mi oficina, me subí a mi Escalade negra y empecé a manejar. Me detuve en un semáforo en rojo, justo en la esquina de ese local que tenía. Recuerdo que me quedé pensando: «¿qué voy a hacer con ese local?».

Tenía una Escalade. Tenía un convertible. Tenía carteras de diseñador y zapatos elegantes. Tenía propiedades para alquilar. Vivía en una gran casa. Viajaba a lugares hermosos. El negocio que había creado era exitoso. Estaba en el proceso de crear mi propia línea de productos. Tenía ubicaciones listas para mi *spa* y estaba preparada para comprar más locales y poder expandirme a tres ciudades nuevas. Estaba hablando con abogados sobre franquiciar el *spa* y ganarme más dinero del que la gente podía imaginarse en ese momento. Había cumplido cada meta que me había propuesto cumplir «antes de los 30 años». Pero algo aún no se sentía bien.

Fue casi como si allí, sentada frente a ese semáforo, en cuestión de un segundo, me diera cuenta de todo lo que tenía y de todo lo que me faltaba al mismo tiempo.

Y cuando miré ese local también me fijé en todos los otros que tenía a lo largo de la calle. Pensé: «¿cómo pude crear todo esto, cómo puedo haber escalado una montaña tras otra para llegar a *este* lugar y aún no sentirme satisfecha?».

Me volví a fijar en el local vacío de la esquina. Esa vez respiré hondo y me dije a mí misma en voz alta: «¿qué voy a hacer con ese local?». Y lo siguiente que pasó fue algo que he experimentado dos veces en la vida (y algo de lo que no hablo mucho porque en realidad no puedo explicarlo), pero fue como si una voz muy audible, como si usted y yo estuviéramos hablando, me respondiera la pregunta y dijera: «pon *tu* refugio de animales allí».

Y con esas seis palabras algo hizo clic dentro de mí.

Literalmente miré por encima del hombro el asiento vacío de la parte de atrás del carro y pensé: «¿de verdad escuché eso?». Luego el semáforo se puso en verde.

«Pon tu refugio de animales allí». *¿El mío?*

La cosa es que nunca había pensado conscientemente en abrir un refugio de animales. Es decir, sí, de niña siempre quise salvar a todos los animales. Y sí, siempre donaba dinero a cada caridad y causa relacionada con animales que me enviaba una petición de donación a mi correo.

Pero estaba a punto de crear un imperio más grande. Más ubicaciones, más propiedades, más empleados, más negocios… ¿de dónde demonios salía esa idea?

De pequeña tenía una cuenta corriente de niños en nuestro banco local. El banco la llamaba una cuenta MoolaMoola. Yo enviaba cheques desde mi cuenta: 5 dólares al mes para salvar a los pandas con el World Wildlife Fund, 10 dólares para los elefantes y otros 10 dólares para los perros. Como adulta, hice voluntariados para organizaciones, fui a eventos para recaudar fondos y por la caridad e incluso organicé una gala elegante para nuestro refugio local cuando tenía 22 años. Pero estaba tan enfocada en los negocios y las inversiones que realmente ya no pensaba mucho en eso.

Siempre he sentido empatía por los animales abusados y abandonados, pero nunca me permití tener uno propio. «Están prohibidos los animales en la casa», era lo que mi mamá decía. Entonces, dejando de lado los pocos gatos y conejos que tenían que vivir por fuera, realmente nunca tuve mascotas propias cuando era niña.

Un día, cuando tenía unos 7 años y estaba en segundo grado, Janice, la conductora de mi bus de la escuela, me dejó en el taller de mi papá tal como lo hacía todos los días después del colegio. Visité, como era normal, a Stella y a Al en la tienda de partes y luego fui caminando hacia el taller.

Mientras daba los primeros pasos por la colina, vi que una perra de color cobrizo con patas cortas, pelo sucio y un collar rojo estaba en la puerta mirándome. «Guau, guau». Soltó un par de ladridos.

Nunca antes había visto a esa perra. No era nuestra y no tenía correa, así que estaba un poco confundida y quizás algo asustada porque debía pasar caminando a su lado. Recuerdo que tenía los restos de un sándwich de mi almuerzo de ese día, entonces lo saqué despacio de mi maleta y se lo ofrecí. Ella se lo devoró. Estiré la mano para rascarle la cabeza y empezó a agitar la cola. Le di más caricias y luego caminamos juntas hacia el taller.

«¿De quién es esa perra?», le pregunté a mi papá con la esperanza secreta de que dijera «tuya».

«No lo sé», dijo. «Sólo apareció».

Mis papás preguntaron por allí, pero nadie sabía de quién era. Pusimos un anuncio de «perra perdida» en el periódico local y me sentí aliviada cuando nadie llamó para reclamarla.

«¿Podemos quedárnosla?», pregunté.

«Sólo hasta que encontremos al dueño. Y no puede venir a la casa. Tiene que quedarse aquí en el taller», dijeron mis papás.

Dándome cuenta de que eso era todo lo que iba a lograr (y sabiendo que iba al garaje todos los días), sencillamente me sentí feliz por tener una mascota al fin.

Y mis plegarias fueron respondidas. Pasaron las semanas y nadie la reclamó. La nombré Harley.

Unas pocas semanas después, un trágico accidente sucedió. Mi papá siempre tenía que mover carros y camiones por el terreno, trayendo nuevos y moviendo otros que ya había terminado de reparar. Él no estaba acostumbrado a tener una perra alrededor. Un día, mientras yo estaba en la escuela y Harley se encontraba en el taller, mi papá la atropelló cuando movía uno de los vehículos. La llevaron rápido al veterinario y ese día, cuando llegué a la casa después de la escuela, mi mamá me contó qué había pasado.

En medio de todas las emociones y de las lágrimas, de alguna manera entendí, con mi cerebro de 17 años, que la cirugía que se necesitaba para salvarle la vida iba a costar muchísimo dinero: 660 dólares. Y también fue capaz de entender, antes de que me lo dijeran, que era dinero que no teníamos. Pero sabía que Harley necesitaba esa cirugía e iba a hacer todo lo que estuviera en mis manos para ayudarla. Entonces les dije a mis papás que yo conseguiría el dinero, pero que por favor le hicieran la cirugía.

En la oficina del taller les hacíamos café a los clientes. Yo solía guardarle las latas metálicas a mi papá. Él las usaba para almacenar tuercas, tornillos y otras partes. Entonces tomé todas las latas de metal que pude encontrar, un rollo de cinta y un Sharpie negro. Envolví cada lata con cinta y escribí: «FONDO PARA HARLEY —Por favor, ayúdeme a salvar a mi perra». Llevé una lata a la tienda de partes que estaba arriba del taller de mi papá. Llevé una segunda lata a otra tienda de partes al otro lado de la ciudad y dejé una tercera en el escritorio de la oficina del taller de mi papá.

No recolecté los 660 dólares, pero conseguí 134. Afortunadamente mis papás conocían al veterinario y le dieron al doctor Caslow su palabra de que le pagarían poco a poco. Harley tuvo su cirugía y vivió durante otros 17 años.

Estaba allí para mí cada día después de la escuela. Estaba allí para mí cuando los otros niños eran malos conmigo, estaba allí cuando me tropecé con una parte y cuando me destrocé la rodilla con un motor que estaban reconstruyendo. Estuvo allí cuando me rompieron el corazón y cuando me traicionaron en la adolescencia. Estuvo allí para mí en medio del casi-divorcio de mis padres. Y estuvo allí para mí de nuevo cuando sí se divorciaron. Ella sabía cosas que no le había contado a otro ser humano y su pelaje fue el que recibió muchísimas de mis lágrimas.

Poco sabía entonces que, 18 años después, esa experiencia que tuve con Harley cuando era una niña sería la chispa emocional que me llevaría a propulsar la mayor parte del propósito de mi vida. Nunca había pensado en crear una organización sin ánimo de lucro o un refugio animal antes de ese momento, cuando estuve frente al local vacío.

Siempre he amado a los animales. Siento que es nuestro trabajo hablar por aquellos que no pueden y, de alguna manera, me veía reflejada en ellos. Quería ayudar a acabar con, o al menos aliviar, su sufrimiento. Y aunque nunca pensé conscientemente en empezar una organización sin ánimo de lucro, de forma instintiva siempre quise devolver favores, hacer una diferencia. Y sé que usted también siente lo mismo.

Contribuir es la clave para la satisfacción

Vivimos en una sociedad llena de sueños de riqueza, creyendo que el dinero nos dará felicidad y éxito.

Sin embargo, escuchamos una historia tras otras sobre cómo algunas de las personas más ricas, más adineradas y más financieramente exitosas recurren a las drogas, el alcohol, el sexo u otras adicciones para mitigar su dolor. Y cuando eso no funciona, escuchamos las historias de sus suicidios, desde el millonario que se quitó la vida en el jardín delantero de su casa de 2,5 millones de dólares hasta el titán de las propiedades que jugó polo con el príncipe Carlos, pero que después se lanzó a las vías del metro de Londres.

Muchísimas personas creen que serán felices cuando sean ricas. No obstante, escuchamos incontables historias de aquellos que, visto desde afuera, «lo tienen todo», pero son adictos a las drogas y el alcohol, están deprimidos o se sienten perdidos o están llenos de ira y rabia. Eso suscita la pregunta: ¿por qué tantas personas ricas se sienten miserables? ¿Por qué existen incontables historias de millonarios que incluso recurren al suicidio?

La respuesta está clara: **el dinero no compra la satisfacción**.

A menudo se escucha la frase de «el dinero no compra la felicidad» y es verdad. Sí, el dinero puede comprarle muchas cosas que lo harán feliz. El dinero puede darle su casa soñada, la capacidad de mudarse a donde quiera, de pagarles la casa a sus padres o de viajar por el mundo.

Pero lo peliagudo es que la felicidad es temporal, efímera. No importa si ha cumplido una gran meta o logrado algún sueño, la intensidad de ese sentimiento pasa con el tiempo.

La felicidad no es algo externo que alguien más le da, es algo interno que usted mismo se proporciona.

La mayoría de la gente piensa que es un estado que puede mantenerse para siempre, así que, cuando no se sienten felices, piensan que algo está mal con ellos. Escúcheme: no le pasa nada malo si no se siente feliz todo el tiempo. La felicidad es una emoción y es efímera. La satisfacción, por otra parte, no es una emoción, sino algo que va más hondo. La satisfacción sí perdura.

La felicidad viene de *qué* hacemos. La satisfacción viene de *por qué* lo hacemos.

No necesariamente encontramos felicidad en nuestros trabajos cada minuto de cada día, pero podemos sentirnos satisfechos con nuestro trabajo cada día si nos hace sentir parte de algo más grande que nosotros mismos. Esa es la razón por la que podemos sentirnos insatisfechos incluso cuando somos exitosos de acuerdo a las medidas estándar de compensación y estatus. Puede encontrar la felicidad cuando cierra un gran contrato en el trabajo, pero la satisfacción llega si sabe que está contribuyendo a una causa más grande.

Las seis necesidades humanas son una de las grandes estrategias para vivir una vida satisfactoria. No ahondaré mucho en eso aquí porque hay muchas personas y autores que hablan al respecto, pero, en caso de que no sepa de qué hablo, le haré un resumen.

El concepto de las necesidades humanas básicas fue presentado por primera vez por Sigmund Freud. Lo desarrollaron más varios psicólogos a lo largo de los años, pero sobre todo un psicólogo estadounidense, nacido en Brooklyn, llamado Abraham Maslow (Price, s.f.).

En años más recientes, Tony Robbins adaptó la teoría y las enseñanzas de Maslow para convertirlas en unas de las mejores herramientas existentes para transformar vidas.

Como premisa a esto: todos tenemos necesidades, no sólo para la supervivencia básica, sino seis necesidades que deben satisfacerse para tener una vida de calidad. Las necesidades son:

1. Amor/conexión.

2. Variedad.

3. Significado.

4. Certeza.

5. Crecimiento.

6. Contribución.

Se dice que las primeras cuatro necesidades son vitales para la supervivencia y para una vida exitosa y que las otras dos crean una vida satisfactoria (Prince, s.f.). Las primeras cuatro pueden ser difíciles porque se debe encontrar el balance en ellas; de otra manera, puede hallarse en la posición de muchos de esos multimillonarios exitosos: todos concentrados en el éxito, la fama y la riqueza (persiguiendo la adrenalina que les da el significado y la certeza) solo para terminar atados a las cosas equivocadas.

Después de estudiar estos principios hace décadas y de aplicarlos a mi propia vida durante los últimos 25 años, creo que Maslow no vio una conexión dentro de esas seis necesidades.

Porque una, y sólo una, de las seis necesidades humanas básicas que identificó puede regular los desbalances de las otras y de verdad puede proveer para las otras cinco. **La contribución.**

La contribución regula y provee para las otras necesidades humanas

La contribución provee:

Amor/conexión

Contribuir a una causa o caridad que le interesa le proveerá conexiones y amor que podrá medir. No puedo poner en palabras cuánto amor recibo yo de los animales que están bajo nuestro cuidado y cuán conectada me siento con la misión y las personas a las que sirvo. Hacer voluntariados y devolver favores realmente le da más a usted de lo que usted jamás será capaz de dar a la causa.

Certeza

La certeza es una de las necesidades humanas que pueden salir mal. Si se desbalancea, el buscar certeza puede llevarlo a comportamientos adictivos u obsesivos, tales como querer poder o control. Al contribuir más allá de usted mismo, se está centrando en actividades que crean rutinas poderosas y de empoderamiento en su vida y eso le da certeza de formas positivas.

Variedad

La contribución provee variedad porque típicamente está aprendiendo algo nuevo, conociendo a nuevas personas y haciendo algo único. Le permite salirse de lo mundano para hacer algo diferente por fuera de su día laboral y de su típica rutina del día a día.

Significado

La contribución le da significado porque se da cuenta de que está creando una diferencia al ayudar a otros. Quienes no tienen una manera positiva de sentirse significativos pueden terminar tomando medidas poco saludables que los hacen sentir bien, como drogas, alcohol o la búsqueda de validación. La contribución le da significado de una manera saludable, pues a menudo será visto, reconocido y necesitado.

Crecimiento

La contribución le provee un crecimiento inmenso. A medida que contribuye con otros, ocurre un cambio en su cerebro que modifica por completo su perspectiva sobre la vida. Crece espiritual, mental y emocionalmente. Se volverá más agradecido y esa energía crecerá, actuando como un imán y atrayendo más milagros a su vida.

Por supuesto, como con la mayoría de las cosas, hay maneras positivas y negativas de contribuir. Son las contribuciones positivas aquellas en las que encontrará el verdadero valor.

Contribuciones positivas:

- Voluntariados.
- Visitar casas de reposo.
- Servicios comunitarios.
- Donaciones caritativas.
- Adoptar un hijo.
- Ser hogar de paso para perros o niños.
- Ser un mentor.
- Ser amable con los demás.
- Involucrarse con la legislación para crear cambios positivos.
- Trabajar en un campo que cree un impacto positivo.

Contribuciones negativas:

- Destruir a otros.
- Esparcir chismes.
- Hacer matoneo.

- Regar rumores.

- Ser condescendiente.

Más allá de lo que contribuir puede hacer por usted, en realidad se trata de lo que usted puede hacer por otros

De acuerdo con un artículo de la Clínica de Cleveland, los estudios demuestran que dar y donar puede mejorar su salud mental y física. Algunos beneficios asociados con dar y donar son los siguientes:

- Reducir la presión sanguínea.

- Incrementar la autoestima.

- Reducir la depresión.

- Reducir los niveles de estrés.

- Vivir durante más tiempo.

- Tener más felicidad y satisfacción.

Puedo recordar cómo recibía un dólar de mi mesada cuando era niña y cómo me lo llevaba a la escuela para comprarles a mis papás un regalo del Taller de Santa. Me emocionaba tanto darles ese regalo barato y destartalado de Navidad que apenas podía esperar para que lo abrieran. La calidad del regalo no importaba, era la idea de dárselos la que me importaba más. Hay algo relacionado con dar y donar que nos hace sentir bien y, de hecho, hay estudios científicos que lo explican.

El artículo de la Clínica de Cleveland continúa diciendo que las investigaciones demuestran lo siguiente: las personas que les dan apoyo social a otras tienen una presión sanguínea más baja que quienes no lo hacen. Las interacciones de apoyo con otros también ayudan a la gente a recuperarse de eventos coronarios. Los investigadores dicen, además, que las personas que les dan su tiempo a otras a través de interacciones comunitarias u organizacionales tienen una autoestima más alta, menos depresión y menores niveles de estrés que quienes no hacen nada de eso.

De acuerdo con un estudio, las personas de 55 años o más que hacían voluntariados para dos o más organizaciones tenían un 44% menos de probabilidades de morir en un período de cinco años si se las comparaba con quienes no hacían voluntariados… ¡esto teniendo en cuenta *incluso* factores como la edad, el ejercicio, la salud general y hábitos generales como fumar!

A nivel biológico, dar puede crear un «brillo cálido» que activa regiones del cerebro asociadas con el placer, las conexiones con otras personas y la confianza. Esta es la razón por la que siente emoción cuando está a punto de darle un regalo a alguien más (y por qué se siente cercano a esa persona mientras lo hace) y por la que se siente feliz cuando va de regreso a casa después de una experiencia de voluntariado.

Existe evidencia de que, durante los comportamientos para dar regalos, los humanos secretamos químicos de «sentirnos bien» en nuestros cerebros, tales como serotonina (un químico que modera los estados de ánimo), dopamina (un químico que nos hace sentir bien) y oxitocina (un químico para la compasión y crear conexiones).

Cuando los científicos examinaron las resonancias magnéticas funcionales de los sujetos que donaron a diferentes caridades, descubrieron que donar estimula los caminos mesolímbicos (el centro de recompensas del cerebro), lo cual libera endorfinas y crea lo que se conoce como «la satisfacción de quien ayuda». Y, tal como los otros sentimientos de satisfacción, este también es adictivo, pero de una manera positiva.

Decida a qué caridades le gustaría donar, ayudar y apoyar. Su salud mental y física se lo agradecerán, al igual que aquellos a quienes ayuda (Clínica de Cleveland, 2020).

Donar puede ser una decisión compleja que involucra planeamiento financiero, valores personales y conexión con otras personas. Y hay muchas maneras de dar y donar.

Puede crear un fondo de donación recomendada por el donante, dar a una o múltiples caridades, donar de manera anónima o compartir sus habilidades con una causa que sea importante para usted. Puede donar junto con amigos, hacer voluntariados con su tiempo o enviarles dólares de caridad a seres amados, para nombrar algunas opciones.

Conocer sus propias tendencias y características puede ayudarlo a identificar maneras de dar que le crearán satisfacción y alegría. Pero eso es lo principal: **usted está aquí por una razón… ¿no es momento de que descubra cuál es?**

De verdad creo que cada uno de nosotros está aquí por una razón. No nos dejaron aquí sólo para construir un negocio, generar riqueza y morir con un bote lleno de dinero. Dar, ser parte de algo más grande que usted mismo, eso es lo que realmente hace que «todo» importe.

Camine hacia aquello que le rompa el corazón

Fundé Heal Animal Rescue en el 2006 con la única meta de devolver bendiciones y crear una diferencia. Para ayudar a todos esos animales, como mi perra Harley, que fueron abandonados, abusados y que los dejaron sin ningún lugar al que ir.

Sabiendo las dificultades, la energía y el enfoque que costó hacer lo que hice, puedo decirle que empezar una organización sin ánimo de lucro no fue una decisión *inteligente*, pero fue una que tomé con el *corazón*. Sin embargo, optar por donar ese local y servir como voluntaria por más de 15 años (liderando activamente, creciendo y supervisando todas las operaciones financieras, incluyendo la dirección de 62 eventos caritativos, planear y abrir nuestra segunda ubicación y reunir millones de dólares para nuestra misión de ayudar a los animales, todo sin quitarle ni un centavo a la organización) ha sido una de las cosas más difíciles que he hecho en la vida, pero, a la vez, una de las más satisfactorias.

No obstante, cuando miro hacia atrás tengo que preguntarme: ¿creo que tendría tanto amor por los animales abusados o que tendría tanta empatía por su dolor si yo no hubiera experimentado abusos durante mi niñez? ¿Creo que sería tan apasionada con respecto a ser una voz para otros si no conociera cómo se sintió ser silenciada de pequeña? A menudo evitamos lidiar con el dolor de nuestras vidas. Quizás enterramos el trauma, nos enfurecemos por lo que pasó o buscamos a alguien para odiarlo y culparlo. Pero sus adversidades más grandes, sus luchas más grandes, su dolor más grande… todo eso planta las semillas para que encuentre su propósito mayor. Las personas más fuertes son las que han atravesado los retos más grandes porque, tal como el hierro, nuestra fuerza se forja con el fuego. Cuando recuerdo el pasado, sonrío ante todas esas veces en las que tuve que levantarme muy temprano para trabajar en un proyecto, trabajando de 18 a 20 horas sin problemas… Y cada una de esas horas fue haciendo algo por lo que no me pagaron.

Su dolor es el camino para encontrar su propósito.

Fue cuando trabajé en casos de crueldad animal y logramos que le dieran la sentencia más larga a alguien por crueldad animal en Pensilvania en ese momento.

Fue cuando descubrí que el estado iba a cerrar otro refugio y que iba a sacrificar a 67 animales. En cinco días, lideré un ejército de voluntarios y convertimos un local vacío entero que yo tenía en un refugio temporal para salvar a los animales y que no los sacrificaran.

Son momentos como esos los que más recuerdo. Ver todas las caritas de los animales que salvamos y ver cómo una sola decisión unió a tanta gente para cumplir una meta. Eran esos momentos los que hacían que mis días estuvieran a reventar, aunque mi tiempo estaba bien invertido, y no los días en los que intentaba cumplir la venta de metas del primer trimestre. Sus circunstancias y su pasado no lo definen. No puede controlar lo que *le* hicieron, pero tiene el poder de controlar lo que hace a continuación.

Ahora tengo un rol menos activo en la junta directiva, pero aún me encargo de donar a muchas caridades y causas que son importantes para mí porque sé cómo las contribuciones no sólo proveen para todas las otras necesidades humanas, sino que me ayudaron a mí a *sanar*. Y sé que pueden hacer lo mismo por usted.

Cómo contribuye y cómo dona será diferente a cómo yo o alguien más lo hacemos. Pero tal como escogió este libro con la decisión de crear sus hábitos de riqueza, tome esa misma decisión con respecto a contribuir.

La clave para tener una vida llena de satisfacción y riqueza no es la acumulación del dinero, sino las contribuciones que puede hacer con él.

Si quiere empezar o si ha estado tan enfocado en crear más riqueza para usted mismo que ni siquiera ha pensado en contribuir, le haré una pregunta:

Quiero que se imagine que tiene 100 millones de dólares en el banco. Ahora mismo, 100.000.000 de dólares están en su cuenta bancaria a su nombre, pero no los puede tocar a menos que siga esta regla:

La regla de los 100 millones de dólares

La única manera en la que puede retirar el dinero es trabajando. Seis horas al día. Seis días a la semana. Cada semana durante los siguientes 20 años. Y, siempre y cuando lo haga, podrá retirar los 100 millones de dólares.

¿Qué haría?

_____

_____

_____

Cuando se quita el dinero de la mesa como una necesidad o un deseo y la *contribución* es el único factor que impulsa nuestras vidas, empezamos a ver las cosas a las que habíamos estado ciegos desde siempre.

Pero, sin importar en dónde se encuentre ahora en su camino hacia construir riqueza, puede empezar a contribuir hoy mismo siguiendo la Regla del 10 x 3.

Regla del 10 x 3

Decida contribuir hoy siguiendo esta guía de 10/10/10:

- 10% de su dinero.
- 10% de su tiempo.
- 10% de su riqueza.
- **10% de sus ingresos:** dónelos a una causa o misión que le interese.
- **10% de su tiempo:** úselo en voluntariados con una organización que sea importante para usted.
- **10% de su riqueza:** déjesela a una caridad u organización sin ánimo de lucro al momento de su muerte.

Vuélvase parte de algo más grande que usted mismo y vea cómo le cambia la vida.

La contribución no es algo cursi o un tema del que hablar. Realmente es el eje central de la vida. Y de verdad esa es la razón por la que todos estamos aquí.

Aquí le dejo algunas de mis organizaciones sin ánimo de lucro (501c3) favoritas:

- *Heal Animal Rescue* – www.HealAnimalRescue.org
- *Liberty Wildlife* – www.LibertyWildlife.com
- *Love Them All* – www.LoveThemAllRescue.org

En dónde vive la verdadera riqueza

Es difícil creer que hemos llegado al final de este viaje juntos. Y aunque este es el inicio de muchas maneras, es un comienzo increíble hacia crear su libertad financiera.

Ya ha logrado lo que la mayoría de la gente no logra: tomó la decisión y dio los pasos para crear un mejor futuro financiero para usted mismo y su familia. Estoy muy orgullosa del compromiso que ha hecho y de la dedicación que tiene para lograrlo.

Antes de irnos, tengo una cosa más que compartirle y una última pregunta que hacerle.

A medida que empiece a aplicar los *hábitos de riqueza* que cubrimos en este libro, a medida que comience su ascenso hacia tener más riqueza y a medida que tome el control de su futuro financiero, por favor no olvide aquello que es más importante.

Celebre las amistades, pase tiempo con la familia, esté con aquellos a quienes ama, ayude a otros, profundice sus relaciones espirituales, sirva en misiones y causas que estén haciendo un buen trabajo. Dé y done. Esa es la verdadera razón para crear riqueza. Se trata de tener más tiempo y de crear más experiencias para *dar más*.

Las contribuciones que haga son las que le crearán más riqueza de la que podrá medir. Cuando cambia la mentalidad de «¿qué puedo obtener?» por una de «¿qué puedo dar?», la vida empieza a tener sentido.

Puede construir todos los *hábitos de riqueza* que discutimos en este libro, pero si se salta este último *hábito de riqueza*, no creará riqueza verdadera, riqueza *real*, la riqueza que se extiende a los demás.

Entonces, voy a hacerle la pregunta más importante de todas: **¿cuál será su contribución?**

_____

_____

_____

_____

_____

Firmado por: _____. Fecha de hoy: _____

AGRADECIMIENTOS

Acabo de terminar de escribir la última página de este manuscrito y me siento increíblemente bendecida por poder sentarme y redactar estos agradecimientos.

Ha habido muchas personas que me han inspirado, impulsado y apoyado. Nunca podría nombrarlas a todas, pero debo empezar con quien lo inicia todo: Dios. Gracias por guiarme durante todos los momentos retadores de mi vida. Gracias por tu voz, por tu protección y por tu ánimo. Gracias por poner este libro en mi corazón y darme la valentía para escribirlo. Me siento inmensamente agradecida por Tu gracia y el regalo de esta vida.

Gracias a Daniel Decker por ver algo especial en mí y organizar de una manera espectacular el lanzamiento de este libro. Fuiste el primer dominó para este libro y estoy muy agradecida por tu amistad.

A Shannon Vargo, Sally Baker y el equipo increíble de Wiley por creer en mí y en este libro y por aceptarme en la familia Wiley. Un agradecimiento especial a Julie Kerr por editar con mucho cuidado este manuscrito y por ser tan amable y paciente con esta autora primeriza. Y al equipo de Wiley que corrigió y pulió mis palabras para convertirlas en este magnífico libro.

A Tony Robbins. Si no te hubiera encontrado a ti y a tus *cassettes* cuando era una adolescente, no tengo idea de cómo se veía mi vida. Estaré siempre agradecida contigo y tus infomerciales de las 3 de la mañana ☺. Fuiste un mentor mucho antes de que supieras quién era yo. Estoy agradecida por tu presencia y te doy las gracias por ser una parte clave de mi vida. A Brendon Burchard, gracias por ser una luz brillante durante uno de los períodos más difíciles de mi vida. Tus talentos y tu ejemplo en esta industria han sido invaluables y te aprecio muchísimo. A mis amigos en la industria, Rory y AJ Vaden, Jon y Kathryn Gordon, Lewis Howes, Michael Ellsberg y tantos otros, gracias por sus ánimos y su apoyo. Esto no sería lo que es sin ustedes.

A los autores de los libros de los que he aprendido tanto (David Bach, Thomas J. Stanley, Napoleon Hill, David J. Schwartz), sus palabras le dieron a esta niña que alguna vez no estuvo educada un autoeducación invaluable. Gracias por compartir su sabiduría con el mundo.

Kel y Kimmie (dos de mis amigas más cercanas desde la secundaria), gracias por su amistad de toda la vida, las risas inacabables y el amor de hermanas. A mi amiga Anne Dregre, quien murió prematuramente. Gracias por tu ejemplo de fortaleza y por mostrarme cómo ser una mujer de negocios que no pide disculpas todo el tiempo. Te extraño muchísimo.

A todos los perros rescatados que me han dado tanto amor incondicional por el camino. Louie, Mia, Henry, Gucci, Carlos, Gianni, Winston y el resto de la manada. Me han enseñado mucho, me han dado mucha felicidad y realmente me rescataron ellos a mí.

Al equipo y la junta directiva de Heal Animal Rescue, gracias por su dedicación para ser una voz para los animales. Un agradecimiento especial a Bethany Morse y a Jessica Rafferty por su amistad continua, su lealtad y el compromiso con nuestra misión.

A mi equipo y mis clientes de todo el mundo, gracias por darme esta oportunidad increíble y por aceptar mi educación dura y de manos a la obra con amor. Estoy agradecida con cada uno de ustedes por darme la alegría de verlos tener éxito. Siempre los estoy apoyando.

A mi papá, gracias por ser un continuo ejemplo de fortaleza, trabajo duro y por mostrarme cómo nunca rendirme. Gracias por siempre estar allí para mí sin importar los retos y por recordarme que nunca me debe importar lo que la gente piense de mí. Y a mi mamá, por tenerme cuando tenía sólo 16 años cuando fácilmente podría haber elegido lo contrario. Gracias por siempre estar dispuesta a ayudar, a dar una mano y a estar allí cuando y donde lo necesitaba.

Por último, pero ciertamente no menos importante, Anthony. Gracias por hacerme reír siempre, por tu fuerza en medio de las tormentas y por siempre creer en mí. Cada año juntos nos trae más emociones, mejores aventuras y un amor más profundo. Gracias por tus ánimos continuos, por tu apoyo y por amarme por ser quien soy y no por quien no soy.

A usted, lector, y a todos los que han apoyado este libro, decir «gracias» no puede ni describir la gratitud que siento por ustedes.

Con amor,
Candy.

SOBRE LA AUTORA

Candy Valentino creó su primer negocio multimillonario antes de que pudiera pedir legalmente un trago.

A los 19 años, sin tener ningún título, ninguna experiencia corporativa y nada de dinero, fundó, escaló y vendió con éxito un negocio de servicios, ventas, comercio en línea y manufactura de productos, además de crear un enorme portafolio de finca raíz como vendedora e inversionista.

Gracias al éxito en los negocios, a la edad de 26 años, Candy fundó una caridad sin ánimo de lucro. Compró y donó un local para la organización y, desde entonces, han salvado a miles de animales. Ha estado involucrada activamente con eso durante más de 15 años y ha conseguido millones de dólares para la organización.

Durante sus dos décadas y media como empresaria, ha hecho parte de los 40 Mejores Líderes Empresariales Menores de 40 Años, las 50 Mejores Mujeres Empresarias, las 10 Personas que Hacen la Diferencia, los 10 Mejores Consultores de Negocios según Yahoo Finanzas y fue la mujer más joven en recibir el Premio del Gobernador en Emprendimiento en Pensilvania. La revista *Success* la nombró como «Mujer Influyente» y como «Líder que Obtiene Resultados», junto con Tony Robbins y Brene Brown, entre otros.

Ha aparecido en numerosos programas de televisión, de radio y en artículos de revistas y periódicos, no sólo por los negocios y las inversiones, sino por sus causas y sus trabajos filantrópicos. Fue nombrada como «Persona Distinguida» en Arizona.

Después del éxito de su última compañía, Candy empezó a compartir sus estrategias reales y de manos a la obra sobre los negocios y las inversiones en línea, lo cual le creó una audiencia de millones. Usando sus casi 25 años de experiencia por haber creado negocios exitosos en múltiples industrias y por generar riqueza a través de las IFR, Candy es una autora, conferencista y entrenadora sobre temas de creación de riqueza, desarrollo empresarial e inversiones en finca raíz.

www.candyvalentino.com
Redes sociales (FB, IG y TikTok): @candyvalentino

www.ingramcontent.com/pod-product-compliance
Lightning Source LLC
Chambersburg PA
CBHW031843200326
41597CB00012B/242